DAS BUCH DES LICHTS

BAND I

LANOO

(Christian Anders)

IMPRESSUM

Englischer Originaltitel: THE BOOK OF LIGHT
Library of Congress, TXU 541243
Washington D.C., 02.01.1991
Titel der Übersetzung: DAS BUCH DES LICHTS
Übersetzung aus dem Englischen: Elke Straube

Schriftsatz und Gestaltung: Elke Straube
Coverdesign: Alexander Pott
Bild Backcover: Karl Meyer-Amler
Illustrationen: Ron Lennstrom, Ham D' Arcus, Sammie Raymond, Vibul Wonprasat, Joe George, Dr. Saled Abu-Raya
Herstellung: Books on Demand GmbH
ISBN: 3-937699-05-8

EIN GOTT

EINE RELIGION

EINE SCHRIFT

Die Vereinigung aller Religionen auf Erden

DAS BUCH DES LICHTS

Das Buch der Bücher und Retter der Menschheit

Ursprung und Bestimmung von Mensch und Universum

Einst herrschte EIN Wissen im Universum. Dann zersplitterte dieses Wissen in die vielen Religionen, Wissenschaften und Gesellschaftssysteme von heute. Nun ist die Zeit gekommen, alle Religionen, Wissenschaften und Gesellschaftssysteme wieder zu vereinen unter diesem einen Wissen, unter dieser einen Schrift.

In tiefer Verehrung für

Helena Petrovna Blavatsky

(1831 - 1891)

und **Dr. Georg Grimm**

(1868 - 1945)

WIE MAN MIT DIESEM BUCH UMGEHEN SOLLTE

Ganz einfach. Lies es. Wenn Du etwas nicht verstehst, lies weiter. Lies das, was Du nicht verstanden hast, nicht noch einmal, um vielleicht das Verstehen des Sinnes zu erzwingen. Lies einfach weiter. Alles wird noch einmal erscheinen und immer und immer wieder erklärt werden, sei es in Zusammenfassungen oder von unterschiedlichen Gesichtspunkten aus betrachtet oder als Frage- und Antwortkapitel am Ende eines jeden Bandes.
Erst wenn Du am Ende des Buches angelangt bist, magst Du von vorn beginnen und es noch einmal lesen, so wie ich es tue, immer und immer wieder...

Warnung:
Das Lesen dieses Buches mag Kundalini erwecken und zu plötzlichen mentalen und emotionalen Wallungen (auch auf sexueller Ebene) führen. Man lese nicht länger als zwei Stunden pro Tag am Stück. Bitte kein Alkoholkonsum kurz vor, während oder nach dem Lesen!!!

Die Zeiteinteilung „vor“ und „nach Christus“ ist an sich esoterisch und theosophisch nicht korrekt, wird aber hier verwendet, um dem Leser den Übergang von seiner zur esoterischen Zählweise zu erleichtern. In Wirklichkeit gab es keinen Jesus der Bibel. Die Geschichte Jesu ist eine von Allegorie und Symbolen geprägte Erzählung, die nicht wörtlich zu nehmen ist.

Der Leser wird bald verstehen...

„Es gibt keinen außerkosmischen Schöpfer, der diese verrückte Welt erschaffen hat und die Welt dann auch noch dafür bestraft, verrückt zu sein."

Lanoo (Christian Anders)

D A S B U C H D E S L I C H T S

URSPRUNG UND BESTIMMUNG VON MENSCH UND UNIVERSUM

Eine Weltenperiode von

311.040.000.000.000 Jahren menschlicher und kosmischer Entwicklung

(155.522.169.000.000 v. Chr. – 155.517.831.000.000 n. Chr.)

Vom relativen Beginn der Zeit („Urknall“ oder Weltenentstehung) bis zum relativen Ende der Zeit (Implosion oder Weltenvergehen)

Woher wir kommen

Wo wir sind

Wohin wir gehen

Dieses Buch wurde 1986 – 1991 in Englisch

von mir, Lanoo, geschrieben

und ins Deutsche übersetzt und bearbeitet von

Elke Straube

LANOO (Christian Anders)

Inhaltsverzeichnis

Bestimmte Bände und Kapitel im **BUCH DES LICHTS** werden manchmal mit Zitaten aus der Bibel (Genesis usw.) überschrieben oder verglichen, um zu demonstrieren, dass die Bibel, ungeachtet ihrer symbolischen Übertreibungen, Verdrehungen, Fälschungen und Plagiate aus heidnischen Quellen, wenn sie mit dem esoterischen Schlüssel gelesen wird, jedes Wort bestätigt, das im **BUCH DES LICHTS** geschrieben wurde. Man könnte auch sagen: Alle „Heiligen Schriften" von heute sind Restbestände eines ursprünglich gemeinsamen heiligen Wissens über Ursprung und Bestimmung von Mensch und Universum, wie nun im **BUCH DES LICHTS** enthüllt. OM.

DAS BUCH DES LICHTS
ZUSAMMENFASSUNG

Alles existiert immer und manifestiert periodisch in hierarchischer Ordnung von innen nach außen, vom höchsten Gott bis zum niedersten Atom. Es gibt keinen außerkosmischen Schöpfer.

155.522.169.000.000 v. Chr. – 155.517.831.000.000 n. Chr.
311.040.000.000.000 Jahre menschlicher und kosmischer Entwicklung

155.522.169.000.000 v. Chr. : Der „Urknall“, verursacht dadurch, dass der wiedererwachte Christus-Strahl das Chaos berührt. Das ganze Universum mit allem darin füllt den ewig existierenden und immer 7-dimensionalen Raum; erst sind alle Lebensformen abstrakt, dann ätherisch, dann astral und dann „verdichtet“. Sie sind alle nichts anderes als Verlangenszustände. Physische Materie, wie von der orthodoxen Wissenschaft definiert, existiert nicht. Die Menschheit gab es vom (relativen) Beginn an. Ca. 30.249.000.000 v. Chr.: Die Geburt unseres Sonnensystems. 10.809.000.000 v. Chr.: Die Geburt des Mondes (aus seiner Mutterkette heraus). Was auch immer auf der Erde war, ist und sein wird, existierte bereits auf dem Mond, nur auf evolutionär niedrigerer Stufe. 6.489.000.000 v. Chr.: Der Tod des Mondes. Ca. 2.169.000.000 v. Chr.: Die Geburt der Erde aus dessen Kette heraus. Alle Lebensformen, einschließlich des Planeten Erde, sind zuerst ätherisch-astral und später erst „verdichtet“-androgyn (männlich-weiblich in einem) bis ca. 18.000.000 v. Chr. (auch früher und später): Menschen und Tiere teilten sich (Tiere zuerst) in männlich und weiblich. Millionen von Androgynen (männlich-weiblich) teilten sich in Millionen von männlichen und weiblichen menschlichen Lebewesen bzw. in Männer und Frauen. Es gab niemals ein „erstes Paar“ Adam und Eva wie in der Bibel beschrieben. Diejenigen, die sich in Männer und Frauen geteilt hatten, vereinigten sich sexuell und wurden die Vorfahren der Lemurier, der Atlantäer, der Arier und der Menschheit von heute (21. Jahrhundert). 9.000.000 v. Chr.: Die Atlantäer haben Sex mit Tieren, das Resultat sind die Vorfahren der Affen. Die Menschheit stammt nicht vom Affen ab, der Affe stammt vom Menschen ab. OM. (s. mein Buch „Darwin irrt!“). 1776 n. Chr.: Errichtung der **NEUEN WELTORDNUNG von Dr. Adam Weishaupt**. Bald wird die Menschheit von deren Marionetten (Politik, „Big Business“, Medien usw.) versklavt werden. Aber **DAS BUCH DES LICHTS** wird uns alle retten. Ca. 2.000.000 n. Chr.: Das Ende vom Sex. Die Menschheit ist wieder androgyn, also männlich-weiblich in einem und vermehrt sich durch Methoden, die im **BUCH DES LICHTS** beschrieben werden.
Ca. 2.151.000.000 n. Chr.: Der Tod der Erde. 30.231.000.000 n. Chr.: Der Tod unseres Sonnensystems (das in ein neues transformiert wird).

155.517.831.000.000 n. Chr.: Der Tod (Implosion bzw. Vergehen) des Universums, das in das EWIG-UNERKENNBARE zurückkehrt, um dort (in Abstraktion und jenseits davon) zu ruhen und nach 311.040.000.000.000 Jahren wiederzuerwachen (alle vorherigen Monaden oder Geist-Seelen plus neue) und für 311.040.000.000.000 Jahre zurückzukehren in den ewig existierenden[1] Raum, um dann wieder die gleiche Zeit zu ruhen, und so weiter – ohne Anfang und Ende. OM. **EHRE DEM BUCH DES LICHTS.**

Möglicherweise ist es eine Hilfe, die Zahlen an anderer Stelle bestätigt zu sehen, zum Beispiel bei Blavatsky (*Geheimlehre*), Purucker (*Grundlagen*) sowie in der theosophischen Literatur im Allgemeinen. Die Informationen zur Neuen Weltordnung werden auch in Büchern von Des Griffin, Eustache Mullins und vielen anderen verbreitet.

„Aus Einem werden viele, um wieder zu Einem zu werden. Aber Wahrheit ist nur in NIRVĀNA. OM. Das ist das Wesentliche der Lehre **DES BUCHES DES LICHTS.“**

LANOO (Christian Anders)

DAS BUCH DES LICHTS stellt vier fundamentale Sätze auf:

Es gibt ein jede menschliche Vorstellungskraft übersteigendes, allgegenwärtiges, zeitlos-ewiges, grenzenloses, unveränderliches PRINZIP. Es ist zentral und JENSEITS des Bereiches der Gedanken, bestenfalls erahnbar in der Meditation. Alles offenbarte, bedingte Sein geht von dieser absoluten Realität aus. Es ist das Erkennende, welches das Erkannte hervorbringt. Nenne es den „großen Atem“. Man bedenke: Die Natur der ersten Ursache ist das Unerkennbare, die Quelle alles Erkennbaren.

Die ist aber NICHT ‚das Erste’, denn dies würde ja etwas voraussetzen. „Ich bin ich“ – kann nur mit Hilfe eines upādhis oder Vehikels sein.

Es gibt also vier Grundsätze:

1. Das Absolute
2. Der erste Logos (unbewusste erste Ursache)
3. Der zweite Logos („Geist des Weltalls“)
4. Der dritte Logos (Mahat, kosmische Intelligenz).

Wichtig: Das Weltall per se ist ewig, unerschaffen und der zeitlos-ewige Raum aller erscheinenden und verschwindenden Welten.

Alle Seelen sind identisch mit der universellen Oberseele und diese ist ein ASPEKT der UNERKENNBAREN Wurzel allen Seins. Es ist eben jene unerkennbare Wurzel, zu der Gautama Buddha in seiner Meditation vorgedrungen ist. Darum ist er auch der größte aller Menschen und Götter. OM.

---

1 Weil Zeit nicht existiert auf der Ebene des Abstrakten.

WEISHEIT

INTELLIGENZ

WIR

GOTT IST WEISHEIT

DIE SIEBEN STRAHLEN SIND INTELLIGENZ

WIR SIND DER INTELLEKT

Die Quelle aller chronologischen Zeitberechnungen, die Grundlage für DAS BUCH DES LICHTS sind

Die chronologischen Zeitberechnungen im **BUCH DES LICHTS**, die sich über 311.040.000.000.000 Jahre menschlicher und kosmischer Entwicklung erstrecken, basieren auf einer Geheimschrift mit dem Titel *„The Mirror of Futurity"*. Dieses Werk wird Pesh-Hun Nārada, dessen wirkliche Natur (soweit wie möglich) im **BUCH DES LICHTS** enthüllt wird, zugeschrieben. Eine weitere heilige Schrift stammt, zusammen mit dem *„Buch von Dzyan"* [2] von den frühen Atlantäern.
Diese und andere Werke[3] ermöglichten es Helena Petrovna Blavatsky, sogar die noch folgenden Zyklen (bis ca.150.000.000.000.000 (150 Billionen) Jahre und weiter) zu berechnen. Wie dem auch sei, alle chronologischen Berechnungen der GÖTTLICHEN EINGEWEIHTEN, die sich auf den Astronomen und Magier Asuramaya beziehen, stimmen mit den esoterischen Berechnungen überein und werden deshalb im **BUCH DES LICHTS** gelehrt. Ich zitiere Blavatsky: „Die Aufzeichnungen der Atlantäer bezüglich der Tierkreiszeichen können nicht irren, denn sie wurden unter der Führung derer, die der Menschheit zuerst unter anderem Astronomie gelehrt haben, erstellt". (Blavatsky, *Geheimwissenschaft II, Anthropogenesis*, S.49).

Wie Jupiter, Saturn und Erde die Lebenszeit unseres Universums, unseres Sonnensystems und des Planeten Erde erkennen lassen

Eine Frage bleibt: Gibt es eine andere Möglichkeit, um zu beweisen, dass die im **BUCH DES LICHTS** präsentierten Zahlen und Zyklen korrekt sind? Ja, es gibt eine einfache und nicht einmal neue Möglichkeit, alle Daten dieses Buches zu beweisen, und der Schlüssel zu diesem Wissen ist in der Natur selbst versteckt oder genauer gesagt in den Planeten und im Verhältnis ihrer orbitalen Bewegungen zueinander:

Ein Jupiterjahr = ca. 12 Erdjahre
Ein Saturnjahr = ca. 30 Erdjahre 12 x 30 = 360 [4]

---

2 Besser: Das Original des Buches von Dzyan.

3 Zum Beispiel der Tirukkanda Pañchanga Kalender, zusammengestellt von Chintamany Raghanaracharya und Tartakamala Venkata Krishna Roan (obwohl er nur bis zur Geburt von Krishna 4986 v. Chr. reicht).

4 360 ist ebenfalls die durchschnittliche Menge von Tagen in einem Erdjahr und der Grund dafür, weshalb man im Altertum den Kreis in 360 Grad unterteilte. Studiere DAS BUCH DES LICHTS, und du wirst verstehen.

360 multipliziert mit 200 ergibt 72.000, was genau der Menge der Ruheperioden und Manifestationen unserer Erdkette seit dem (relativen) Beginn bis zum Ende des Universums entspricht. Unsere Erde lebt 4.320.000.000 Jahre. Multipliziere das mit 72.000, und du wirst 311.040.000.000.000 Jahre erhalten, die Lebenszeit unseres Universums, von der mehr als die Hälfte schon vorbei ist. Multipliziere 72.000 mit 8.400, und du wirst 60.480.000.000 (Jahre) Lebenszeit unseres Sonnensystems erhalten.

Wenn du 72.000 mit 2 multiplizierst, führt es dich zu 144.000, der Zahl, von der im christlichen Neuen Testament gesagt wird, 144.000 seien unter dem Siegel des Herrn vereint worden. Dies ist jedoch nur eine ALLEGORIE, um dieses geheime Wissen weiterzugeben. Keine 144.000 Menschen sind gemeint, sondern nur eine kosmische Zeitperiode. Weitere Arten der Berechnung werden im **BUCH DES LICHTS** enthüllt.

Einige mögen einwenden, dass dies nicht wissenschaftlich genug sei, diese Daten zu bestätigen. Diesen Leuten erwidere ich, dass die wissenschaftliche Methode selbst nicht wirklich wissenschaftlich ist und tatsächlich nichts beweist, weshalb sie ja auch ihre „wissenschaftlichen" Meinungen und Theorien jedes zweite Jahr oder öfter ändern. Es läuft darauf hinaus: Wahrheit kann nicht zur Wahrheit werden durch Schriftstücke oder irgend eine andere Autorität, sondern durch die Fähigkeit des Lesers, sie zu erkennen. OM.

WELCHES JAHR?

Welche ist die richtige Methode, die Jahre vom „Anfang" bis zum „Ende" zu zählen? Nicht alle Nationen beginnen das Jahr mit dem gleichen Datum. Oh, Lanoo, die jährlichen Berechnungen von heute (21. Jahrhundert) sind alle vom Menschen beeinflusst, die richtigen Berechnungen und Daten im **BUCH DES LICHTS** sind es nicht. Sie werden vom Planeten Merkur bestimmt und enthüllen uns, dass das Jahr 14 Tage nach der Winter-Sonnenwende (21. Dezember) beginnt, vorausgesetzt, dass dies mit Neumond zusammenfällt. Dieser Tag ist der 4. Januar. Das ist der Tag, an dem das neue Jahr beginnt. OM. Ehre sei dem **BUCH DES LICHTS**.

Wie konnte es passieren, dass wir bis heute von falschen, vom Menschen beeinflussten Berechnungen und Daten beherrscht werden? Fast jede Nation hatte, wie bereits erwähnt, ihre eigene Methode, das Jahr zu berechnen und den Beginn des Jahres festzulegen. Einige stützten ihre Berechnungen auf die Winter-Sonnenwende (die Sonne erreicht ihren südlichsten Punkt, bevor sie sich langsam in nördlicher Richtung bewegt), um es mit den Worten eines Bewohners der nördlichen Halbkugel zu sagen.

Die Bedingungen in Südamerika oder in anderen Ländern südlich des Äquators wären dann umgekehrt. Andere Nationen legen bei der Berechnung des Jahresbeginns die Sommer-Sonnenwende (21. oder 22. Juni) zugrunde. Die Winter-Sonnenwende findet am 21. Dezember statt. Es gibt wiederum Nationen, die den Beginn des Jahres zur Tagundnachtgleiche im Frühling (21. oder 22. März) errechnen, während andere ihr Jahr zur Tagundnachtgleiche im Herbst (22. oder 23. September) beginnen. Die Juden hatten zum Beispiel ein amtliches und ein religiöses Jahr. Das amtliche Jahr begann im September zur Tagundnachtgleiche und das religiöse begann mit der Tagundnachtgleiche im Frühjahr. Vor Cäsars Zeit begannen die alten germanischen Nationen in Nordeuropa das Jahr am 21. Dezember zur Winter-Sonnenwende. Die alten Griechen begannen ihr Jahr im Herbst, während der Sommer der Jahresbeginn für die alten Römer war. Der Sommer war auch der Jahresbeginn für die Ägypter. Und was die alten Perser, Syrier und andere Nationen anbelangt: Sie hatten alle ihren eigenen Zeitpunkt für den Jahresbeginn.

All diese Verwirrung entstand, weil es mit den Zivilisationen im Mittelmeerraum bereits seit vielen Jahrhunderten bergab ging, lange vor dem „Jahr 1 A.D.“ Sie hatten sehr viel von ihrer alten Weisheit und ihrem alten Wissen, das nun im **BUCH DES LICHTS** in vollem Umfang wiederentdeckt und enthüllt wird, verloren. Insbesondere sind die Römer dafür verantwortlich zu machen, denn, wann immer ein Diktator seine Herrschaft um ein paar Tage zu verlängern wünschte oder eine Wahl verhindert oder verzögert werden sollte, pfuschten sie am Kalender herum. All das wurde mit der Ignoranz, der Nachlässigkeit bzw. dem stillschweigenden Einverständnis des Pontifex (Päpste, hohe Geistliche usw.) gemacht und mit dem Ergebnis, dass zur Zeit von Julius Cäsar oder, um genau zu sein, zwischen den Jahren 46 und 47 v. Chr. der erste Tag des Januars auf das fiel, was wir heute den 13. Oktober nennen! Wenn Cäsar sich nicht eingemischt hätte, wäre der erste Januar durch jeden einzelnen Monat des Jahres gewandert und hätte schließlich im März seinen Lauf beendet, womit der Kreis sich geschlossen hätte. Das normale alte römische Jahr bestand aus ca. 354 Tagen und war lunar.

Aber, wie ich bereits sagte, setzte Julius Cäsar dieser Verwirrung ein Ende, indem er den römischen Kalender reformierte. Natürlich hatte er Hilfe. Sosigenes und Flavius, beide professionelle Astronomen, assistierten dem Amateur-Astronomen Cäsar dabei, die Daten gerade zu rücken. Die Drei trafen sich im Jahre 47 am ersten Tag des Januar, oder besser gesagt an dem Tag, als der erste Tag des Januar auf den nun 13. Oktober fiel; das war der Tag, an dem sie zwischen den Monaten November und Dezember zwei zusätzliche Monate (einen mit 33 und einen mit 34 Tagen) einführten sowie dem vorangegangenen Februar eine zusätzliche Zeitspanne von 23 Tagen hinzufügten und den Kalender mit den Jahreszeiten in Einklang brachten, indem sie weitere 90 Tage hinzufügten. Auf diese Art und Weise erhielten sie ein Jahr mit 445 Tagen. Da es so lang war, wurde es vom Volk das „Jahr der Verwirrung“ genannt, denn es beeinflusste natürlich den Verlauf der Geschäfte. Cäsar entschloss sich zu einer zweiten Veränderung und legte einen neuen oder den Neuen Kalender fest, und zwar mit einem durchschnittlichem Jahr von 365 Tagen und einem Schaltjahr (alle vier Jahre) mit 366 Tagen.

Mit leichten Veränderungen hat diese Regelung bis in unsere heutige westliche Zeitrechnung Bestand. Natürlich wurde das alte römische Mondjahr durch diesen Kalender abgeschafft. Und alles, was Cäsar hätte tun müssen (aber er tat es nicht) wäre gewesen, das Jahr nach den alten Berechnungen zu beginnen, also mit einer der vier Jahreszeiten bei Neumond – Winter-Sonnenwende oder Frühlings-Tagundnachtgleiche (bzw. Tagundnachtgleiche im Herbst) oder Sommer-Sonnenwende. Warum übernahm er nicht den alten Jahresbeginn seines eigenen Volkes, der Römer? Sie begannen das Jahr am 21. oder 22. Dezember zur Winter-Sonnenwende oder zur Tagundnachtgleiche im März. Aber Cäsar wurde von Sosigenes und Flavius beeinflusst. Sie haben möglicherweise vorgeschlagen, dass - entsprechend der herkömmlichen Art und Weise - das Jahr nicht nur zur Winter-Sonnenwende, sondern auch zum Neumond beginnen sollte, und Neumond fiel im Jahre 47 v. Chr. nicht auf den Tag, an dem die Winter-Sonnenwende stattfand, sondern war 7 Tage später, am 24. Dezember. Cäsar beschloss, das Jahr 7 Tage nach der Sonnenwende zu beginnen und nannte diesen Zeitpunkt „Kalendum“ oder den ersten des Januar. Erst gab er dem Dezember 30 Tage, später 31. So entstand unsere Gewohnheit, das Jahr am ersten Januar statt am 21. Dezember, dem Tag der Sonnenwende, zu beginnen. Der Autor wundert sich darüber, warum Cäsar in seinem Erlass nicht erklärte, dass dieser von ihm reformierte Kalender beginnen würde, wenn die Winter-Sonnenwende oder eine der anderen drei Jahreszeiten mit Neumond zusammenfiele. Dann hätte der Kalender mit dem alten Wissen übereingestimmt. Er, Cäsar, hätte darauf warten sollen, dass der Neumond mit einer der beiden Sonnenwenden (oder der beiden Tagundnachtgleichen) zusammenfällt, und auf diese Art hätte das neue Jahr im Moment des Neumondes in dieser Nacht begonnen.

Wusste das Cäsar nicht? Konnte er nicht warten? Wollte er nicht warten (oder wissen...)? Wir werden es niemals wissen, und es wäre, denke ich, etwas zu utopisch oder phantasievoll, zu vermuten, dass **das**, und nicht 1823 Jahre später ein Dr. Adam Weishaupt der geplante Beginn einer „Neuen Weltordnung“ war.

Die Zeit verging, das Christentum etablierte sich und die Menschen akzeptierten den 1. Januar als Beginn des neuen Jahres, so wie es im Julianischen Kalender geschrieben steht. Aber der Tag sollte kommen, an dem die Christen das Jahr in ihrem eigenen religiösen Sinn begehen und das mit der (angenommenen) Geburt von Jesus verbinden wollten, was sie (die östlichen Christen) veranlasste, den 12. Tag nach dem 25. Dezember (also den 6. Januar) als Feiertag der Geburt, der Taufe und des Dreikönigs- oder Erscheinungsfestes von Jesus (Manifestation eines Gottes) zu nehmen. Religiös gesehen war es tatsächlich der Beginn ihres Jahres, von den Engländern der Zwölfte Tag (Fest) genannt, weil es der 12. Tag nach dem 25. Dezember ist. Warum wählte man nicht den 4., sondern den 6. Januar aus? Begründung: Als Cäsar, Sosigenes und Flavius den Kalender korrigierten, richtete man es so ein, dass die Winter-Sonnenwende auf den 24. Dezember fiel, was bedeuten würde, dass der nächste Neumond dann auf den ersten Januar fiele, weshalb Cäsar erklärte: „Das neue Jahr muss am ersten Tag des Januar beginnen“. Dr. de Purucker schreibt: „Viele Jahre später fiel die Sonnenwende annähernd (14 Tage nach dem von den Christen angenommenen Tag) auf ihren Zeitpunkt, und der 23.-24. Dezember (der Dezember hatte damals 31 Tage und nicht 30, wie von Cäsar bestimmt), war der 6. Januar, den die Christen Dreikönigs- oder Erscheinungsfest nannten.“

Der Begriff war, wie die Religion selbst, von alter heidnischer Tradition übernommen. Nun verstehen wir auch, dass der römische Kalender verändert und von Menschen erstellt wurde (auch wenn Cäsar zum Gott erklärt wurde). Heute benutzen wir in Europa und Amerika den Julianischen Kalender. Aber das ist eben ein vom Menschen gemachter Kalender, während die Berechnungen aus dem **BUCH DES LICHTS**, die den 4. Januar zum Beginn des wahren esoterischen Jahres erklären, nicht vom Menschen erstellt, sondern von kosmischem Gesetz und dem Mahā-Chohan diktiert wurden. OM. Der 4. Januar ist genau 14 Tage nach dem Ereignis der wahren Winter-Sonnenwende, und ein geheimer Kreis öffnet sich, wenn die Winter-Sonnenwende auch noch mit dem Neumond zusammenfällt. Mit anderen Worten: Die heiligen Konstellationen der Planeten bestimmen die äonischen Berechnungen des **BUCHES DES LICHTS**, weder der Autor [5] noch irgend eine andere Person. Kurz ausgedrückt: Zehn Tage werden es nur sein bis zum ersten Tag des Januar [6], wenn du die Winter-Sonnenwende dort einordnest, wo sie hingehört. **DAS BUCH DES LICHTS** schlägt vor, dass die Feier des Esoterischen Neuen Jahres, wenn überhaupt, in Verbindung mit dem Buddha bzw. der Weisheit des Merkur stehen sollte. Warum? Weil unser Esoterisches Neues Jahr 14 Tage nach der Winter-Sonnenwende beginnen sollte, aber nur, wenn dieser Tag ein Merkurtag ist. Was oder wann ist ein Merkurtag? Das ist Mittwoch.

---

5 besser: Der die Wahrheit weitergibt. „Iti mayā śrutām“ (So habe ich gehört).

6 nach unserem jetzigen Kalender

Y2K ODER DIE WAHRE BEDEUTUNG VON 2001

Zunächst einmal: Das Jahr 2000 war natürlich NICHT der Beginn des Millenniums, aus dem einfachen Grunde: Es gibt kein Jahr 0. Man hat die Jahre vom Jahr 1 gezählt und nicht vom Jahre 0 an. Der westliche Kalender beginnt mit dem Jahr 1 und nicht mit dem Jahr 0, und eben darum begann das 21. Jahrhundert und das dritte Millennium nicht am 01.01.2000, sondern am 01.01.2001. Die folgende Analogie erklärt und untermauert das zuvor Gesagte: Man stelle sich vor, die Waage beim Kaufmann beginnt mit einer 1 statt mit einer 0. Wenn der Kaufmann mit dieser Waage etwas wiegen würde, bis sie 10 Pfund anzeigt, dann würde man in Wirklichkeit nur 9 Pfund der Ware erhalten, denn die Waage zeigt ja nicht das ERSTE Pfund an, also das, welches mit 0 beginnt und dann 1 anzeigt. Auf einer so veränderten Waage müssten 11 Pfund angezeigt werden, um 10 wirkliche Pfund zu erhalten, denn die Null fehlt ja. Wer ein Pfund wollte und die Waage würde nur 1 Pfund anzeigen, der hätte nichts, denn die Waage hat sich ja nicht bewegt. Es fehlt ja die Null. Man hätte dann gutes Geld für nichts bezahlt. Eine solche Waage wäre ein Trost für Übergewichtige. Die würden sich dann draufstellen und sich sagen: „Gott sei Dank wiege ich nicht so viel!“

Nun zurück von der Waage zu unserem Millennium. So wie sich die Waage in unserem Beispiel noch gar nicht bewegt hat, wenn sie 1 anzeigt, so ist auch noch keine Zeit vergangen, wenn das Jahr 1 nach Chr. angezeigt wird. Erst im Jahre 2 nach Chr. wäre 1 Jahr vergangen. Man ist also sozusagen vom Jahr 1 v. Chr. gleich zum Jahr 1 nach Chr. gesprungen, ohne das Jahr „0“ zu berücksichtigen. Dieser Fehler bzw. diese falsche Zählweise hat sich bis zum heutigen Tage eingeschlichen. Der 01.01.2000 wurde also genau 12 Monate VOR dem dritten Millennium angezeigt, denn es gab kein Jahr 0. Am 01.01.2000 waren genau 1999 Jahre seit Christi Geburt oder 999 Jahre des zweiten Millenniums vergangen und nicht 1000 Jahre. Um das Millennium, das dritte Millennium, zu erreichen, mussten wir warten bis zum ENDE des Jahres 2000 bzw. bis zum Beginn des 01.01.2001.
Die Zahl klingt bekannt, oder? Arthur C. Clark schrieb ein berühmtes Buch *Odyssee 2001* und Stanley Cubrik machte einen Film daraus. Warum hat Clark sein Buch „2001“ genannt und nicht „2000“ oder „2002“? Aus offensichtlichem Grunde. Das Jahr 2001 weist auf den Beginn des dritten Millenniums hin.
Seltsam ist auch, dass niemand die Jahre seit „Jesu Geburt“ zählte. Der erste, der dies tat, war ein italienischer Mönch mit Namen Dionesius Exiguus. Er lebte im 5. Jahrhundert nach Christi und setzte dessen Geburt willkürlich fest, nämlich indem er sagte: „Jesus wurde geboren 754 A.U.C.“ (Anno Urbis Conditi oder: seit Gründung der Stadt Rom). Also 754 Jahre nach Gründung der Stadt Rom. Das wäre auch noch in Ordnung, aber der gute Mönch vergaß, das Jahr 0 einzusetzen. Zwischen dem Jahr 1 vor Chr. und dem Jahr 1 nach Chr. gibt es also kein Jahr 0. Das ist das Jahr, in wel-

chem Christus dann geboren ist (wenn man die Bibel wörtlich nimmt). Dieses Jahr fehlt. Das Jahr 0 fehlt. Nach 1 vor Chr. zählt man gleich 1 nach Chr.
Die wahre Bedeutung des Jahres 2000 ist auch eine satanische. Man verlängere nur die drei Nullen 000 mit jeweils einem Strich nach oben – so ergibt sich 666 – und der eingeweihte Leser weiß, was ich meine.

Doch was hat das Y2K Computerproblem damit zu tun? Viele Experten glaubten doch, dass alle logischen Systeme dieser Welt zusammenbrechen würden wegen „Y2K". Nun, alle haben sich doch geirrt, samt ihren Computern, die glaubten, dass das Computerproblem im ersten Jahre des – nach IHRER Rechnung – 3. Millenniums beginnt. Da hatten wir erst 1999. Nun zu Y2K selbst. Da handelte es sich hauptsächlich um eine Angst- und Geschäftemacherei, denn mit der Angst macht man bekanntlich die besten Geschäfte. Das Y2K Problem wurde hochgespielt wie vieles andere auch. Um den Leser zu beruhigen, möchte ich hier mal das Y2K Computerproblem so einfach erklären, wie es die Herren Angstmacher kompliziert machen wollten. Also:

Y2K wurde von Computerprogrammierern als Kürzel verwendet, um Jahreszahlen abzukürzen, indem man nur 2 Positionen für das Jahr erlaubte. Dies tat man, um memory oder kostbaren Speicherplatz zu sparen. Die 19 setzte man einfach voraus. Nur die letzten beiden Zahlen zählten und bestimmten das Jahr. 65 stand für 1965, 76 für 1976, 88 für 1988, 99 für 1999 und so weiter. Man sieht schon, wo das Problem liegt. Im Jahre 2000 würde der Computer nur noch die letzten beiden Nullen lesen und denken, es wäre 1900, da er ja die ganze Zeit das Jahr 1900 bzw. die Zahl 19 zu Beginn jeder vierstelligen Jahreszahl vorausgesetzt hatte. Niemand dachte damals in den sechziger Jahren, dass dies immer so bleiben würde; man nahm an, dass es bald neue Software geben würde, die die alte ersetzte. Dies geschah zwar, das heißt, neue Programme wurden geschaffen, sie ersetzten aber nicht überall das Y2K System. Trotzdem hat es kein Computerchaos gegeben. Es gibt heute viele Möglichkeiten, dieses Problem zu beheben.

In einem irren alle. Y2K war nicht das Problem des Millenniums, sondern von einem Jahr davor. Das dritte und neue Millennium begann erst am 01.01.2001 und keine Sekunde früher. OM.

DIE SIEBEN TAGE DER WOCHE

Die sieben Tage der Woche werden in falscher Reihenfolge angegeben. Die richtige Reihenfolge ist: <u>Montag, Mittwoch, Freitag, Sonntag, Dienstag, Donnerstag und Sonnabend</u>, denn: Jeder Tag der Woche wird von einem Planeten unseres Sonnensystems beeinflusst, einschließlich der Sonne, unseres zentralen Sterns, der für diesen Zweck zu einem Planeten transformiert wurde.

Hier nun die (später verdrehte) atlanto-arische Einteilung:

Der erste Tag steht unter dem Zeichen des Mondes (Montag), der zweite unter dem des Merkur (Mittwoch), der dritte unter dem der Venus (Freitag), der vierte unter dem der Sonne (Sonntag), der fünfte unter dem des Mars (Dienstag), der sechste unter dem des Jupiter (Donnerstag) und der siebente Tag steht unter dem Zeichen des Saturn[7] (Sonnabend).

Die Tage erhielten ihre Namen wie folgt:

Der erste Tag war der Mond-Tag (engl. Moon-Day oder auch Mo(o)nday), also Montag.

Der zweite Tag war der Merkur-Tag (engl. Mercury-Day oder Wodnedaeg oder Woden's[8] Day oder Wednesday). Sogar Webster hat manchmal Recht, wenn er den Mittwoch als Tag des Merkur bezeichnet.

Der dritte Tag war der Venus-Tag, oder Freya-Tag, was die deutsche Übersetzung für Venus ist. Freya-Tag veränderte sich zu Freitag.

Der vierte Tag war wirklich der Sonnen-Tag oder Sonntag.

Der fünfte Tag war der Mars-Tag. Man kann auch ausgehen vom lateinischen Namen für den Mars, welcher Martis Dies lautet, was abgeleitet ist von engl. TIW (Gott des Krieges) und verändert wurde zu TIW-Day und schließlich zu Tuesday (Dienstag).

Der sechste Tag war Jupiter-Tag. Ein anderer Name für Jupiter war Thor, der Donnergott. So nannte man diesen Tag Thor's Dag oder Donner(s)tag oder englisch Thunder-Day und später Thursday[9] (Donnerstag).

Der siebente Tag war Saturn-Tag, also Saturn-dag, aus dem dann Saturday (Samstag) oder Sabbath wurde ...

---

7 Welcher der einzige Wochentag ist, der von den hebräischen Eingeweihten gezählt wird, weil sie unter Saturn geboren wurden.

8 Ein anderer deutscher Begriff für „odin“ oder „Wodin“, welcher wiederum ein anderer Name für den Planeten (-engel) des Merkur war.

9 Auch von M. E. Thoresday. Ein anderer Name für Jupiter ist lateinisch „Jovi“, woraus später der französische Name für Donnerstag wurde, nämlich „Jeudi“.

Warum nach dem Montag der Mittwoch oder Merkur-Tag folgt, danach der Freitag oder Venus-Tag usw.

Die Christen wollten den Tag der Sonne zum siebenten bzw. höchsten machen, und zwar wegen der kabbalistischen Macht der Zahl 7 und auch und vor allem deshalb, weil sie bzw. ihre Monaden einst aus der Sonne emanierten, so wie die Monaden der Hebräer aus dem Saturn (bzw. dessen Engel) emaniert hatten. Jeder Tag der Woche wird nicht nur von einem, sondern von vier Planeten beeinflusst. Bevor ich fortfahre, wollen wir uns doch die Anordnung der Sonne und der anderen sechs Planeten des Sonnensystems und ihren Einfluss auf die Tage auf der Erde (indem wir 7 Tage als eine Woche zählen) vergegenwärtigen:

Tag 1	Tag 2	Tag 3	Tag 4	Tag 5	Tag 6	Tag 7
Mond	Merkur	Venus	Sonne	Mars	Jupiter	Saturn

Nun wird die Reihenfolge der Tage erklärt

Tag Eins wird durch den Mond beeinflusst (in diesem Falle besonders morgens), aber auch durch Merkur, Venus und Sonne; es sind also vier Planeten, die ihren Einfluss auf den Montag (engl. Moon-Day oder Monday) ausüben. Tag Zwei beginnt folglich mit dem Planeten, der nach den vier genannten kommt, und das ist der Mars. So wird der Mars für den Tag Zwei zum Hauptplaneten, so dass er Mars-Tag oder (s. Erklärung) Dienstag[10] (engl. Tuesday) genannt wurde. Dienstag wird von Mars, Jupiter, Saturn und dem Mond überschattet, was uns zu dem Planeten führt, der als nächster an der Reihe ist, nämlich Merkur, dem Planeten für den Dritten Tag der (christlichen) Woche, auch Merkur-Tag (engl. Mercury Day) oder Mittwoch genannt. Der Mittwoch steht nicht nur unter dem Einfluss des Merkur, sondern auch unter dem Einfluss von Venus, Sonne und Mars, was uns zu Jupiter führt, der somit für die Christen (aber nicht wirklich) zum Hauptplaneten für den Vierten Tag[11] wird.

Der Donnerstag wird somit von Jupiter, Saturn, Mond und Merkur überschattet, was uns zum nächsten Planeten und zum Fünften Tag der Woche führt, der unter dem Zeichen von Venus, Sonne, Mars und Jupiter steht, was uns wiederum zum Planeten für den Sechsten Tag führt, welcher folglich (wenn wir der christlichen Logik folgen) Saturn und sein Tag Saturn-Tag (engl. Saturday), also Sonnabend, ist. Sonnabend wird

10 In Wahrheit ist der Dienstag der fünfte Tag der Woche.

11 Es ist natürlich der sechste.

wiederum von vier Planeten beeinflusst, nämlich von Saturn, Mond, Merkur und Venus, womit wir nun die Sonne erreichen bzw. den Tag der Sonne oder den Sonnen-Tag (engl. Sunday), also Sonntag. (Das Wort 'Sonne' ist abgeleitet vom angelsächsischen 'Sunne' usw.). Somit ist also Sonntag der Siebente Tag der Woche und das ist alles, was sie erreichen wollten, nämlich die höchste exoterisch-okkulte Zahl für ihren Planeten zu wählen und auf diese Art in der Lage zu sein, eine Verbindung zum Siebenten Tag der Schöpfung herzustellen, ihn Sonntag zu nennen und es so einzurichten, dass sogar Gott an diesem Tag eine Pause macht.

Die Christen haben diese Reihenfolge absichtlich geändert. Hier sind nun die Planeten unseres Sonnensystems in der Reihenfolge der Wochentage sowie die Elemente und Farben[12], die sie auf der Erde verursachen oder intensivieren:

1. Montag: Mond, Silber, weiß,
2. Mittwoch: Merkur, Quecksilber, blau,
3. Freitag: Venus, Kupfer, grün
4. Sonntag: Sonne, Gelbgold, rot
5. Dienstag: Mars, Eisen, rot,
6. Donnerstag: Jupiter, weiß (aber auch violett und orange),
7. Sonnabend: Saturn, Blei, schwarz.

12 Wie können sie Elemente und Farben verursachen? Erinnere dich immer daran, dass Elemente und Farben nichts anderes sind als Äther in unterschiedlichen Schwingungsfrequenzen (entlang der kosmischen Matrize), und das ist genau das, was ein Planet (jeder Planet) ist, ein rotierendes ätherisches Energiezentrum. Und: Wir sind alle mit Äther verbunden, tatsächlich sind wir bzw. alle sichtbaren und unsichtbaren Formen Äther in unterschiedlichen Schwingungsgraden oder -frequenzen, welche sich dann gegenseitig als „dichte Materie" wahrhaben.

Oh, Großer Chohan, enthülle mir noch einmal Ursprung und Bestimmung von Mensch und Universum, aber diesmal unter parabrahmanischem Gesichtspunkt!

So sei es, oh Lanoo.

PERPETUUM MOBILE
PARABRAHMAN und Mūlaprakriti

oder

WARUM ES KEINEN AUSSERKOSMISCHEN SCHÖPFER GIBT

Das ganze Universum, mit allem darin, sichtbar und unsichtbar, basiert auf und ist gemacht aus zwei (in vier unterteilte) Prinzipien, welche waren, sind und immer sein werden, ganz gleich, ob ein Universum existiert oder nicht. Sie sind unerschaffen, ich wiederhole

U N E R S C H A F F E N

Diese zwei Prinzipien sind **PARABRAHMAN** und **Mūlaprakriti**

PARABRAHMAN

ist jenseits von Brahman, der ersten Emanation, also der Bereich der ersten zwei Realitäten NIRVĀNA und aller Wesenheiten (im Zentrum allen Seins). Dieses Zentrum ALLER Manifestationen als des gesamten Universums mit allem darin ist UNERKENNBAR, da es der Ausgangspunkt und die BASIS aller erkennenden Wesenheiten ist und weil jeder Erkenntnisvorgang IMMER vom Erkennenden (also der Wesenheit) zum Erkannten (den Beilegungen der Wesenheit) erfolgt. Darum soll man sich ja auch „von Gott kein Bildnis machen“. So kann man sich selbst also nie finden oder erkennen, sondern immer nur das, was man essentiell NICHT ist. Ehre sei dem Buddha, dem größten aller Menschen und Götter, denn ER ÜBERWAND alle Bindung an alle, immer vergänglichen Beilegungen, sei es der Körper eines Tieres, eines Menschen oder gar die feinste Geisthülle eines Gottes.

Mūlaprakriti

PARABRAHMAN ist das ewige und unerschaffene Prinzip von NIRVĀNA, wohin alles, was war, ist und sein wird, absorbiert wird, um periodisch Geist und Materie zu werden. Mūlaprakriti ist das ewige und unerschaffene Prinzip allen Geistes und aller

Materie oder vielmehr der Urstoff, die prä-kosmische Wurzelsubstanz (jenseits der Nulllinie), um die Wesenheiten in Geist und Materie zu kleiden, entsprechend ihres Verlangens und ihres Karmas von vergangenen Weltenperioden.

Zusammenfassung unter parabrahmanischen Gesichtspunkten

Es geht los. Das Universum mit allem darin erwacht aufs Neue.

PARABRAHMAN

Alle Wesenheiten absorbiert oder in NIRVĀNA

Mūlaprakriti

Ewiger, unerschaffener prä-existenter Urstoff, existierend um alle Wesenheiten entsprechend ihres Verlangenszustandes und auf verschiedenen Stufen von Geist zu Materie ‚einzukleiden', von nicht-atomar zu atomar-molekular.

PHASE EINS

(155.522.169.000.000 v. Chr.)

PARABRAHMAN verursacht einen ersten Impuls in Richtung Mūlaprakriti oder „Wurzelmaterie" oder Urmaterie, die sich daraufhin in sieben kosmische Ebenen teilt, gefüllt mit Skandhas, permanenten Verlangensatomen aus der letzten kosmischen Manifestation der vergangenen bzw. vorhergegangenen Weltenperiode. Wichtig zu wissen, schwer zu verstehen: Alles existiert immer in Abstraktion!

PARABRAHMAN
Erster Impuls

7 kosmische Ebenen, von denen die 4. unser Universum ist bzw. sein wird

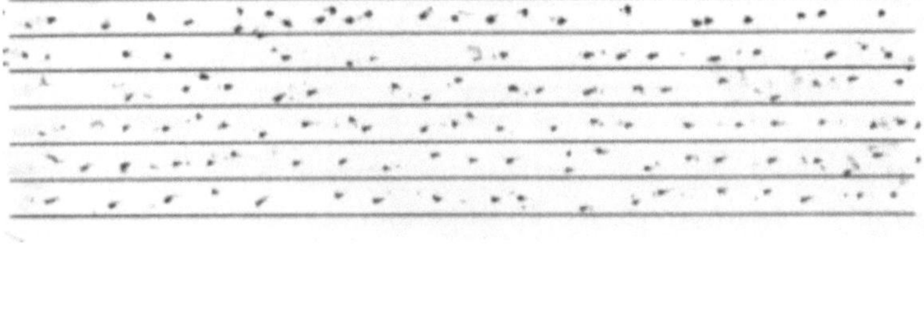

Mūlaprakriti

←Skandhas

PHASE ZWEI

(folgt der Phase Eins unmittelbar)

PARABRAHMAN verursacht einen zweiten Impuls in Richtung Mūlaprakriti und bewirkt, dass sich nahezu endlos viele vorher absorbierte Wesenheiten in einem Punkt um die (für diese Weltenperiode) höchstentwickelte Wesenheit („Gott") ansammeln und in die Urmaterie geschleudert werden.

PARABRAHMAN
Zweiter Impuls

Urstoff, der nahezu endlos viele andere Wesenheiten oder Monaden enthält

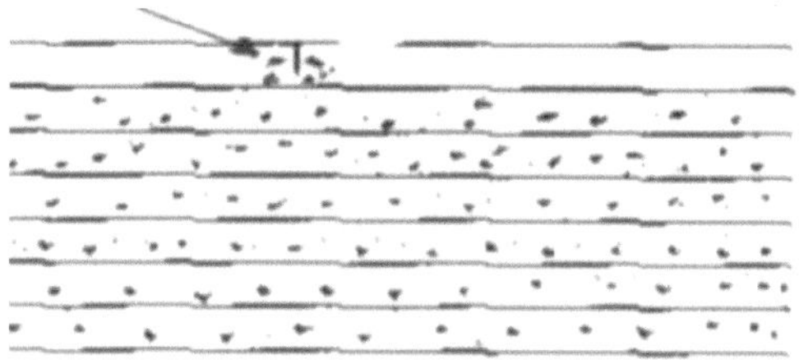

Mūlaprakriti

Skandhas

Permanente Atome

Dies bedarf einer Erklärung. Materie per se gibt es gar nicht. Sie ist nur eine Schwingung. Beispiel: Man weiß, dass das Atom teil- bzw. spaltbar ist, so wie jedes andere Teilchen auch. Das bedeutet: Selbst wenn ich Materie oder alle Atome und sonstige Teilchen solange teile, bis nichts mehr da ist, dann sind sie eben immer noch da – als Schwingung. Dennoch ist der Mensch z. B. nur ein Verlangenszustand einer Schwingung, für die ein anderer Mensch, also eine gleichartige Schwingung, nur als „Materie" erscheint. Für einen Röntgenstrahl z. B. bestehen wir nur aus Zwischenräumen. Und wenn man alle Atome im Universum OHNE ZWISCHENRAUM zusammenpresste, dann würde die ganze Welt sogar in eine Handtasche passen.

Erst die WESENHEITEN geben der zeitlos-ewig existierenden Urschwingung oder Urmaterie (Wurzelsubstanz & Urstoff) ihre eigentliche, von uns Materie genannte Eigenschaft.

PHASE DREI

Der Urstoff zieht sich wieder als abstractum in PARABRAHM-NIRVĀNA zurück und hinterlässt seine Reflexion (Brahman, Christ usw.) in Mūlaprakriti (die er auf diese Art „befruchtet" hat...). Die Reflexion, die immer noch endlos viele Wesenheiten enthält, schleudert diese (oder verlassen sie sie, getrieben vom Verlangen?) durch sieben Kanäle oder sieben Strahlen nach Mūlaprakriti, wo sie ihre Skandhas oder Verlangenseinheiten früherer Manifestationen aufnehmen und sich selbst mit den entsprechenden Vehikeln oder upādhis vom höchsten Gott bis zum niedersten Atom umgeben, sei es ein Universum, eine Galaxie, ein Sonnensystem oder eine deren Lebensformen, vom niedersten Atom bis zum höchsten Gott, und das Ganze mathematisch exakt und ihrem vorangegangenen Verlangenszustand entsprechend. OM.

Je geringer das Verlangen, desto höher die Wesenheiten oder Dhyan Chohans (Götter, Engel usw.) und umso näher werden sie sich um den Zentralpunkt PARABRAHMAN-NIRVĀNA manifestieren. Die Wesenheiten, nun in ihre Hüllen gekleidet (Götter, Engel mit und ohne Planeten als Körper, alle Lebensformen usw.), evolvieren und interagieren untereinander und geben so Karma den richtigen Schub bis

PHASE VIER
(9.000.000 v. Chr.)

PARABRAHMAN-NIRVĀNA

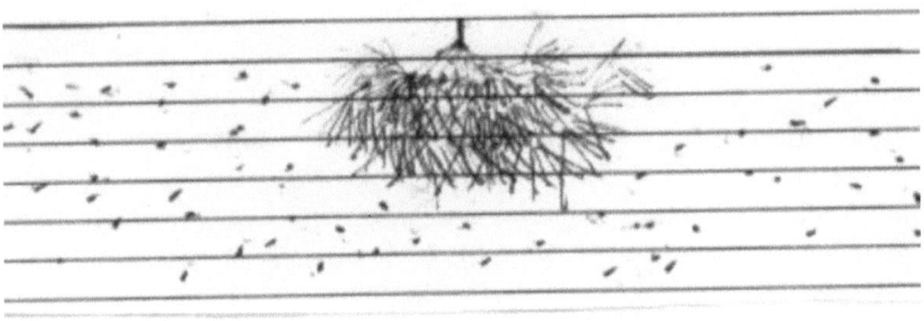

Der Baum des Lebens, mit der Wurzel nach oben und den Zweigen nach unten. Unser heutiger Weihnachtsbaum ist eine kindische Kopie davon. Wir müssen von dieser „verbotenen Frucht" kosten, bis wir vom niedersten Zweig (oben) die Wurzel bzw. den Urstoff oder sogar den Bereich jenseits davon erreichen.

Das Verlangen nach Manifestation hat in den fast endlos vielen Wesenheiten (Göttern, Engeln, Chohans, Mahatmas, Menschen, Tieren, Pflanzen, Steinen, Dämonen usw.) seine größte Kraft erreicht. Von nun an kehrt alles zum Gott zurück, der selbst, wie bereits erwähnt, durch alle Lebensformen, die er nun führt, gegangen ist.

PHASE FÜNF
(155.517.831.000.000 n. Chr.)

Das ganze Universum mit allem darin ist verschwunden bzw. wurde wieder in den Urstoff aufgesogen (zusammengerollt)[13].

PARABRAHMAN

Mūlaprakriti

PHASE SECHS
(folgt der Phase Fünf unverzüglich)

Der Urstoff mit allem darin wird wieder für 311.040.000.000.000 Jahre von PARABRAHM-NIRVĀNA absorbiert. Nur diejenigen, welche Befreiung von JEGLICHEM Verlangen, sei es physisch oder geistig, erreicht haben, werden in PARABRAHM-NIRVĀNA ihre Identität nicht verlieren. Der Rest wird auf die nächste Periode der Manifestation warten müssen oder auf

PHASE SIEBEN
(466.562.169.000.000 n. Chr.)

PARABRAHMAN

Mūlaprakriti

13 „Und wird alles Heer des Himmels verfaulen, und der Himmel wird zusammengerollt werden wie ein Buch.“ (Jesaja 34,4)

Alle Wesenheiten der vorausgegangenen Manifestation plus Neue erwachen wieder im Urstoff, um nach Mūlaprakriti, der Hülle von PARABRAHMAN, geschleudert (bzw. von ihrem eigenen Verlangen getrieben) zu werden.

Wichtig: Das Material, aus dem wir und alles andere gemacht sind, ist ewig, nur die Form vom niedersten Atom bis zum höchsten Gott wird wieder und wieder zerstört, auch entsprechend dem individuellen Verlangenszustand nach dieser Form, sei sie geistig oder physisch. Könnten wir dann unsterblich in der Form werden, wenn unser Verlangen danach nur stark und lange genug ist? Nein, denn das kosmische Gesetz mischt die Karten ewig aufs Neue und verteilt sie immer wieder neu.
Des Weiteren: Physische oder sogar geistige Unsterblichkeit würde solch ein immenses Karma auslösen bzw. anhäufen, dass es unmöglich wäre, es auszuleben.

DAS BUCH DES LICHTS
ZUSAMMENFASSUNG VON BAND I

Band I beschreibt das eine All zunächst vor dem Wiedererwachen des Universums, dann den ‚Big Bang', den „Urknall" als Gesamtsumme aller in Manifestation explodierenden, zeitlos ewigen unerschaffenen Wesenheiten bzw. Monaden in hierarchischer Reihenfolge vom höchsten Gott (der aber kein außerkosmischer Schöpfer ist) bis zum niedersten Atom, welches jedoch ebenfalls ein Gott im Werden ist. Das Universum ist ein sieben- oder zehnteiliger Organismus. Wir lernen, wie der Keim des Weltalls sich in die siebenfache Hierarchie bewusster göttlicher Kräfte teilt. Diese göttlichen Kräfte sind jedoch keine Schöpfer, sondern intelligente Wesen, welche die kosmische Entwicklung lenken und das verkörpern, was wir „Naturgesetze" nennen. Diese Intelligenzen werden Dhyan Chohans genannt, vergleichbar mit den (als Schöpfer missverstandenen) Elohim der Bibel. Dann wird der Vorgang der Weltformung beschrieben, natürlich präexistierendes, zeitlos-ewiges unerschaffenes Material (die Urmaterie) benutzend. Reihenfolge dieses Vorgangs: Diffuse kosmische Materie, dann „flüssiger" (kalter) Wirbelwind, die erste kosmische Nebelformung. Dann Nebelverdichtung und, Stufe für Stufe, Bildung eines Sonnensystems, einer Planetenkette oder einzelner Planeten; das alles geleitet und gesteuert von der „Hierarchie der Intelligenzen" der Monaden der Dhyan Chohans und ihrer Scharen. Dabei ist zu beachten, dass - der Wissenschaft unbekannt - immer erst eine ASTRALE bzw. für uns jetzt unsichtbare und transparente „schattenhafte" Evolution oder Entwicklung vorausging. Auch die wahre Natur des Äthers wird erklärt. Band I endet um etwa 3 Milliarden vor Christus mit dem Tod der Mondkette, aus welcher der Planet Erde entstehen wird (Band II).

DAS BUCH DES LICHTS

BAND I

155.522.169.000.000 v.Chr. – 2.169.000.000 v. Chr.

„Es gibt noch keine Zeit und auch kein Universalgemüt (die Summe aller Bewusstseinszustände), denn es waren noch keine Geistwesen, all das zu enthalten.
Das unendliche All war noch von Dunkelheit erfüllt. Männliches und weibliches Prinzip plus deren Resultierende (das Weltall mit allem darin) waren wieder eins, zurückgekehrt zu ihrer einen, ursprünglichen und ewigen Ursache. Mit anderen Worten: ALLES, das gesamte frühere objektive Universum hatte sich in seine eine, ursprüngliche und ewige Ursache aufgelöst und harrte seines Wiedererwachens."

Blavatsky S. D. I

MONADEN

Die Monade ist die Wesenheit, der ewige Pilger. Diese „Ewigkeit" während wiederholter Manifestation ist jedoch nur ein „Augenzwinkern" im Vergleich zur zeitlosen Ewigkeit von NIRVĀNA jenseits des Zentralpunktes, der Zuflucht, der Heimat der Monade. „Pilger" aber nenne ich die Monade (zwei in einem) nur während des Zyklus der Inkarnation. PER SE und in Essenz ist die Monade das einzige unsterbliche ewige Prinzip in uns sowie in jedem Atom oder subatomaren Partikel, das existiert. Die Monade ist ein UNTEILBARER Teil des vollständigen Ganzen. DAHER nannten die eingeweihten Griechen die Monade auch ATOMOS (Atom) oder UNTEILBAR. Diesen Begriff übernahm unsere heutige Wissenschaft und bezeichnet damit die HÜLLE der Monade; zu Unrecht, wie man weiß, denn das „Atom" der Wissenschaft ist sehr wohl teilbar, wie jede explodierende Atombombe uns anschaulich demonstriert.

Alle Monaden emanierten AUS Nirvāna DURCH die zuerst erscheinende Supermonade. Die Entwicklung der menschlichen Monade wird im BUCH DES LICHTS beschrieben. Es ist auch die Monade, die durch „Runden und Rassen" geht, wächst und sich entwickelt. Dies geschieht stufenweise. Metaphysisch gesehen kann man jedoch NICHT von der „Entwicklung" einer Monade sprechen oder sagen, dass sie zum Menschen „wird". Die Monade ist die unerkennbare Wesenheit selbst. Sie schreitet weder voran noch entwickelt sie sich, noch wird sie affiziert durch den Wechsel der Zustände, durch die „sie" oder „es" hindurchgeht. Die Monade ist NICHT von dieser Welt oder Ebene. Sie ist wie eine Rettungsplanke, hinabgeworfen auf unsere Persönlichkeit, wo auch immer sie sein mag, im Himmel, auf Erden oder gar in der Hölle. Wir (als Persönlichkeit) müssen uns an die Monade klammern, bis wir die Monade WERDEN und alles mit dem Anatta-Blick sehen, also: Alles als vergänglich Erkennbare, alles, was die Monade oder das Selbst NICHT ist, ist eben leidvoll, vergänglich und NICHT das Selbst. Ehre sei dem Buddha, dem Größten der Menschen und Götter. Wird die Monade sich selbst überlassen, treibt sie fort, wie eine Planke auf dem Ozean zu anderen Ebenen. Die Evolution des inneren Menschen ist rein geistig. Da handelt es sich dann nicht mehr bloß um ein Durchgehen der (immer unpersönlichen) Monade durch verschiedene Formen der Materie (Unterabteilung der Urmaterie), sondern jetzt geht es um Selbstwahrnehmung bzw. SELBSTWERDUNG, indem die Monade ERKENNT, was sie essentiell NICHT ist. In NIRVĀNA ist die Monade noch im Zustand geistiger und intellektueller Unbewusstheit. Wenn sie dann „erwacht", überspringt die Monade (von innen nach außen) die beiden ersten Ebenen, die dem Absoluten (NIRVĀNA) am nahesten sind und begibt sich direkt auf die GEDANKENEBENE oder auf die Ebene der Gedankentätigkeit. Ein afrikanisches Sprichwort sagt: „Es gibt nichts Grässlicheres als das Denken." Und dennoch: Von der mineralischen Monade bis hinauf zur göttlichen Monade gibt es auch immer die entsprechende (für uns)

sichtbare und unsichtbare Ebene, diesen Zustand auch auszuleben und sich von ihm - falls dies erwünscht ist - auch wieder zu lösen.
ABER: Die ganze Zeit hindurch, während all dieser Inkarnationen, im Detail beschrieben im BUCH DES LICHTS, angefangen vom niedersten Mineral bis zum höchsten Gott, ist es doch EIN UND DIESELBE MONADE, mal beschmutzt durch die Form, dann wieder frei davon. Und in Zyklen zeitweiliger Verdunklung, wenn umgeben von tiefstschwingender Materie, „weiß" die Monade nicht einmal mehr, dass sie eine ist...
Was geschieht, ist folgendes: Die Monade (der Geist als Absolutes gesehen) steigt in die Materie hinab, was einem Emporsteigen in der physischen Entwicklung entspricht. Dann wird alles wieder Schritt für Schritt aufgesogen in NIRVĀNA, dem absoluten Zentralpunkt oder auch Verschwindungspunkt der differenzierten Materie, einem SUPER-Schwarzen Loch oder Super-Laya also.

Wenn in Band 2 die 4. kosmische Runde gekommen ist, wird die kosmische Monade dem atmischen Strahl vermählt und wird zu seinem Vehikel. Dann ist die kosmische Monade oder Buddhi das VEHIKEL des atmischen Strahls. Dann erwacht die kosmische Monade und wird sich des atmischen Strahls BEWUSST. Oh, Lanoo, ein TIER ist sich seiner göttlichen Natur noch nicht bewusst, und die Mehrzahl aller Menschen auch nicht. Sie beten lieber zu einem Gott und hoffen, dass „er" die Arbeit für sie macht. Die Monade steht in folgender Beziehung zum Atom (es empfiehlt sich übrigens wieder, die Anatta-Methode des großen Buddha anzuwenden): Die Monade ist NICHT der mikroskopische Organismus, der einst unter die polygastrischen Infusorien klassifiziert wurde und jetzt für vegetabilisch gehalten und unter die Algen gezählt wird. Die Monade ist auch nicht das Monas der Peripatetiker. Die Monade ist nicht physisch und kann NICHT durch chemische Symbole und Elemente dargestellt werden. Die „Kleider" oder Beilegungen der Monade (also das, was wir als Materie bezeichnen) können es sehr wohl.
Woraus gehen nun die zahllosen physischen Atome hervor, von der Wissenschaft als individualisiert betrachtet? Nun, sie gehen aus der MINERALISCHEN MONADE hervor, also der Monade, welche sich auf dem tiefsten Verlangenszustand, der niedersten Bewusstseinsebene, befindet.
Die Monade ist die Verbindung der letzten zwei (6.+7.) Prinzipien im Menschen. Genaugenommen ist die Monade bzw. die „menschliche" Monade die duale Seele (Ātma-Buddhi) und NICHT nur allein Ātma, der Geist. Bedenke, oh Lanoo: DIE WESENHEIT oder Monade per se ist immer dieselbe, selbst wenn sie durch das Mineral-, Pflanzen- und Tierreich geht, doch dem Maßstab des Fortschreitens nach ist sie verschieden. Man möge sich die Monade nicht als eine getrennte Wesenheit vorstellen, die sich mühevoll durch alle Reiche schleppt, um dann NIRVĀNA zu erlangen. Darum ist es weiser, die Wesenheit zu beschreiben als ...die Monade, die sich in jener

Form von Urmaterie manifestiert, welche man Mineral-Pflanzen-Tier-Mensch-Engel- oder Gott (Himmels)- Reich nennt. Das Atom ist also eine Manifestation der einen universellen Monade. Auf all diese und mehr erwähnte Entwicklungsstufen werden wir im BUCH DES LICHTS noch zu sprechen kommen. Es findet allerdings eine Neigung zur Trennung in individuelle Monaden statt. Diese aber findet fast ein Halt im Tierreich, wie wir noch sehen werden. Im Pflanzenreich beginnt die monadische Wesenheit sich menschlich in Richtung individuelles Bewusstsein zu differenzieren. Man muss bedenken, dass Monaden zusammengesetzte Dinge (allerdings auf abstrakter Ebene) sind. Bereits der große Wissenschaftler Leibnitz wusste von den Monaden als elementare und unzerstörbare Einheiten, versehen mit der Macht „zu geben und zu empfangen“ in Bezug auf andere Einheiten (wodurch natürlich Karma in Schwung kommt). Auf diese Weise werden auch alle geistigen und körperlichen Phänomene veranlasst. Wie kann es denn sein, dass die Monade „2“ ist, also Ātma-Buddhi (Geist-Seele) und damit zusammengesetzt und damit keine Einheit mehr? Monade stammt vom griechischen ‚Monas’ und bedeutet „1“. Das ist im selben Maße möglich, weil Geist an sich auch Materie ist und umgekehrt. Eines ist immer das Vehikel des anderen, es dadurch belebend. Später wird von „lunaren Monaden“ die Rede sein.
Dies sind jene Monaden, welche den Mondzyklus verlassen haben und sich höher auf den Erdzyklus begaben.
Die Monade in ihrer absoluten Totalität und in ihrem erwachten Zustand ist der Gipfelpunkt der göttlichen Inkarnation auf Erden.
Man bedenke, dass der innere, jetzt verborgene Mensch beim Wiedererwachen des Universums der äußere Mensch war.
Die letzte menschliche Monade inkarnierte vor Beginn der fünften Wurzelrasse. Anthropoiden, die höchsten auf den Menschen folgenden Säugetiere, werden bald aussterben. Ihre Monaden werden dann befreit sein und in die astralen menschlichen Formen der sechsten und siebenten Rasse übergehen. In Millionen von Jahren werden wir für jene Menschen als unentwickelte Affen erscheinen.
Lieber Leser, mir ist die Beschreibung der Monade oder der Wesenheit bzw. des wahren Ich so wichtig, weil es gerade sie ist, von der die Mehrzahl aller Buddhisten (angeführt vom Dalai Lama) behaupten, dass sie es gar nicht gäbe und dass der Buddha einen solchen Unsinn gelehrt habe. Dies zu behaupten ist jedoch eine solche Beleidigung der Lehre des Buddha oder mit Dr. Georg Grimm gesagt: „Alle Erklärer und Ausleger der Buddha-Lehre, die sie derart auslegen, machen sich des allergrößten Verbrechens schuldig, das überhaupt an ihr (der wahren Buddha-Lehre) begangen werden kann.“
Und, so fahre ich fort, wenn der Buddha gemeint hätte, es gäbe kein Ich oder keine Wesenheit oder Monade, dann hätte er dies auch gesagt. Auf die Frage, ob es ein Ich gäbe oder nicht, hat der Buddha aber GESCHWIEGEN, und zwar aus folgendem Grunde: Hätte er gesagt, das Ich existiert NICHT, dann hätte er die Wesenheit ge-

leugnet, dann würde der Mensch nur aus den vergänglichen Atomen, Molekülen und Attributen bestehen und es wäre nach dem Tod vorbei. Hätte der Buddha gesagt, das Ich existiert, dann hätte er damit gemeint, dass das Ich ERKENNBAR ist – ist es aber nicht. Und so sagt der Buddha auch: „Das Ich (oder Selbst) ist UNERKENNBAR (also durch den Vorgang oder die Organe des Erkennens gar nicht ausfindig zu machen)." Recht hat er: Das Ich – alle Ichs oder Wesenheiten sind JENSEITS der Welt der Erscheinungen, eben sogar jenseits des Zentralpunktes – in NIRVĀNA. Die Monade ist zwar unerkennbar, aber durchaus nicht unbeschreibbar: Getrieben von Verlangen irrt sie im Samsara, dem Rad der Wiedergeburt, mal als Stein, Pflanze, Tier, Mensch, Engel, Dämon, Planetenengel, Gott oder was auch immer.

Lieber Leser, ich sage nicht, dass du der Welt entsagen sollst oder nicht. Diese Wahl liegt bei dir. Doch den Anker, den Zentralpunkt aller Aktionen, allen Denkens, Fühlens und Handelns, also das TODLOSE, Zeitlos-Ewige in dir, das wahre Selbst, das möchte ich dir schon beschreiben, auf dass du besser mit dem Vergänglichen und oft Leidvollen umgehen kannst. Es ist darum auch nicht vermessen zu behaupten, dass dieses Buch für ALLE Wesen, seien sie im Himmel, auf Erden oder in der Hölle, geschrieben wurde. Auch ein Gott kann lernen von diesem Buch, dessen Counterpart bereits in Ākāśa existiert. Ich „schreibe es einfach ab" bzw. eine hohe Wesenheit - der Maha-Chohan - diktiert es. Es ist nun auch an der Zeit zu sagen, dass der Buddha wenigstens seinen Mönchen eine Geheimlehre verkündete, deren Essenz DAS BUCH DES LICHTS ist. Wer NIRVĀNA will, der muss nur loslassen, was er essentiell nicht ist. Dies gilt für eine Maus genauso wie für einen Gott in Manifestation. Wer aber „bleiben" möchte und weiter im Samsara, dem Rad der Wiedergeburten wirken möchte, der möge dies auch tun, aber eben so, dass es ihm zum Segen gereicht. Für beide, den ENTSAGER sowie für den Wiederkehrer wird dieses Buch von großem Segen sein.

Und nun weiter mit der Monade. Vom rechten Verständnis dieses Begriffes hängt das rechte Verständnis dieses Buches und des gesamten BUCHES DES LICHTS ab. Also: Die Monade (auch jiva oder Gottesfunken genannt) schießt in die niedrigste Form der Materie - in das Mineral - hinab. Dort ist sie in siebenfachem Kreislauf in den Stein eingeschlossen, wie wir noch im BUCH DES LICHTS sehen werden. Dann „kriecht" die Monade aus dem Stein hervor, verlässt das Mineralreich als Pflanze. Als welche Pflanze wohl? Gleich als wunderschöne Rose oder gar als Baum? Nein, immer schön langsam und der Reihe nach – zunächst z.B. als Flechte. Von dort aus durchläuft die Monade alle Formen des vegetabilen Stoffes (alle Pflanzenarten), bis sie - die Monade - zum Keim des Tieres geworden ist bzw. diesen bewohnt. Übergangsperioden von Pflanze zu Tier bzw. vom Pflanzenreich zum Tierreich wären dann z.B. fleischfressende Pflanzen...

Dann nach vielen Manifestationen im Tierreich ist die Monade bereit zum physischen Menschen. Doch ist dies auf Erden bis hinauf zur dritten Runde als Stoff formlos und vom Bewusstsein her besinnungslos, wie wir noch sehen werden. Die Monade an sich kann ja nicht einmal Geist genannt werden, sondern eher ein Strahl der Absolutheit. Bedenke, lieber Leser: Absolute Homogenität, also die Monade, ist ja auf unserer Ebene unbewusst, da sie keine Beziehung zur bedingten und verhältnismäßigen Endlichkeit hat.

Die Monade benötigt darum: 1.) Material, das für die Formen notwendig ist (also Urmaterie in ihren entsprechenden Schwingungen), 2.) ein geistiges Modell oder Vorbild oder eine Matrize für dieses Material und 3.) ein intelligentes Bewusstsein, um Entwicklung und Fortschritt zu leiten. Doch die ist weder in der Monade noch in der Materie, die zwar lebendig, aber empfindungslos ist. Was fehlt, sind die ZWEI MITTLEREN PRINZIPIEN: a) fühlendes Leben des unvernünftigen Tieres und b) die menschliche Seele. Dies jedoch wird gegeben von den Manasaputras, den „Söhnen des Verstandes". Es ist dies, wie wir noch sehen werden, die wahre Bedeutung der Frucht der Erkenntnis, zu essen vom Baume des Guten und Bösen. Dies geschah vor etwa 18.000.000 Jahren und später, als sich eine androgyne Menschheit in Millionen von Adams und Evas teilte. Während sich also die Monade(n) abwärts in die Materie bewegt, bewegen sich jene Elohim oder Manasaputras aufwärts, indem sie durch die Monade lernen, durch Vermischung der beiden Potenzen, des Geistes und der Materie. Wann diese „himmlische Hochzeit" geschieht, wird noch im BUCH DES LICHTS im Detail beschrieben. Die Monade wird oder wurde also von den Pitris oder Manasaputras mit ätherischen Körpern versehen. Dies geschah durch Absonderungen dieser Ätherkörper wie schattenhafte Ebenbilder. So „bekleidet" ist die Monade jedoch noch unvollständig. Getrieben von Verlangen will sie mehr. Diesem Wunsch wird von den Manasaputra-Elohim entsprochen. Davon gibt es unzählbare Scharen im Universum. Die Versorgung (oder „Erschaffung") von Körpern geschieht solange, bis die Monade als Mensch steht. Wer die Elohim deshalb „Schöpfer" nennen will, der mag dies tun. Der Weise sieht tiefer. Die Monade eines jeden lebenden Wesens ist ein individueller Dhyan Chohan während einer Weltenperiode. Ausnahme wäre absolute moralische Verworfenheit (Perversion, Mord, Quälerei, Schwarze Magie) - und all das in extremster Weise. DANN kann es allerdings geschehen, dass eine solche Monade „abbricht" und den „lunaren Pfad" betritt.

Das Vehikel der Monade ist ein wesentlicher und wichtiger Bestandteil für ihre Entwicklung mit dem Ziel der Vereinigung, ganz nach dem christlichen Satz „Mein Vater, der im Himmel ist und ich – sind eins." Die Bibel macht schon Sinn, vor allem, wenn wir die WAHRE Bibel lesen, so wie ich sie, ganz im Sinne ihrer ursprünglichen Verkündung, umgeschrieben habe. Wenn alles wieder in NIRVĀNA aufgesogen wird vom „großen Atem", dann können nur jene von Vernichtung sprechen, die sich noch mit ihren Beilegungen identifizieren. Der Rest entsagt entweder oder er wartet, bis eine neue Weltenperiode sein Verlangen nach weiterer zeitunterworfener Existenz befriedigt. DIESEM Gesetz der Wiederkehr unterliegen übrigens beide – der Wissende

sowie der Unwissende. Nur dass Erstere wohl besser damit umgehen können. Möge DAS BUCH DES LICHTS der Menschheit großes Leid ersparen. OM.
Weiter mit der Monade. Die geht eben NICHT verloren in Nirvāna. Sie ist nur reabsorbiert, um dann als höheres Wesen auf einer höheren Ebene „wieder empor zu tauchen", wie Blavatsky schreibt. Doch Vorsicht: Auch aus solchen Ebenen kann man wieder fallen. Man bedenke: Der „erste Krieg" fand im Himmel statt. ...
Eine weitere Bedeutung des Falles ist natürlich der absolut notwendige Fall des Geistes in die Materie. Die Monade an sich ist, wie gesagt, unteilbar und somit das wahre Atom. Man kann den Lauf der Monade nur vom Anfangszustand bzw. Wiedererwachen des geoffenbarten Weltalls verfolgen und auch da nur in ihrem Wechsel von vergänglichen Trägern. Wenn der große Atem wieder alles in NIRVĀNA eingesogen haben wird, also spätestens in etwas 150 Billionen Jahren, dann verliert die Monade ihren Namen, denn einen Namen per se kann man der Monade nur im Verbund mit ihren Beilegungen geben.
Natürlich ist Blavatsky nicht die Einzige, die über die Monade lehrte. Sie war nur die Einzige, die die wahre Natur der Monade enthüllte. Der große Leibnitz sowie La Pluche, Humboldt u.a. befassten sich ebenfalls mit der Monade, definierten jedoch die monadische Evolution oft unrichtig, wie wir später lernen werden. Selbstverständlich unterliegt die Entwicklung oder der Lernvorgang der Monade dem Einfluss der Tierkreiszeichen. In erwachten, völlig erlösten und von allem Verlangen befreiten Menschen nimmt die Monade ihre ursprüngliche Wesenheit an und wird - in NIRVĀNA - wieder zum Absoluten. Die Monade (Punkt) ist auch die Einheit, aus der alle Zahlensysteme hervorgehen.
Und schließlich: Jede Monade enthält in sich ALLE Sub-Monaden, die nötig sind, um Stein, Pflanze, Tier, Mensch oder Engel zu werden bzw. Gottestum oder gar NIRVĀNA zu erlangen.
Es liegt am freien Willen der Monade, dies zu tun. Kein gnädiger Schöpfer hat diesen freien Willen verliehen. Wenn der gläubige Mensch argumentiert, dass ein Gott diese angeblich von ihm selbst erschaffene verrückte Welt versucht mit Hilfe seines Sohnes wieder gerade zu biegen, so ist dies nicht unsere Lehre. Wir haben zuviel Respekt vor einem Gott, dies zu glauben. Es gibt keine Erlösung durch einen Gott und dessen Sohn, sondern nur durch eigene Anstrengung Leben für Leben.

Es findet also ein ständiges Entfalten aller Sub-Monaden aus der jeweiligen Hauptmonade statt. Jedes Atom ist die Primärstufe einer sich entfaltenden Monade. Jedes Atom ist ein Gott im Werden.

Wenn dem Leser einmal VOLL BEWUSST WIRD, dass ER die Monade ist, umgeben von vergänglichen Hüllen der Maya oder vergänglicher Illusion, DANN ist der Kreislauf vollendet und er kann wählen: NIRVĀNA oder Wiederkehr.

DAS NICHTS

Der Schüler fragt den Meister: „Woher kommt der Baum ?“ Der Meister sagt: „Vom Nichts.“ Der Schüler versteht nicht. Sagt der Meister: „Nimm ein Samenkorn von diesem Baum.“ Schüler gehorcht. „Brich es auf!“ Schüler tut es. „Sieh hinein!“ Schüler sieht hinein. „Was siehst du?“ – „Ein noch kleineres Korn.“ „Brich es auf. Was siehst du jetzt?“ Der Schüler: „Nichts“. Der Meister: „Eben. Da kommt der Baum her. Alles kommt aus dem Nichts und verschwindet auch wieder dorthin zurück.“

Buddha lehrte, dass die Essenz allen Seins und auch aller Materie die LEERE sei, also das Nichts. Dies behaupte ich auch und werde es nun beweisen. Damit werde ich aber durchaus nicht zum Nihilisten, der das NICHTS mit Nicht-Existent-Sein verwechselt oder definiert. Also dann: Alles kommt aus dem Nichts und verschwindet auch wieder dorthin. Dazu muss man übrigens nicht bis zum Ende der Weltenperiode warten. Jede Atombombenexplosion, also Spaltung des Atoms, tut dasselbe. Ich sage nun, dass jedes Atom spaltbar ist und darum auch seine Subteilchen, egal wie oft man sie spaltet. Wenn ich dies endlich viele Male tue, dann verbleibt immer noch ein Rest. Wenn ich aber ein Atom UNENDLICH viele Male spalten würde, dann verbleibt eben NICHTS: Das Atom wird in der Kettenreaktion in der Tat unendlich viele Male gespalten, weil die Spaltung auf astraler Ebene weitergeht etc. Was verbleibt, ist NICHTS. Die MONADE ist dann frei von der Hülle und wird sich, getrieben vom Verlangen, wieder mit neuer Urmaterie oder deren Elementarteilchen umgeben. Elementarteilchen sind unendlich teilbar, DANN ABER werden sie zu NICHTS. Dann wird Materie zu Energie. Dies geschieht genau am Ende einer jeden Weltenperiode, dann wird alles wieder NICHTS oder latente Energie. Darum sage ich: Materie ist in Essenz unendliches Nichts.
Ich werde dies nun mit einer Formel verdeutlichen. Nehmen wir für „unendlich“ das Symbol ∞. Nun sage ich: Eine Zahl durch die gleiche Zahl geteilt ergibt 1. Es stimmt aber auch $x : \infty = 0$, denn eine Zahl durch unendlich geteilt ergibt 0.
Dann stimmt aber auch $\infty \times 1/\infty = \infty$, denn eine Zahl mit unendlich multipliziert ergibt unendlich oder ∞. Dieser Zustand entspricht der Energiedichte in der Phase der totalen Verdichtung während des Urknalls.

Also: Big Bang (Urknall) = ∞

Wir sind also essentiell NICHTS und bestehen aus NICHTS und werden für eine gewisse Zeit etwas. Weil aber NICHTS unsere wahre Natur ist, strebt jedes Etwas (Form etc) immer wieder zu diesem Urzustand des NICHTS, d.h., jede Form, geistig oder materiell, löst sich immer wieder auf und strukturiert sich aufs Neue. Wir bestehen eigentlich JETZT schon nur aus Zwischenräumen, sogar jetzt schon, BEVOR noch das Etwas zu Nichts wird. Die Entfernungen zwischen den atomaren Partikeln und auch denen, die das ATOM SELBER zusammensetzen, sind ENORM: Wenn der Kern eines Atoms unsere Erde wäre, dann wäre das nächste Elektron etwa dort, wo unser Mond ist. Darum auch das Beispiel von der „Welt in der Handtasche". Wir sind also essentiell NICHTS; sogar jetzt schon. Wir bestehen aus unendlich kleinen Punkten ohne Ausdehnung (sonst könnte man ja auch diese wieder teilen, nachdem man unendlich viele Male geteilt hat). Diese Punkte oder Monadenanker sind unendlich weit voneinander entfernt, weil sie ja auch unendlich klein sind, und dies immer. Daher gibt es per se nur Zwischenräume. Dies verdeutliche ich durch die folgende Formel:

Nehmen wir
x = absoluter Abstand der Objekte (oder Punkte ohne Ausdehnung).
y = die Größe der Punkte, aus denen wir zusammengesetzt sind.

Da das Atom zum Beispiel als 1 gesehen werden kann oder als JEDES Objekt per se, welches ich dann UNENDLICH VIELE MALE teile, kann x jeden Wert annehmen, wenn y die Größe der Objekte ist, welche unendlich viele Male geteilt werden, also $1/\infty$.

Dann ergibt sich die folgende Formel: $x\,(1/\infty) = \infty$

Im Falle des Big Bang (Urknall) berühren sich aber diese unendlich kleinen Punkte. Dazu muss x (absoluter Abstand der Objekte) aber den Wert 0 annehmen.
Dann ergibt sich: $0 / (1/\infty) = 0$

Dann „knallt" es und das Universum entsteht, mit allem darin. Die Punkte entfernen sich wieder voneinander und erleben ihren Verlangenszustand als MATERIE und dicht bzw. als unterschiedliche Schwingungseinheiten und damit als „Materie". Dies bedeutet: Selbst in den höchsten geistigen Ebenen empfinden sich die Engel oder anderen Bewohner dieser Ebenen so real und dicht wie wir auf Erden einen Stuhl sehen und empfinden. Für Brahman oder die Supermonade ist sogar Mūlaprakriti real im Vergleich zu NIRVĀNA. Wer nicht einsehen will, dass das Sichtbare dem Universum, das Psychische dem Abstrakten und Geistigen entspringt, der wird natürlich hier Schwierigkeiten haben zu folgen. Die Punkte sind NICHTS, solange sie sich NOCH NICHT voneinander entfernt haben, doch DANN, wenn sich die unendlich vielen Punkte verunendlichfachen, dann wird das Nichts zum Etwas. Die Elemente bzw. Schwingungen in unterschiedlicher Frequenz entstehen (s. String-Theorie Band 2 und 3). Ohne die sich immer wieder manifestierenden Monaden wäre diese Urmaterie jedoch ein ständiges Chaos ohne System. Dies wird erst durch die Monaden und die Archetypen gegeben. Die unendlich kleinen Punkte kollabieren wieder, wenn die Weltenperiode sich dem Ende nähert. Sind es dann die sich ins Zentrum zurückziehenden Monaden oder die kollabierende Urmaterie, welche das Ende der Weltenperiode verursachen? Die Antwort: Es ist der ewige kosmische Atem. OM.

DIE ARCHETYPEN

Ein Archetyp ist ein Modell, welches für Nachbildungen dient. Alle Formen in der sichtbaren Welt haben einen Archetypus in der unsichtbaren Welt, eine Matrix. In diese Strukturen ergießen sich die Monaden bzw. ihre Beilegungen, was die Illusion der Form erzeugt. Dies gilt für einen Planeten wie für ein Atom, einen Engel, einen Dämon, einen Menschen, ein Tier, eine Pflanze oder ein Mineral. Dieser Archetyp hat jedoch nichts oder nur wenig zu tun mit dem Archetypen von C.G. Jung, welcher auf irrtümliche Traumbilder etc. bezogen ist. KEINE FORM kann bestehen, wenn es nicht den dafür zuständigen Archetypen gibt. Der Mensch zum Beispiel hat seinen Archetypus auf der göttlich-spirituellen und halb mentalen Ebene, wie wir in Band 2 erfahren werden. Der Ätherkörper ist der Archetyp, entlang welchem der physische Fötus wächst. Die Krankheit als karmisches Erbe ist immer schon im Archetyp eingeprägt. Es gibt für jede Form - vom Planeten bis zu dessen Bewohnern - mehrere Archetypen, entsprechend der siebenfältigen Natur aller Form. All dies in Band 2 u. 3.

SCHWARZE LÖCHER

Die Schwarzen Löcher der modernen Wissenschaft werden bereits bei den Veden als LAYA erwähnt. Laya ist das Fenster oder ein Fenster zum Urgrund. IN diesem

„Schwarzen Loch“ liegen alle aktiven Kräfte des Universums verborgen. Wer Laya beherrscht, der würde einen ganzen Planeten mit einem Fingerschnipsen bewegen. Laya ist der Zentralpunkt, um den sich neue kosmische Materie sammelt und der die Geburt oder Reinkarnation des neuen Planeten verursacht. Laya ist der Dreh- und Angelpunkt aller Rotation. Laya ist der nirvānische Zustand des siebenten Prinzips. Es ist Laya oder das „Schwarze Loch“, aus dem die Atome hervorgehen und ihre äonenlange Reise antreten auf dem Weg zurück zu NIRVĀNA. Laya ist absolute Homogenität. Es gibt eben keine wunderbare außerkosmische Schöpfung, sondern nur Emanation und Evolution der Atome auf unserer physischen Ebene und ihre erste Differenzierung aus Laya zu Ursubstanz. Mehr darüber im Band 2. Wir verstehen jetzt vielleicht sogar die moderne Wissenschaft und ihre Definition der „Schwarzen Löcher“ besser.

Die Masse (Homogenität) Schwarzer Löcher ist so groß, dass das Licht nicht mehr entkommen kann. Das Universum ist durchsetzt mit „Schwarzen Löchern“. Das muss auch so sein, sonst hätten die Himmelskörper keine Aufhängungs- bzw. Drehpunkte.

Was die moderne Wissenschaft noch nicht weiß oder akzeptieren will, ist Folgendes: Schwarze Löcher gibt es nicht nur außen im Weltall, sondern auch im Zentrum eines jeden Planeten, einer jeden Sonne. Die Theorie der Schwarzen Löcher ist lange NACH den Veden eine Aussage der allgemeinen Relativitätstheorie des Jahres 1916. Wenn die Schwerkraft am Rande eines Sterns (durch Rückzug der Monaden) einen gewissen Grenzwert übersteigt, dann schließt sich das Innere vollständig gegen die Außenwelt ab. Lichtgeschwindigkeit wird überschritten. Materie UND Licht stürzen ins Zentrum des Schwarzen Loches und werden davon verschluckt. Alles ist nun in Laya. Die Größe von Laya variiert von 9 Millimeter (für die Erde) bis zu 3 Kilometern (für die Sonne). Beides natürlich im Zentrum der Himmelskörper. Ein ganzer Stern wird dann komprimiert. Dies führt zu unvorstellbar hohen Temperaturen. Nun kommt der Irrtum der orthodoxen Wissenschaft, welche glaubt, dass Kernenergie PLUS Schwerkraft ausreichen würde, den Stern auf ein Schwarzes Loch zusammenzuquetschen. Das Schwarze Loch ist in Aktivität bei Geburt UND Tod eines Himmelskörpers. In beiden Fällen ist das Erscheinen und Verschwinden der MONADE der Hauptgrund für Expansion und Kollabieren des Sterns. Das sind dann die sogenannten Supernovas.

Eine Supernova ist immer die Geburt oder der Tod eines Planetenengels. Laya per se ist unsichtbar, und doch sind Röntgen- und Gammastrahlen sichtbar, welche entstehen, wenn Materie aus Laya ins Dasein explodiert oder wieder in Laya aufgesogen wird und dann zu einem Schwarzen Loch mit kleinem oder großem Schwarzschildradius wird (benannt nach dem Astronomen Karl Schwarzschild).

Vor 155.522.169.000.000 v. Chr.

Vor dem Urknall bzw. dem Wiedererwachen der Zeit

Jegliche Materie des Universums ist im Zustand absoluter Homogenität oder LAYA. Dann ist sie natürlich auch nicht-atomar und undifferenziert oder sukshma. Die „Natur" dieser Prä-Substanz: Latent enthält sie alles, doch sie selbst ist nicht enthalten. Dieser Zustand vor dem Wiedererwachen ist das Todlose, „bewusste" Unbewusstheit FREI von allen Beilegungen, wahre Unsterblichkeit, erfahrbar nur für jene, die NIRVĀNA erlangt haben, die Abwesenheit allen Verlangens. Eben dies ist das NIRVĀNA oder das WAHRE „gelobte Land" der gelehrten Initiierten, später zu einem wirklichen Palästina vulgarisiert. Auch der „Schoß des Abraham" ist in Wirklichkeit NIRVĀNA. All diese Namen in der Bibel und in anderen Schriften werden von der uneingeweihten Masse buchstäblich genommen. Doch der EINGEWEIHTE Leser kennt deren wahre Bedeutung.

Kosmos in Ewigkeit, vor dem Wiedererwachen der noch schlummernden Energie, Emanation DES WORTES.

155.522.169.000.000 v. Chr. – 2.169.000.000 v. Chr.

ZEIT

oder: **Der relative Beginn der Zeit, das Wiedererwachen der Zeit**

oder

ca. 155.522.169.000.000 v. Chr.

Woher kommt alles?

Von jetzt ab wird der Schüler mit Begriffen wie Christus, Chaos, Fohat, Sieben Strahlen, Monaden usw. usw. konfrontiert. Woher kommen sie alle? **DAS BUCH DES LICHTS** lehrt, dass alle Kräfte, d. h. das ganze vergangene, gegenwärtige und zukünftige Universum in einem ABSTRAKTEN Bewusstseinszustand enthalten sind, der, angetrieben vom Verlangen, periodisch in einen konkreten Bewusstseinszustand expandiert, immer dem Gesetz von Karma und Reinkarnation unterworfen. Die vorher abstrakten Formen erfahren sich selbst als ätherisch, dann als physisch usw., um zu ihrer abstrakten Natur zurückzukehren. Diese „Bestandteile", die das sichtbare Universum hervorrufen, sind immer da und erwachen periodisch und in hierarchischer Ordnung zum Leben. Aber zuerst sind sie abstrakt (Punkt, Linie, Dreieck, Viereck, Würfel usw.). Was lernen wir in der Schule zuerst? Lesen und Schreiben, Mathematik, also das ABSTRAKTE, denn das ist unsere wahre Natur. Das ganze Universum ist ein Bewusstseinszustand, der vom Abstrakten zur realen Form expandiert, von der Abwesenheit des Verlangens zum Verlangen usw., und zwar ohne Anfang und Ende. Was nicht bedeutet, dass aus abstrakten Würfeln wirkliche werden, sondern vielmehr dass das universelle wiedererwachende Bewusstsein entlang dieser abstrakten Prototypen expandiert, in diesem Zusammenhang Aktion und Reaktion verursacht und so Karma voll in Gang bringt. Der einzige Ausweg aus diesem ständig kontrahierenden und expandierenden Netz der Abstraktion und Manifestation ist das Erreichen von NIRVĀNA, der Abwesenheit ALLEN Verlangens. Das ist jedoch sehr schwer, wenn man die Welt des Verlangens nicht gründlich versteht, so dass ich für die Mehrheit der Menschheit keine Möglichkeit sehe, Verlangenslosigkeit bzw. NIRVĀNA zu erreichen.

Das erste Element ist AHAMKĀRA. Hier beginnt für die FORMLOSEN Dhyān-Chohans die Ebene ihres Bewusstseins, das erste Stadium der „Ichheit" oder „Ich-binheit". Wenn die ANDEREN Wesenheiten aus NIRVĀNA „hervorquellen", kleiden sie sich ebenfalls, getrieben von Verlangen nach bewusster Existenz, in AHAMKĀRA, in das eine Element, dem alle anderen Elemente entstammen. Es gibt nämlich gar keine „verschiedenen" Elemente. Alle sind sie nur Variationen des EINEN Elements, auf welches man sie (bald) leicht zurückführen kann. Darum bestehen auch alle Formen und Moleküle im Universum aus den gleichen Teilchen, nur in unterschiedlicher Schwingung und Anordnung. Der Beherrscher des EINEN Elementes kann bzw. könnte ganze Universen mit Leichtigkeit ausheben. Weniger gesagt ist hier besser. Das eine Element wird dann automatisch durch die dem NIRVĀNA entspringenden Wesenheiten in deren entsprechende Ebenen und Elemente geteilt. Es ist so einfach wie es klingt. Alles existiert immer und manifestiert periodisch. Es gibt keinen außerkosmischen Schöpfer, der diese verrückte Welt erschaffen hat und die Welt dann auch noch dafür bestraft, verrückt zu sein. Es gibt aber SEHR WOHL hohe Wesenheiten, welche andere, weniger entwickelte Wesenheiten (z.B. uns) mit „Körpern" etc. versehen. Wer sie deshalb „Schöpfer" nennen möchte, der mag dies tun. Es betrifft aber immer nur die BEILEGUNGEN und niemals die Wesenheiten selbst. Die sind UNERSCHAFFEN und zeitlos ewig existent.

Auf den unteren (astralen und dann physischen) Ebenen empfinden die Wesenheiten sich als „Körper", die sie aber gar nicht sind. Selbst das härteste Metall besteht hauptsächlich aus Zwischenräumen (siehe „Welt-passt-in-die-Handtasche-Beispiel").

<u>Wichtig:</u> Ein „Atom" (sei es geistig-ätherisch-astral oder physisch) entsteht immer nur, wenn eine WESENHEIT NIRVĀNA verlässt und sich mit Ahamkāra oder dem einen Element umgibt. Dieses Element ist natürlich auch die bereits im ersten Schritt manifestierte URMATERIE, auch Mūlaprakriti genannt.

Im Augenblick des „URKNALLS" sind alle Wesenheiten und damit auch alle Atome der sichtbaren und unsichtbaren Welt IN EINEM PUNKT konzentriert. Dieser Punkt wäre für unser heutiges Auge immer noch unsichtbar. DANN ERST explodieren die Wesenheiten auf die ihrem Verlangen entsprechenden Ebenen und umgeben sich mit dem einen Element, welches im Augenblicke der Zusammenballung natürlich AUCH die Wesenheiten umgab, doch dieses Mal ihnen selbst unbewusst.

Man bedenke immer: Jeder physischen Evolution und Entwicklung geht auch immer eine abstrakte, geistige, ätherisch-astrale Entwicklung voraus. Diese Tatsache ist unserer „modernen" Wissenschaft noch unbekannt, weil Albert Einstein einst kurz und kühn behauptete: „Wir brauchen keinen Äther, weil er nicht nötig ist." Was aber nötig ist oder nicht, entscheidet nicht ein Genie wie Einstein, sondern SUPERHOHE DHYĀN-CHOHANS, Wesenheiten der mentalen Welt. Im Vergleich mit deren Bewusstseinsstufe steht auch ein Einstein wie ein Neandertaler da. Dies ist nicht respektlos gemeint, sondern soll nur verdeutlichen, wie HOCH jene Wesenheiten entwickelt sind, die einst ebenfalls durch unsere niedrige Entwicklungsstufe gehen mussten. Diese Chohans und vor allem den MAHĀ-CHOHAN, der mir dieses Buch diktierte, als Lehrer zu respektieren, kann nur jedem angeraten sein.

DIE ENTSTEHUNG DER ELEMENTE

Selbst orthodoxe Wissenschaft definiert ein Element als etwas, das chemisch nicht weiter zerlegt werden kann. Man kann diesem Etwas, das wir mal unbeholfen „Körper“ nennen wollen, zwar etwas hinzugeben, ihm aber nichts wegnehmen. Es ist also ein Körper, ein Molekül, ein Aggregat von zwei oder mehr Atomen. Chemische Elemente bestehen aus extrem kleinen Teilchen, Atome genannt. Alle Atome eines Elements sind untereinander gleich. Atome verschiedener Elemente sind verschieden. Doch der Bau eines chemischen Elementes ist verwickelter als man sich allgemein vorstellt. Das sind eben Monaden in Aktion, die entlang der kosmischen Matrix und der Archetypen agieren. Seinen Ursprung jedoch hat jedes Element im URGRUND, dem EINEN Element, welches durch unzählbare Scharen von Monaden entlang der kosmischen Matrix und der Archetypen aktiviert und in (Dreh)-Bewegung versetzt wird.
Würde man esoterische und orthodoxe Wissenschaft vereinen, dann entstünde folgende Beschreibung des Urknalls und der Entstehung und Entwicklung der Elemente aus dem EINEN Element (man bedenke aber, dass jeder physischen Entwicklung eine ASTRALE vorausgeht, die in diesem Buch ausführlich behandelt wird):

Unser Universum erwachte wieder aufs Neue zum Leben vor etwa 155 Billionen Jahren in einem gigantischen Knall. Die gesamte Urmaterie des Universums war zu diesem Zeitpunkt 0 auf einen einzigen Punkt konzentriert. Alle Monaden verließen den URGRUND oder NIRVĀNA und stürzten sich, getrieben von Verlangen nach bewusstem Leben, aufs Neue in die Urmaterie oder in das EINE Urelement, es so in folgende Elementarteile zu differenzieren, sich sozusagen darin zu „kleiden“: Wasserstoff, Helium, Sauerstoff, Stickstoff, Neon, Kohlenstoff und andere Elemente bzw. die Ursprünge dieser Elemente, weshalb ich sie zu diesem Zweck gleich umbenennen werde in Meta-Wasserstoff, Meta-Helium, Meta-Sauerstoff, Meta-Neon, Meta-Kohlenstoff etc. Alle diese Meta-Elemente haben im Augenblick ihrer Freiwerdung negatives Atomgewicht. Sie sind mehr Abstraktion im Vergleich zu den heutigen Elementen, deren Quelle sie sind.

Eine Sekunde nach dem Urknall verursacht der monadische Impuls die Differenzierung des EINEN URELEMENTES in hochenergetische Photonen, Protonen, Neutronen und Elektronen. Die Protonen sind häufiger vertreten als die Neutronen. Dies ändert sich schnell. Monaden interagieren und verursachen den Aufprall von Neutronen und Protonen. Dies führt zur Bildung von Deuteriumkernen (H-2), welche jedoch durch Photonenaufprall immer wieder auseinander gerissen werden. Wenig später beginnt, sich dem monadischen Impuls unterordnend, die Kernsynthese, also die Umwandlung von Deuteriumkernen in Wasserstoff-3 und Helium-3 Kerne. Dies wird verursacht durch die Umwandlung von Protonen und Neutronen. Wasserstoff-3 und Helium-3 Kerne werden durch monadisches Karma in Helium-4 und Tritiumkerne umgewandelt, diese wiederum in Helium-4 Kerne. Zum Begriff KERN: Die orthodoxe Wissenschaft sieht bis jetzt noch immer nur die Hülle, die ESOTERISCHE Wissenschaft befasst sich auch und vor allem mit dem Kern. Kurz nach dem Urknall: Die monadischen Hierarchien ordnen sich weiter. Hohe Wesenheiten verursachen die Umstrukturierung der Elemente in Plasma, das Wasserstoff-, Helium- und Lithium-Kerne enthält. Einige hunderttausend Jahre später treten die Elektronen in Verbindung mit den vorhandenen Kernen und es bilden sich echte Atome. Dies wird verursacht von den MONADEN in den Teilchen. Diese Monaden leben das Karma vergangener Weltenperioden aus, entlang der abstrakten Matrix oder des Archetypus.

Der monadische Impuls verursacht die Zusammenballung der kosmischen Nebel zu riesigen Gaswolken. Dieser Vorgang wird beobachtet und zum Teil auch geleitet von den „Herren des Karma", hohen Engelswesen, die wie Spiegel jede Bewegung im Universum reflektieren und auf den Verursacher (die Monade) zurückwerfen. So kommt kosmisches Karma in Schwung. Die Gaswolken verdichten sich zu Galaxien und zu Protosternen. Der Schwerkraftkollaps ist nichts weiter als Karma der Monaden und Wesenheiten untereinander, ein ewiges Zurückfallen der Wesenheiten in den Urgrund und ein sich daraus entwickelndes Befreien bzw. Emporstreben. Die fast ausschließlich aus Wasserstoff bestehenden Protosterne werden zu Fixsternen, in denen Kernschmelzungsprozesse ablaufen, und zwar als Resultat monadischer Ursachen. Die WESENHEIT(en) bzw. Intelligenzen im kosmischen Nebel verursachen deren Bewegung und Veränderung. Die Sternenbildung erfordert interstellares Gas. Dieser Vorgang der Sonnenbildung wird in Band 2 im Detail beschrieben.

Der wichtigste Fusionsprozess ist die Kernverschmelzung von Wasserstoffkernen zu Helium. Die Sonne per se als Offenbarung des „Erstgeborenen" Wasserstoff ist in der Phase einer solchen Wasserstoffverbrennung. Wie wir in Band 2 sehen werden, ist die Sonne aber kein Ball der Verbrennung, sondern eine Wesenheit in Manifestation und wird erst DANN enden, wenn die Wesenheit in der Sonne sich wieder auf den URGRUND zurückzieht.

Wenn bei Sternen das Heliumbrennen einsetzt, verwandeln sich diese Sterne in rote Riesen. Dann wird aus Heliumkernen Kohlenstoff, Sauerstoff und Stickstoff gebildet. Durch Fusionsprozess bzw. durch Interagieren der Wesenheiten IN den Elementen werden Kohlenstoff, Stickstoff und Sauerstoff in Neon, Magnesium und Silizium umgewandelt. Die Silizium-Fusion wiederum führt zur Bildung eines Sternenkerns, welcher überwiegend aus Eisen besteht. All dies sind sogenannte exotherme Kernverschmelzungsprozesse, welche Energie freisetzen. Bei all diesen Prozessen sind von

Anfang an ALLE auch heute existierenden Monaden, also auch wir, beteiligt. DANN hatten wir natürlich noch keinen physischen Körper, sondern waren bestenfalls eines von endlos vielen kosmischen Atomen. Viel höher entwickelte Wesenheiten aus anderen frühen Weltenperioden leiteten und bewachten diesen kosmischen Vorgang. Der Stern hat die Tendenz zu einem Gravitationskollaps. Diesem Vorgang wirken die exothermen Fusionsprozesse im Stern entgegen. Zieht sich die Wesenheit im Stern zurück, dann kollabiert der Stern und wird zur Nova. Da gibt es keinen Schöpfer, der dies verursacht. Es ist die Wesenheit im Stern selber. Die Nova verursacht nun eine explosive thermonukleare Elementsynthese. Die Elemente werden vom auseinander platzenden Stern in den interstellaren Raum verstreut, um aufs Neue verwendet zu werden von reinkarnierenden Wesenheiten, deren Körper Stern und Galaxien sind etc. So, und darum entstehen dann neue Sterne und Sonnensysteme als Reinkarnationen der alten sterbenden oder gestorbenen Sterne und Sonnensysteme. Dies ist auch mit ein Grund, warum unsere Erde unter anderem aus Eisen, Sauerstoff und Silizium besteht.
Auf die weitere Bedeutung der Elemente und deren Ursachen werde ich in Band 2 und 3 eingehen.

Die Temperaturabstufungen vom höchsten bis zum niedrigsten vorstellbaren Grade können für das ganze Weltall als die ein- und dieselben angenommen werden, doch die Eigenschaften sind auf jedem Planeten verschieden. Die Elemente unseres Planeten können NICHT als Normalmaßstab für den Vergleich mit anderen Elementen in anderen Welten angenommen werden. Da die Elemente „Gewänder" der Monaden sind und keine Monade der anderen gleicht, gleicht auch kein Element dem anderen, OBWOHL sie, wie bereits erwähnt, alle dem EINEN entstammen bzw. Variationen davon sind.

Jede Monade ein Atom etc. Was ich damit meine, ist folgendes: Wasserstoff ist nicht immer gleich Wasserstoff. Der Wasserstoff der Fixsterne ist NICHT unbedingt immer der Wasserstoff unserer Welt. Würde ich heute den Äther erzeugen wollen, den Einstein leugnet und der dennoch das ganze Weltall lückenlos ausfüllt, dann müsste ich die Luft molekular zerlegen, dann intermolekular, dann atomisch, dann interatomisch, dann ätherisch, dann interätherisch, welches dann zum LICHTTRAGENDEN ÄTHER führen würde.

Weder von den Sternen noch von der Sonne kann gesagt werden, dass sie nur aus den uns bekannten Elementen bestehen. Andererseits trifft auch wieder zu, dass es nicht irgend ein Element auf unserer Erde gibt, das NICHT auch in der Sonne wäre, denn alle Planeten entstammen ja bzw. wurden abgetrennt von einem Urfeuer, wie man gleich bei der Bildung und „Geburt" unseres Sonnensystems sehen wird. Wasserstoff hat zwar Atomgewicht eins, doch gibt es Elemente mit negativem Atomgewicht, gegen die Wasserstoff wie TONNENSCHWERES BLEI wirkt. Bleiben wir bei Wasserstoff. Sehen wir einen kosmischen Nebel, dann zeigen seine hellen Linien die Anwesenheit von Wasserstoff und von anderen Elementen. Ein Stern entsteht also durch die Verdichtung eines Nebelfleckes. Dieser Vorgang ist jedoch allein mechanisch nicht erklärbar. Dahinter bzw. darin steckt eine verlangende Intelligenz, eben die Monade bzw. SCHAREN von Monaden. Diese verursachen Dreh- und andere Bewegung im Nebel. Die „Nebeltheorie" der Wissenschaft allein greift also nicht. Es ist die MONADE, welche die Verdichtung von Wasserstoff verursacht und damit z.B. das Entstehen von Metallen auf Erden. Die Veränderlichkeit der Nebelflecke kann aber NICHT allein durch die Theorien der orthodoxen Wissenschaft erklärt werden. Die orthodoxe Wissenschaft muss sich dazu mit der esoterischen Wissenschaft vermählen. DANN wird die orthodoxe Wissenschaft auch den umgekehrten Vorgang verstehen, nämlich wann und warum sich ein Stern in einen kosmischen Nebel verwandeln kann. Ich beziehe mich da unter anderem auf den von J.F.F. Schmidt im Jahre 1876 entdeckten temporären Stern im Sternbild des Schwanes. Erst zeigte dieser ein von hellen Linien unterbrochenes Spektrum, welches allmählich verschwand, bis schließlich nur ein Nebel blieb. Diese Umwandlung ist übrigens nicht unvereinbar mit der Hypothese von dem Nebelsprung der Sterne, WENN man eine intelligente Kraft - eben die Monade - in die Gleichung einführt. Um es ganz deutlich auszudrücken: Bewegung bedeutet IMMER Leben. Und jede Bewegung, und sei es nur im kleinsten Atom, ist immer eine Monade in Aktion. Die sogenannte „Heilige Dreieinigkeit" ist also auf dem manifestierten Plane nichts anderes als Wasserstoff, Sauerstoff und Kohlenstoff. Kraft und Stoff der orthodoxen Wissenschaft sind also nichts weiter als die zwei Seiten ein und derselben Münze.

Auch Fritjof Capra musste endlich, am Strand sitzend und Ebbe und Flut betrachtend, ERKENNEN, was Blavatsky schon lange vor ihm wusste und schrieb, nämlich „dass es eine vorausgehende Energieform gibt, welche periodische Zyklen von Ebbe und Flut, von Ruhe und Tätigkeiten hat". Diese Energieform ist natürlich unerschaffen bzw. zeitlos ewig prä-existent. Doch man bedenke: Wasserstoff und Stickstoff auf Erden sind nur die AUSWIRKUNGEN oder Ausflüsse des URSPRUNGS dieser Elemente. Wasserstoff ist göttlichen Ursprungs, Stickstoff sozusagen nur der erdgeborene Kitt, welcher dazu dient, andere Gase zu verbinden; ein Schwamm also, der die reine Luft trägt. Es ist ja diese reine Luft, die, wenn man sie ALCHEMISTISCH ausscheiden würde, ein Lebenselixier wäre, das das Leben einer jeden Beilegung auf Millionen von Jahre und mehr verlängern könnte. BEVOR Wasserstoff und Stickstoff etc. das werden, was sie für uns sind, sind sie erst einmal ÄTHER, und weiter zurück in der Zeit ein Abstraktum. Es ist ja das ABSTRAKTE, welches die Quelle alles „Realen" ist. Wir sind unter anderem deshalb alle „EINS", weil unsere Beilegungen eben alle dem EINEN Element entstammen. Alles ist mit allem verbunden. Der Gedanke an einen Stern beeinflusst diesen Stern.

Nun zu Helium: Jedes Element ist ja auch das Gewand eines Engels, wie wir in der esoterisch korrigierten Elementetafel in Band 2 sehen werden. Man bedenke immer wieder: Jedes körperliche Teilchen entspricht seinem über ihm stehenden „Ding an sich", also einer Wesenheit in einem gewissen Verlangens- oder Bewusstseinszustand. Das Göttliche (nicht im Sinne eines Schöpfergottes natürlich) bringt das Geistige hervor. Das Geistige bringt das Seelisch-Gedankliche hervor, und dieses wird befleckt durch das Astrale, welches die „scheinbare" Ungerechtigkeit in der Natur verursacht. Wer sich natürlich von den niederen Ebenen und der Anhaftung an diese löst, der braucht sich als Geistkörper in der geistigen Welt darüber nicht mehr zu beklagen. Doch den Engeln (uns) erging es ja wie dem Esel auf dem Eis, es wurde uns zu wohl, wir stiegen herab aus solchen Höhen, und nun müssen wir die Suppe auslöffeln, die wir uns eingebrockt haben. Das Helium vor 155 Billionen Jahren ist natürlich nicht das Helium von heute, sondern seine bis fast zur Abstraktion verfeinerte Ursubstanz, nennen wir es mal META-Element.

Wie steht es nun mit dem Sauerstoff? Ebenso. Das Atom ist periodisch und nicht ewig, die Materie, aus der es besteht, sehr wohl. Die Einheit der Elemente, dem einen META-Element entstammend, kann man schon daran sehen, dass Sauerstoff zwar (im Vergleich mit Natrium, Chlor und Schwefel z.B.) ein getrenntes Element ist, doch wenn man Chlor, Brom und Jod usw. usw. betrachtet, dann stehen sie einander viel näher. Schreiten wir konsequent weiter, dann werden wir Elemente finden, die keinen wohlausgeprägten chemischen Unterschied aufweisen (z.B. Praseodym und Neodym), geringe Unterschiede in der Baseität und der Kristallisationskraft ausgenommen. Yttrium, Erbium, Samarium und andere „Elemente" kann man in noch weitere Strukturen zerlegen. Kurzum: Alles ist bzw. entstammt einer kosmischen Ur-Suppe, und wenn sich die Monaden wieder in NIRVĀNA zurückgezogen haben, dann verbleibt eben diese Ur-Suppe so jungfräulich, wie sie immer war, bereit, aufs Neue befruchtet zu werden von der Supermonade und allen in ihr enthaltenen Submonaden, was dann natürlich die kosmische Ur-Suppe (En Soph der Kabbalisten) zerlegt in die Elemente, Atome, Moleküle und sonstigen Teilchen, welche die Bausteine unseres sichtbaren und unsichtbaren Universums ausmachen. Wir verstehen jetzt MILTON, wenn er den Erzengel Raphael zu Adam über das eine Element sagen lässt, dass es „ein erster Stoff und alles, verschiedentlich geformt, verschiedenen Grads seiner Substanz" ist.

Von daher gesehen hat Darwin schon Recht, wenn er lehrt, dass sich alles aus einem „Urschleim" entwickelt. Doch geschieht dies nicht durch zufälliges Zusammenstoßen von Teilchen, sondern durch Interaktion von Wesenheiten, die diesen „Urschleim" befruchten bzw. sich damit umgeben und somit die unendliche Vielfalt der Formen verursachen.

Sauerstoff ist von göttlicher Natur und einer der drei Erstgeborenen. Damit meine ich natürlich nicht den Sauerstoff auf Erden, sondern seine erst differenzierte Ursache.

Den Sauerstoff auf Erden würde ich eher das göttliche Gewand nennen, dem Scharen von Engeln vorstehen. Jeder Körper ist „besetzt“ von einer Intelligenz, deren Ausdruck er ist. NICHTS ist ohne Leben. Alles lebt.

„Körper sind nichts weiter als eine örtliche Anpassung der Intelligenz an besondere Zustände der allgemeinen Materie oder Kraft“. Das schreibt Professor Winchell, und Recht hat er.

Sauerstoff ist ebenso eine Intelligenz. SAUERSTOFF ist auch auf Erden das wahre Lebenselixier. Der Mensch wird alt, fermentiert und stirbt, weil es ihm an SAUERSTOFF fehlt. Dann entzieht die Zelle, wenn sie nicht genügend Sauerstoff hat, diesen Sauerstoff ANDEREN Zellen, was zu deren Zusammenbruch und schließlich zur Fermentierung und den sogenannten Altersflecken führt. Natürlich hat ein solcher Vorgang auch seinen Ursprung in den karmabedingten Genen und im Ätherkörper etc.

Nun zu Neon bzw. dessen Ur-Element im Augenblick des Wiedererwachens des Universums, also META-NEON. Neon gehört zur Gruppe der Edelgase mit einem heutigen Atomgewicht von 20,18. Das UR- oder Meta-Neon hat natürlich ein negatives Atomgewicht wie ALLE Meta-Elemente. Heute gewinnt man Neon durch fraktionierte Destillation verflüssigter Luft. Damals existierte noch keine Luft, und das META-Neon existierte (noch) frei von aller Bindung.

Stickstoff ist wie gesagt ein notwendiger erdgeborener Kitt, der Gase und Flüssigkeiten zusammenhält. Ihm steht einer der „niederen“ Elohim vor. Während des Wiedererwachens des Universums spielt Stickstoff, wie wir ihn kennen, keine bedeutende Rolle. Protoplasma enthält Kohlenstoff sowie auch Wasserstoff. Sauerstoff enthält Stickstoff.

In Band 2 werde ich noch im Detail auf alle Elemente eingehen bzw. auf ihre wahre Natur, sogar wenn mit Erdmaßstäben gemessen.

Doch nun weiter mit der esoterischen Chronologie.

Aus EINEM werden ZWEI, und das sind Geist und Materie

„Aus dem Einen entstanden Zwei, und aus den Zweien wurden alle Dinge geboren" (Tao Te Ching).

Erste Differenzierung in der periodischen Manifestation der ganzen ewigen Natur. Abstrakter Raum differenziert sich in potenziellen Raum. Oder: Zuerst, hauptsächlich und immer gibt es BEWEGUNG, und es ist die Bewegung, die Brahman oder DAS WORT hervorruft. OM. Aber was ist das, was sich bewegt? Was ist in Bewegung? Schlummerndes göttliches Bewusstsein des universellen Geistes. Atome und Moleküle sind nichts weiter als der niedrigste Zustand dieses Denkprozesses, tiefgefrorene geistige Materie sozusagen, und je mehr Bewusstsein erreicht wird vom universellen Geist (z. B. durch dich), um so feiner und ätherischer ist der Zustand der Materie. Die esoterische Wissenschaft spricht dann von einem Ansteigen der natürlichen Radioaktivität, welche laut dem **BUCH DES LICHTS** ca. 9.000.000 v. Chr. auf der Erde begann.
Die Aufeinanderfolge unserer Bewusstseinszustände produziert eine Illusion, die ‚Zeit' genannt wird. Der Begriff ‚Zeit' ist abgeleitet vom angelsächsischen ‚Tima' bzw. vom indo-europäischen ‚di-men' (Dimension = abmessen, dimensionieren), also teilen, aufteilen usw. Zeit ist auch die Periode zwischen zwei Ereignissen, zwischen denen etwas existiert oder sich ereignet; Zeit ist auch ein gemessenes oder messbares Intervall, ein historischer Abschnitt, der durch eine gegebene soziale Struktur charakterisiert wird, durch bestimmte Bräuche usw. In der Musik ist Zeit a) das Gruppieren von rhythmischen Schlägen in ein gleiches Maß von Abschnitten, deren Länge von der Taktbezeichnung bestimmt wird, auch Rhythmus genannt (es gibt den Viervierteltakt, Zweiertakt, Vierertakt, Dreiertakt), b) die Geschwindigkeit, mit der eine Komposition oder eine Passage gespielt wird (im Walzertakt, Marschtakt usw.) und d) die Länge einer Note oder Pause. Zeit ist auch als Zeitdauer zu verstehen: momentan, unmittelbar, gelegentlich, eine Sekunde, Minute, Stunde, ein Tag, eine Woche, ein Monat oder ein Jahr, bestimmt von der Uhr oder dem Kalender.

ABER WAS IST ZEIT WIRKLICH?

Wenn es kein (allgemeines oder individuelles) Bewusstsein, in welchem eine Illusion produziert werden kann, gibt, dann gibt es auch keine Zeit. Wo ist die Zeit dann? Sie hat sich „schlafen gelegt". Stell dir eine mathematische Linie vor, die die Zukunft von der Vergangenheit trennt. Diese Linie ist die Gegenwart bzw. das, was wir jetzt mit unserem Bewusstsein erfahren. Unsere Sinne liefern uns eine verschwommene Vorstellung vom Aussehen eines Gegenstandes und des Gefühls, das wir auf diese Art und

Weise erfahren. Der Meister beklagt: „Es irritiert mich, dass ich diese plumpen Worte (Vergangenheit, Gegenwart und Zukunft) benutzen muss – miserable Begriffe für die objektiven Phasen des subjektiven Ganzen. Sie sind für diesen Zweck so unpassend wie eine Axt für feine Schnitzereien." Wie würdest du zum Beispiel „gegenwärtige" Zeit erklären, wenn du weißt, dass nichts auf der Erde von wirklicher Dauer ist, „denn nichts bleibt ohne Veränderung - oder, was auf das Gleiche hinausläuft - nichts bleibt auch nur für eine Milliardstelsekunde gleich." (Blavatsky). Raum und Zeit können nicht getrennt werden von der Erfahrung des Bewusstseins, weshalb ich erkläre, dass Zeit eine Aufeinanderfolge von Bewusstseinszuständen ist, die eine Illusion - Zeit genannt - produziert. Zeit ist tatsächlich relativ. Unsere Begriffe von Zeit sind auf die zeitliche Sphäre bezogen, in der wir leben. Zeit ist zum Beispiel für das individuelle Leben etwas völlig anderes als für ein ELEKTRON, dessen eigenes Universum in einem Zeitraum, der für uns eine Sekunde darstellt, entstehen und wieder vergehen kann, aber für diese Wesenheit, die auf einem Elektron lebt, können Millionen von Zeiteinheiten verstrichen sein. Oder: Für solch ein Individuum, das auf einem Elektron lebt, ist die Zeit enorm beschleunigt, und was wir Zeit nennen, wären Ewigkeiten für diese Wesenheit. Aber leben wir nicht auch auf kosmischen Elektronen? Ist nicht unsere Zeiteinheit oder Wahrnehmung auch nichts anderes als nur Sekunden, verglichen mit den Ewigkeiten der unermesslichen kosmischen chronologischen Uhr? Für ein individuelles Lebewesen in jenen kosmischen Dimensionen wäre unsere Zeit nichts anderes als Sekunden, während in Wahrheit für UNS Billionen von Jahren vergangen sind. Für eine Ameise, die unermüdlich an einem Ameisenhügel arbeitet, können zwei Minuten von unserer Zeit Jahre sein. Warum? Weil, wie ich schon sagte, Zeit eine Aufeinanderfolge (unserer) Bewusstseinszustände ist, und der Bewusstseinszustand einer Ameise ist anders als unserer. Oder: Eine Eintagsfliege mag den einen Tag ihrer Lebensdauer als ebenso lang empfinden wie der Mensch 100 Jahre. Oder: IN einer uns jetzt nicht zugänglichen Parallelwelt mag es ein, dass wir dort gleichzeitig interagieren, auf zeitlich völlig verschiedenen Ebenen. Tauchen wir nun tiefer ein in die Analyse von Zeitperioden wie Vergangenheit, Gegenwart und Zukunft. Vergangenheit und Zukunft erfahren wir unterschiedlich. Wir erinnern uns an die Vergangenheit, weil sie einen materiellen Effekt auf unser Denken hat und es so verändert und beeinflusst und ein Teil von uns wurde. Die Zukunft können wir noch nicht verstehen, einfach, weil sie noch nicht ein Teil von uns geworden ist (es jedoch trotzdem ist).

Und die Gegenwart? Wo ist sie? Zeit entsteht durch das kosmische und individuelle Verlangen zu sein, zu existieren. Das Löslösen von weltlichen Dingen reduziert die Illusion von oder das Gefühl für Zeit. Der Moment, in dem du nach etwas verlangst, bedeutet, dass du es noch nicht hast. Der Moment des Verlangens ist das Jetzt, das „Noch-nicht-haben" ist die Zukunft; und der Einfluss, den das Verlangen auf dich hat, ist die Vergangenheit, obwohl er anhalten kann, bis du hast, wonach dir verlangt, und das verursacht die Illusion der Zeit. Das ganze Universum als kosmischer Verlangenszustand nach Manifestation ist auf diesen Prinzipien aufgebaut. Wenn es entsteht, entsteht Zeit; wenn es verschwindet, verschwindet die Zeit. OM. Für den Geist jedoch sind Vergangenheit, Gegenwart und Zukunft das Gleiche. Zeit existiert für ihn nicht. Und weil Geist Glückseligkeit bedeutet, „vergeht" die Zeit schnell für die Menschen in Glückseligkeit. Sei eins in Seele und Geist, und du kannst die Zukunft bzw. die Zeit, die „noch kommen soll" vorhersehen (aber nur in deinem Denken). In Wahrheit gibt es keine Zeit, es gibt nur DAS EWIGE JETZT. Unfähig, das zu begreifen, schaffen wir buchstäblich Zeit. Tage sind möglicherweise an uns vorübergezogen in einem Traum, während der tatsächliche Traum nur zwei Minuten gedauert hat. In Wirklichkeit existiert Zeit nicht. In ihrer Relativität erfährt ein Stein Zeit jedoch anders als eine Pflanze, eine Pflanze anders als ein Tier und ein Tier anders als ein Mensch. DAS BUCH DES LICHTS lehrt 311.040.000.000.000 Jahre vom Urknall bis zum Weltenvergehen. Für einen hohen Planetenengel können das nur Tage sein oder ein paar Jahre. Sind für Gott nicht „tausend Jahre wie ein Tag"?

Geist und Materie sind doch im Grunde eins, denn Geist ist nichts anderes als unendliche, reine Materie und Materie, wie wir sie verstehen, Geist auf niedrigster Schwingungsebene. Am Anfang jedoch sind Geist und Materie nichts weiter als die abstrakte Ursache dessen, was später von uns erfahren wird, von uns, die wir doch aus ihnen entlang der jeweiligen Archetypen entstanden sind. OM.

Zweiter Schlüssel: Geist ist jede Manifestation des Bewusstseins, reflektierend und direkt. Materie (oder vielmehr die Wurzel jeglicher Materie) ist Objektivität in ihrer gegenwärtigen Obstruktion, eine selbstexistierende Basis und Wirklichkeit (für die Periode ihrer Existenz), aber während ihrer Existenz in NIRVĀNA haben Materie und Geist keine Wirkung, denn Wahrheit ist, wo Materie und Geist aufhören zu existieren. Sie haben nur einen Zweck während Manvantara oder kosmischer Aktivität, und der besteht darin, als Wegweiser dessen zu agieren, das jenseits von ihnen ist. OM.
Dritter Schlüssel: einschließlich der ersten zwei und der fünf Schritte, die bis zum siebenten noch fehlen. Der manvantarische Impuls - kosmische Gedankenwelt (universelles Denken) - kosmische Substanz (als Vehikel des universellen Denkens) sind die drei Aspekte, die sich am „Anfang" als Bewusstseinszustände dessen reflektieren, was jenseits jeglichen Bewusstseins ist, was aber dennoch alle 311.040.000.000.000 Jahre einen neuen Impuls gibt. Das Resultat: Fohat oder kosmische Energie, die den trägen Urstoff dazu veranlasst, Universum für Universum und Sonnensystem für Sonnensystem zu schaffen, und zwar auf allen sieben Ebenen kosmischen Bewusstseins, also diesen 7x7x7x7x7x7x7 Ebenen des Bewusstseins, die verantwortlich sind für das Erscheinen der unterschiedlichen Urformen, die bereits in Ākāśa existierten. Woher kommt alles? Wohin kehrt alles zurück? Studiere DAS BUCH DES LICHTS. OM.

Ca. 155.522.169.000.000 v. Chr.

Die Manifestation der göttlichen unverdorbenen Mutter-Natur im Innersten der absoluten Energie.

DER URKNALL

Chaotische Energiefelder (Verlangenseinheiten) werden freigesetzt in den ewig existierenden Weltenraum.

Der CHRISTUS-STRAHL berührt das Chaos, das sich zum Strahl (Brahman, SUPERMONADE) hin und von ihm weg bewegt bzw. implodiert und explodiert.

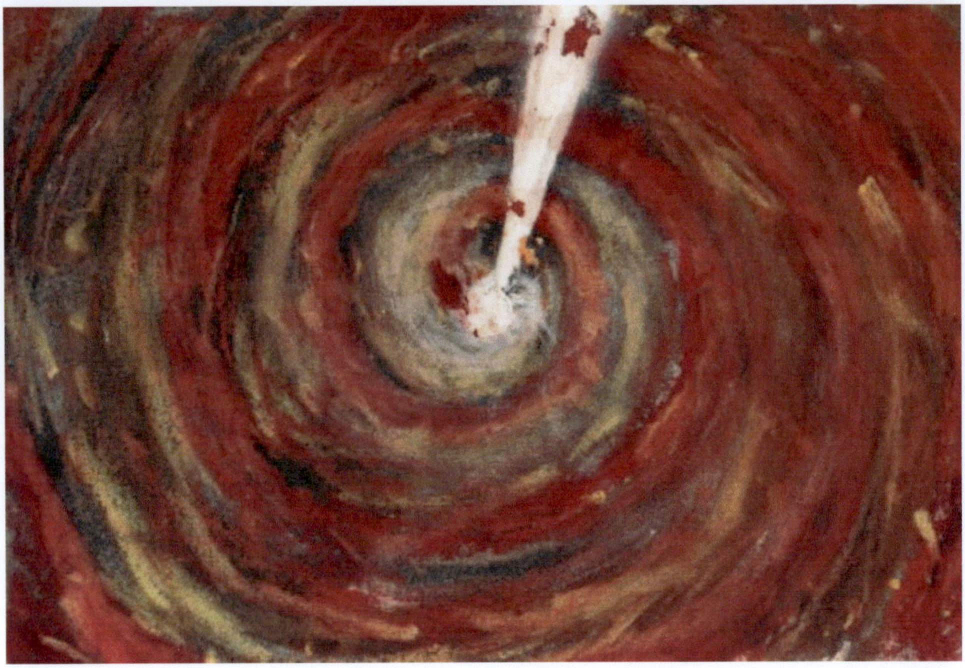

Während der Christus-Strahl oder die Supermonade sich selbst zurückzieht, verursacht seine Reflexion das ganze Chaos wieder... Erst, um sich zusammenzuziehen und sich wieder auszudehnen, um dann als kühler Ākāśa-„Feuerwirbel" (was wiederum nichts anderes ist als ein Vorstadium kosmischen Bewusstseins oder kosmischer Manifestation bzw. das Verlangen ZU SEIN) um Brahman oder die erste Reflexion zu rotieren.

Eine andere Definition der SUPERMONADE wäre: Der spirituelle kosmische Kanal, der das Christus-Prinzip enthält und die Botschaft weitergibt, dass das Wesen von ALLEM ewig und unerschaffen ist. Es war immer da und es wird immer da sein. Oh, Schüler, in Wahrheit wurdest du niemals geboren, folglich kannst du auch niemals sterben. Wenn ALLES ewig ist, warum weiß ALLES das nicht? Weil ALLES hinter unterschiedlichen Verlangensgraden nach Leben und Manifestation verborgen ist. Wenn das einmal losgelassen wird, dann weiß ALLES, was es ist bzw. DASS es ist. Oh, Lanoo, besiege dein Verlangen und NIRVĀNA ist dein.

Aber: Wenn ich Supermonade sage und dass Christus das Chaos oder den Raum oder den Urstoff berührt, meine ich, dass Christus oder Brahman sich im Chaos REFLEKTIERT und dass es diese Reflexion ist, die den Urknall auslöst, sowie die erste Unter-Monade oder Brahman, höheres Selbst des ganzen Universums.

Aus dieser manifestierten Unter-Monade oder Brahman emanieren die Sieben Strahlen und alle sich manifestierenden Unter-Unter-Unter-Monaden oder Brahmas, von denen jeder für sich ein Sonnensystem beherrschen wird. OM.

Die sich manifestierende Christus-Reflexion (manifestierte Brahman-Reflexion) im Inneren des rotierenden, mehr und mehr strukturierten chaotischen Wirbels. Wo ist

Christus SELBST? Christus hat keine Form. Christus ist die Supermonade, ewige, unerschaffene Energie bzw. ewiges, unerschaffenes Bewusstsein, bar jeglichen Verlangens. Und da ist der Schlüssel. Du wirst es niemals „wissen“, aber du kannst es sein oder werden, wenn du nur dein Verlangen ablegst. Du bist Christus!
Übrigens : Dieser Urnebel ist nicht, wie die Wissenschaft vermutet, ein superheißes, sondern eher ein „kaltes“ Feuer und Leuchten. Es ist Mūlaprakriti, ein „göttliches Licht“ und es erscheint immer, wenn sich eine hohe Wesenheit manifestiert. Wann immer irgendwo im Universum eine neue Galaxie ins Leben explodiert, ist dies nichts weiter als die Geburt bzw. Manifestation eines Gottes oder Planetenengels bzw. Herrschers eines Sonnensystems.

Das große Feuer wird durch Karma in Zentralposition gesetzt, umgeben von den kleinen Feuern. Es will sie verschlingen, kann es aber nicht; sie wollen entkommen, doch es gelingt ihnen nicht. Die kleinen Feuer umkreisen von nun an das große Feuer für eine Weltenperiode von 311.040.000.000.000 Jahren. Diese Formation wird für die Dauer der Weltenperiode der Prototyp aller Sonnensysteme.

Nun stellt sich die Frage: Wie entsteht ein Planet? Und warum rotiert er? Antwort: Der manifestierende Planetenengel oder die planetarische Wesenheit oder Intelligenz zieht kosmische Materie an in Drehbewegung. Dies gilt für einen Planeten sowie für eine Sonne oder das gesamte Sonnensystem. Der Planet ist zunächst ein leuchtender rotierender Nebel, dann ein Komet und platziert sich schließlich, zum Planeten erkaltend, als festes planetarisches Mitglied eines Sonnensystems. Die Sonne dagegen ist ein in Rotation befindlicher Sonnengott, dessen Lebensdauer im BUCH DES LICHTS enthüllt wird. DIES ist die Ursache der Drehbewegung von Planeten und Sonnensystemen und NICHT die Nebular-Theorie wie gelehrt von Kant und Laplace. Diese auch von der Wissenschaft akzeptierte Theorie lautet wie folgt: Der Raum, der nun die Planeten eines Sonnensystems enthält, war ursprünglich gefüllt mit sehr feiner Materie in glühendem Zustand. Dieser kosmische Nebel war in langsamer Rotation, und zwar in derselben Drehrichtung, in welcher JETZT die Planeten und die Sonne um ihre Achsen rotieren. Mit anderen Worten: Das Ganze ist eine rein mechanische Sache; die gegenwärtige orbitale Rotation der Planeten hat ihren Ursprung in der mechanischen, ursprünglich zirkulierenden Bewegung des kosmischen Urnebels. Laplace führt weiter aus, dass dieser heiße riesige Urnebel (oder Ur-Suppe) sich abkühlte und schrumpfte. Dieses Schrumpfen wiederum führte zu einer Erhöhung der Drehbewegung (Gesetz der Dynamik). Nun ist es ja so, dass sich die Teile eines Rades, welche der Peripherie am nahesten sind, schneller drehen bzw. sich bewegen als zum Beispiel die Teile, die dem Zentrum bzw. der Achse des Rades näher sind: Die äußeren Teile des kosmischen Nebels drehten, laut Laplace, so schnell, dass die Zentrifugalkraft (nach außen) größer wurde als die Zentripetalkraft (nach innen) und dass der rotierende Nebel einen Ring abwarf. Dieser Ring oder kosmische Ball verdichtete sich und wurde der Planet Neptun, der am weitesten von der Sonne entfernte Planet unseres Systems. Danach wurde Uranus abgestoßen. Nach und nach erschienen auf diese Weise die anderen Planeten unseres Sonnensystems, wobei der Kern des rotierenden kosmischen Nebels als Sonne verblieb. Einige der noch immer nebulösen Planeten verhielten sich gleichermaßen, kühlten sich ab, erhöhten ihre Drehbewegung und warfen ihrerseits Ringe ab, welche zu Satelliten und Monden dieser Planeten wurden. Das Zentrum des kosmischen Nebels verdichtete sich dann zu unserer Sonne von heute. Hört sich doch ganz einleuchtend an, oder? Das Problem ist nur folgendes: Laplace's oder auch Newtons sowie Einsteins und Hawkings Gesetze und Erkenntnisse können nicht plausibel erklären, warum alle Planeten und Sonnensysteme so geordnet und regelmäßig um einander kreisen. Mit dem Gesetz der Dynamik und der Anziehung – Abstoßung allein ist dieses Phänomen keinesfalls zu klären. Außerdem: Wenn ein erster Anstoß die Ursache des Universums wäre, dann hätten alle Planeten und Sonnen längst aufhören müssen sich zu drehen bzw. alle Sonnen wären längst ausgeglüht. Was die Drehung erhält und die Sonnen (noch) vor dem Erlöschen bewahrt sind die Intelligenzen oder Wesenheiten in den Himmelskörpern.

WOHER KOMMT DAS CHAOS ?

‚Chaos' ist ein griechisches Wort und bezeichnet den Aufenthaltsort ursprünglicher Prinzipien und Wesenheiten. Dies alles in noch ungeordnetem, eben „chaotischem" Zustand. Chaos ist also der kosmische Behälter latenter und ruhender Wesenheiten von vergangenen Weltenperioden. Chaos bedeutet auch oder ist der Raum, aber nicht der höchste Raum, Parabrahman-Mūlaprakriti, das Grenzenlose, alles Enthaltende, aber selbst nicht Enthaltene - das nicht. Doch Chaos ist sehr wohl auch der Raumzustand irgendeiner monadischen Hierarchie im Augenblick der Manifestation. Der weibliche Schoß ist mit Sicherheit ein Chaos für die Billionen von Samenfäden, die ums Überleben kämpfen bzw. das Ei erreichen wollen...

Natürlich gibt es auch ordnende Kräfte im Chaos, sonst würde es ja immer Chaos bleiben. Diese ordnenden Kräfte sind die Götter bzw. hohen Wesenheiten der Hierarchien.

Der Weltenraum ist ewig und als solcher unbeeinflusst von den Perioden kosmischer Ruhe und kosmischer Aktivität. Während der Perioden kosmischer Aktivität ist der Weltenraum mit Chaos gefüllt. Woher kommt dieses Chaos (oder die monadischen Energiefelder in chaotischer Bewegung)? Das Chaos ist eingeschlossen in und entfaltet sich (wie alles andere) von oder durch die Supermonade, die sich an Laya oder einem Punkt der Differenzierung (Schwarzes Loch) vorbei in den ewigen und bereits vorher existierenden Weltenraum bewegt. Chaos ist das niederste Produkt der Supermonade und deren Sieben Strahlen. Die Interaktion von Brahman oder dem Super-Christus-Strahl im Chaos, die den Urknall verursacht (oder zu diesem führt), ereignet sich, nachdem das Chaos sich im Weltenraum etabliert, d.h., sich rollen- oder DNS-artig entfaltet hat.

Es gibt keinen außerkosmischen Schöpfer und keine Schöpfung. Was die lieben Christen und Muslims von ihrem Gott behaupten, nämlich dass er unerschaffen, zeitlos-ewig ist und schon immer da war, das behaupte ich von ALLEM. Alles war schon immer da und verändert periodisch die Form. Alles ist ein selbst-evolvierender Prozess von innen nach außen, und wenn der Prozess einmal vollendet ist (in eigentlich keiner messbaren Zeit), agieren die Kräfte vom Höchsten (Brahman) zum Niedersten (Chaos), was in der ersten kosmischen „Zündung" oder eben dem Urknall resultiert, und zwar ohne jegliches Geräusch (wie damals, als sie den „Tempel des Salomon" bauten, der niemals existierte, sondern in Wahrheit das astral-kosmische Werk himmlischer Wesen und des Universums war und dann sogar das höchste Gotteshaus physischer Menschen). Am relativen Ende von allem gibt es tatsächlich das „große Weltenvergehen", was bedeutet, dass alles und sogar das Chaos wieder in Brahman (und Brahman in Parabrahman) „eingeatmet" bzw. absorbiert wird. Zurück bleibt der Weltenraum, die ewige Jungfrau, als eine superabstrakte Kraft, bereit, nach einer Periode von 311.040.000.000.000 Jahren, zum Zeitpunkt des Wiedererwachens des Universums also, wieder neu mit oder von Brahman und Chaos gefüllt zu werden. Und noch einmal: Es gibt keinen außerkosmischen Schöpfer. Das Universum mit allem darin ist ein konstant selbst-evolvierendes, sich ausdehnendes und wieder zusammenziehendes, immer wieder reinkarnierendes Wesen, hineingeboren in einen kosmischen Schoß, der zu jeder Zeit bereit ist, sein kosmisches Kind, welches das ganze Universum ist, zu empfangen und zu nähren. Diese Jungfräulichkeit des kosmischen Schoßes (Weltenraum genannt) degenerierte später, entstellt durch das Denken und die Lehren der Kirche, zu einer wirklichen „Jungfrau Maria“.

Doch auch der Begriff „Chaos“ bedarf einer genaueren Definition: Chaos ist der Uraspekt der Wurzelmaterie Mūlaprakriti (Urstoff des relativen Weltenanfangs). Was hat ein Aspekt mit realer Materie zu tun? Die Antwort: Wenn der Leser nicht erkennt, dass unsere sogenannte „reale“ Welt ihren Ursprung in ABSTRAKTEN STRUKTUREN hat, dann wird er DAS BUCH DES LICHTS nie verstehen. Ein Hinweis: Es gibt sogar eine Ebene, auf der Dreiecke, Sphären und Punkte „bewusst“ sind, interagieren und Karma haben. Chaos ist auch Tohu-vah-bohu. Chaos ist die ursprüngliche Tiefe, der alles entquillt, ist aber bereits DIESSEITS der Welt der Manifestationen. Man stelle sich den Raum vor als den, der alles enthält, selbst aber nicht enthalten ist.

Aus dem Chaos entwickelt sich die Supermonade, wird also zum „Theos“ (Gottheit). Chaos hat also Theos latent in sich, welches periodisch erwacht und sich, nachdem es seine Reflexion zurücklässt, wieder zurückzieht. Wenn wir noch den Kosmos hinzunehmen, dann haben wir die Wurzel dessen, was später zur „Dreieinigkeit“ vulgarisierte. Dasselbe mit anderen Worten, nur einen Schritt höher: 1. NIRVĀNA, 2. Alle Wesenheiten, 3. Urmaterie. Diese drei sind selbst-existent und interagieren periodisch. Da ist nichts anderes.

DIE LOKALISIERUNG DES URKNALLS

Wo in unserem Universum fand der „Urknall“ statt? Für jemanden, der auf der Erde lebt, wäre die Antwort: „Der Urknall fand genau dort statt, wo du jetzt bist!“ Die gleiche Antwort bzw. Definition zählt jedoch auch für jemanden, der auf dem Mars, Uranus, Jupiter, Mond, der Venus oder jedem anderen Planeten, Sonnensystem, Sub-Universum oder an jedem beliebigen anderen Ort im Weltraum lebt. Der Urknall ereignete sich überall zur gleichen Zeit. Beweis: **DAS BUCH DES LICHTS** lehrt, dass sich, als der Urknall stattfand, alle Energiefelder (spätere Galaxien, Sonnensysteme usw.) im Moment der „Zündung“ (Implosion - Explosion) voneinander weg bewegten. Das ist genau die Erfahrung, die ein Beobachter macht, der auf der Erde steht. Das ganze Universum bewegt sich weg von ihm. Aber jemand, der sich auf dem Pluto oder auf jedem beliebigen anderen Planeten im ganzen Universum befindet, würde die gleiche Erfahrung machen, nämlich dass sich das ganze Universum von ihm weg bewegt. Deshalb fand der Urknall überall im Universum statt. Und was ist mit dem „großen Weltenvergehen"? DAS **BUCH DES LICHTS** lehrt, dass sich alles im Universum wieder aufeinander zu bewegt. Eines Tages werden wir (während wir uns auf jedem beliebigen Planeten, in jedem Sonnensystem oder in jeder Galaxie befinden) beobachten, dass sich alles bzw. das ganze Universum wieder zusammenzieht bzw. auf uns zu bewegt oder uns näher kommt. Und weil dieses Phänomen von Jedem an jedem beliebigen Ort im Universum beobachtet werden kann, wird sich das „große Weltenvergehen" irgendwo an jedem beliebigen Ort des Universums ereignen. OM. Ehre dem **BUCH DES LICHTS.** Darum ist es auch unsinnig, das Zentrum des Universums irgendwo weit draußen zu suchen. Es verbraucht oder missbraucht zwar Milliarden von Steuergeldern, führt aber zu nichts. Denn ganz gleich, wie weit man durchs Universum reist, das Zentrum wird man nie erreichen, man bewegt sich weiter ständig an der Oberfläche. Gleichzeitig befindet man sich aber immer und an jedem Ort und zu jeder Zeit im Zentralpunkt dieser Oberfläche. Ich erkläre dies folgendermaßen: Stellen Sie sich vor, Sie sind ein zweidimensionales Wesen auf der Oberfläche einer Kugel. Dort suchen Sie nach einem Zentrum ihrer Welt. Egal, wie weit Sie auf der Kugeloberfläche, welche für Sie die Welt wäre, suchen, Sie blieben doch immer auf der Oberfläche. Und doch sind Sie im Zentrum. Denn: Wenn man die Fläche der Kugel aufklappen würde, wären Sie IMMER im Zentrum dieser aufgeklappten Fläche. Wie finden wir nun den URSPRUNG, die Quelle des Universums? Dies kann nur in der Meditation geschehen. Große Gurus und Heilige sind mit dieser Quelle verbunden.

Das Beispiel mit der Kugeloberfläche erklärt auch, warum wir, egal wie weit und lang wir auch ins Weltall fliegen, ob mit oder ohne Lichtgeschwindigkeit, wir doch NIEMALS an irgend eine Grenze oder einen „Rand" gelangen werden. Wir SIND die Grenze. Wie auch das zweidimensionale Wesen auf der Kugeloberfläche, wenn es sich auf dieser bewegt, immer dort gefangen sein wird und NICHTS von der dritten (unserer) Dimension wahrnimmt, so nehmen wir (noch) nichts wahr von anderen Dimensionen, sind in unserer dritten Dimension gefangen, stellen von dieser Maxime ausgehend Gesetze auf, von denen wir hoffen, dass sie allgemeingültig sind. Sind sie aber nicht.

Und so wie das zweidimensionale Wesen auf der zweidimensionalen Kugeloberfläche - wenn es sich in gerader Linie fortbewegen würde - schließlich wieder zu seinem Ausgangspunkt zurückkehren würde, so würde auch eine Rakete, die heute ins All startet und konstant geradeaus fliegt, irgendwann einmal zur Erde zurückkehren, denn wir alle befinden uns AUF der Oberfläche einer 3-dimensionalen Struktur, Weltall genannt.

IMMER NOCH: CA. 155.522.169.000.000 v. Chr.

Das Chaos konzentriert sich in einem Punkt. Und dieser Punkt ist BRAHMAN. Das Chaos implodiert (YANG-männliches Prinzip) und explodiert (YIN-weibliches Prinzip) und verändert sich zu einem kosmischen Meer des Feuers, zuerst kühl-leuchtend und um BRAHMAN[14] rotierend. Die Implosion - Explosion ereignet sich in atto Sekunden[15], dabei entsteht eine Hitze jenseits des Messbaren[16]. BRAHMAN ist das Höchste in allem, das wie ein Faden durch alle kosmischen Ebenen[17] und Dimensionen führt. OM der Ursache aller Rotation, OM sei Brahman. Rotation - um was? Um Brahman, was in einem spirituellen Zentrum, Zentrale Sonne genannt, resultiert.

Die Zentrale Sonne ist die spirituelle Quelle und Ursprung ALLER Sonnen in unserem (sichtbaren) Universum. Sie ist das spirituelle Kraftzentrum, das bewirkt, dass alle Sonnensysteme im Universum um ihre (sichtbaren) Sonnen rotieren und alle zusammen (das ganze Universum also) um die Zentrale Sonne.

Die Polarsonne (zweites spirituelles Kraftzentrum) bewirkt, dass alle Sonnen Polarposition (auf ihre Planeten und Umlaufbahnen zu) erlangen.

Die Äquatorsonne (drittes spirituelles Kraftzentrum) bewirkt, dass alle Sonnen Äquatorposition erlangen (auf ihr Sonnensystem und dessen Planeten zu sowie auf das Zentrum des Universums, welches Brahman ist, zu).

Die Zentrale Sonne, die Polarsonne und die Äquatorsonne sind drei in Einem (Brahman) und eins in Dreien. Jede spirituelle Kraft muss durch[18] diese drei Sonnen aus dem Unbekannten heraustreten und erreicht so Göttlichkeit, Spiritualität und Seele. Alle sichtbaren Sonnen, oh Lanoo, sind die Gesamtheit des universellen Verlangens,

---

14 BRAHMAN MANIFESTIERT. OM. Ich benutze die Begriffe Brahman und Parabrahman nur deshalb, weil es die vertrauteren Sanskrit-Begriffe sind. Die Original-Senzar-Begriffe würden den Schüler nur verwirren.

15 $\frac{1}{1.000.000.000.000.000.000}$ oder eine Trillionstel – Sekunde.

16 Die Temperatur ist in diesem Moment so hoch, dass man sie ‚abstrakt' nennen kann.

17 Sowie durch alle Bewusstseinsebenen

18 und nicht von, wie die Kabbala lehrt

das Kāma Rupa des Universums. Aber für unser Sonnensystem und für uns ist die sichtbare Sonne die höchste (manifestierte) Kraft. Alle Seelen[19] müssen erst durch die Zentrale(n) Sonne(n)[20] gehen und so Göttlichkeit, Spiritualität und Seele erlangen, aber (sowohl hier unten als auch da oben) auf einer noch unbewussten Stufe. Sie existieren einfach nur als Prinzipien. Noch einmal: Es sind drei in Einem und eins in Dreien. Später werden sie sich (in unserem Sonnensystem) konfrontiert sehen mit den niederen Ebenen und unserer sichtbaren Sonne... . Oh, Mahā-Chohan, Überbringer der höchsten Glückseligkeit, erlaube mir, ein Loblied auf die (sogar deine Kraft übersteigende) Zentrale Sonne zu singen[21].

DIE ZENTRALE SONNE

Die Sonne ist's, woher wir kommen
Zur Sonne ist, wohin wir gehen
Doch mein' ich nicht die Sonne,
die wir sehen,
sondern die Sonne der Sonnen.
Es gibt ein Licht jenseits der Sonne
das Dunkelheit man nennt.
Dort ist wahre Unsterblichkeit.
Ein Licht, das zeitlos ewig brennt.

„Gepriesen sei die abstrakte Herrlichkeit,
Wurzel aller sichtbaren Herrlichkeit,
gepriesen sei die Zentrale Sonne,
gepriesen sei Brahman,
die Supermonade.
OM."

---

19 Dann noch keine Seelen, sondern einfach Krafteinheiten oder Monaden bzw. Verlangenseinheiten, göttliche Strahlen.

20 Plural, denn bei jedem neuen Erwachen gibt es eine neue Zentrale Sonne.

21 Siehe Gedichte und Kommentare

WARUM ALLES IM UNIVERSUM UM DIE ZENTRALE SONNE[22] ROTIERT (Erster Schlüssel, weitere Erklärungen folgen)

Die Ursache aller Rotation ist immer die MONADE, wegen der ihr innewohnenden rotierenden Natur oder ihres zirkularen Aspekts. Sowie die Monade kosmische Materie berührt, verursacht die abstrakte rotierende Natur der Monade physisch sichtbare Rotation[23] der kosmischen Materie (kosmischer Staub usw.) und ein planetarischer Embryo hat sich um Laya (ein schwarzes Loch) herum manifestiert bzw. um einen Laya-Punkt herum.

Aber was veranlasst alle Himmelskörper des Universums, um die Zentrale Sonne[24] herum zu rotieren? Es ist der Gehorsam aller Planetenengel, die der Anordnung des Mahat oder universellen Geistes folgen, gebündelt durch oder in der ZENTRALEN SONNE. Auf einer weniger abstrakt-spirituellen oder exoterischen Ebene würden wir den folgenden Effekt beobachten: Um die Zentrale Sonne herum, welche die erste ist, dreht sich die zweite Sonne auf einer polaren Ebene, deshalb Polarsonne genannt, dann eine dritte Sonne auf einer äquatorialen Ebene (äquatoriale Sonne), dann die vierte Sonne auf einer physischen Ebene, welche dann die überhaupt sichtbare ist. So wird das ganze Universum, sichtbar oder unsichtbar, von der Zentralen Sonne angezogen, im Vergleich zu der unsere Sonne nur ein WINZIGES, nahezu unsichtbares Staubkörnchen ist.

Warum fällt dann das ganze Universum nicht in die Zentrale Sonne? Weil die Zentrale Sonne Strahlungsenergie abgibt. Sie strömt von dieser aus, lädt alle Planetenkörper mit elektrischer Energie auf und hält sie so voneinander und von der Zentralen Sonne fern.

---

22 Die sich selbst ein ganzes Mahā-Manvantara hindurch oder jedes Mahā-Manvantara in einem neutralen Zustand bzw. Laya hält. Nichtsdestotrotz ist es das anziehende, auch immer emittierende Lebenszentrum. So gesehen ist die Zentrale Sonne das Zentrum der universellen Lebenselektrizität und auch das Zentrum der super-göttlichen Essenz des Absoluten (des unbekannten Absoluten). Aber die ZENTRALE SONNE ist nicht, wie die jüdischen Kabbalisten denken, das Behältnis der Gottheit, denn die supergöttliche Essenz oder Parabrahm ist gleichermaßen überall, und am Anfang einer jeden „Schöpfung“ wird diese Essenz, dann bereits differenziert, in der Zentralen Sonne gebündelt.

23 Tatsächlich: Bewegung kann sichtbar und (für uns) unsichtbar sein. Die Monade ist unsichtbare abstrakte Bewegung, die hier unten die sichtbare Rotationsbewegung verursacht. OM.

24 Und nicht willkürlich ihre eigenen Wege?

Die Bewegung aller Planeten des Universums in Richtung Zentrale Sonne wird so transformiert in Bewegung um die Zentrale Sonne. Warum hat das ganze sichtbare und unsichtbare Universum die Tendenz zur Zentralen Sonne zu drängen? Weil das ganze Universum, sichtbar oder unsichtbar, innerhalb der Sphäre der Anziehung der Zentralen Sonne „geschaffen" wurde. OM.

WICHTIG: Es gibt einen Unterschied zwischen dem ewig[25] selbst-existierenden Einen, das auch Vier (oder Tetraktis)[26] und NICHTMANIFESTIERT ist und den MANIFESTIERTEN Vier, die nur von der Mutter oder Mūlaprakriti oder dem bleibend jungfräulichen Urstoff, welcher vom Vater oder PARABRAHMAN nur überschattet, nicht befruchtet wird, herrühren. Oder: Parabrahman-Mūlaprakriti ist Vater-Mutter. Die manifestierten Vier manifestieren sich durch die Mutter, und die Sieben Strahlen emanieren aus den manifestierten Vier. Und all das sind Verlangenszustände. OM.

---

25 Im Wesen jedoch und nicht in der Manifestation, denn alle Manifestation, und sei es in den höchsten Himmeln, ist zeitlich begrenzt.

26 Das Heilige bzw. Vollkommene Quadrat

DIE SUPERMONADE, PROTOTYP ALLER ANDEREN MONADEN, BERÜHRT DIE UNENDLICHE TIEFE DES WELTRAUMS

(welcher alles enthält, aber selbst nicht enthalten ist)

Sie enthält Geist, Seele, Denken, Tierseele, den astral-ätherischen und den physischen Körper in Abstraktion, der sich später selbst mit den entsprechenden Vehikeln oder „Kleidern“ des Verlangens umgibt und diese immer wieder ablegt, Reinkarnation für Reinkarnation, bis NIRVĀNA erreicht ist. OM.

Monaden sind Gottesfunken[27], spirituelle Kraftzentren, Verlangenseinheiten. Punkte ohne jegliche Ausdehnung oder auch die spirituelle Ursache für, in und hinter jedem Atom. Keine Monade – kein Atom. Monaden sind auch Gottesfunken in unterschiedlichen Verlangenszuständen nach Manifestation oder Leben. Je stärker das Verlangen, desto jünger ist die Monade als Gottesfunke und umso mehr klammert sie sich ans Leben. Der unterschiedliche Grad des Verlangens nach Leben in den Gottesfunken oder Monaden entscheidet darüber, welche Art von Atomen sie verursachen und auch darüber, in welchen Naturreichen sie leben. Eine Monade, die im Reich der Minerale lebt, klammert sich mehr ans Leben, hat mehr Verlangen danach als jede andere Monade und schafft demzufolge ein sehr dichtes und lang lebendes Atom, nämlich das Atom des Minerals. Nachdem die Monade ihr Verlangen, ein Stein zu sein, ausgelebt hat, löst sie (bzw. ihre Reflexion) sich vom Naturreich der Minerale und steigt auf zum Reich der Pflanzen, Tiere, Menschen und zum Reich der Engel, um dann (frei von allem Verlangen) NIRVĀNA, ihr rechtmäßiges Zuhause, zu betreten. So gesehen ist das ganze Universum mit allem darin nichts anderes als Hierarchien von Monaden bzw. Gottesfunken, die ihr Verlangen nach dem Leben, das übrigens auch die Illusion der Zeit schafft, ausleben und schließlich beobachten.
Die Supermonade (das Wesen, also Brahman manifestiert) enthält die Seele der Welt-(en), so wie deine Monade umhüllt ist von unterschiedlichen Verlangenszuständen (Geist, Seele, Denken, Tierseele, astral-ätherischer und physischer Körper in Abstraktion), sich später selbst mit den entsprechenden Vehikeln umgibt und diese Reinkarnation für Reinkarnation wieder ablegt, bis NIRVĀNA erreicht ist. OM. Die Monade ist der unüberwindliche Geist, der all diese auf- und abwärtsstrebenden, sich ausdehnenden und wieder zusammenziehenden Aspekte enthält. Bald werde ich mehr über die Sonne schreiben, die ein zentrales Feuer ist oder wird. Damit meine ich jedoch einen ākāśischen Zustand und nicht, dass die oder irgendeine Sonne irgendwelche Substanz verbrennt. Wenn das der Fall wäre, würde die Lebenszeit z.B. unserer Sonne 5000 Jahre nicht übersteigen.

SUBSTANZ DER URMATERIE

Enthülle mir jetzt, oh großer Chohan, die wahre Natur von Mūlaprakriti, der Substanz der Urmaterie, also dessen, aus dem ALLES gemacht ist und wonach Wissenschaftler auf der ganzen Welt immer noch vergebens suchen. Sie werden sie niemals finden, oh Lanoo, zumindest nicht solange sie durch ihre Mikroskope schauen. Nur **DAS BUCH DES LICHTS** und das konzentrierte und intensive Studium der esoterischen Wissen-

27 Es kann gar nicht oft genug wiederholt werden, wann immer der „Gott"- Begriff auftaucht, ist natürlich kein außerkosmischer Schöpfergott (der das ganze Universum erschaffen haben soll) gemeint, denn einen solchen Gott gibt es natürlich nicht. „Gott" ist in der esoterischen Wissenschaft einfach nur das für die jetzige Weltenperiode höchste Wesen in Manifestation.

schaften werden das Rätsel lösen. – Was ist es, oh Mahā-Chohan? Was ist diese ewig existierende Substanz, welche unsterblich ist, egal, ob es ein Universum gibt oder nicht? - Oh Lanoo, du bist wirklich gesegnet. Wir berühren heiligen Grund. OM. Vernehme also Worte der Weisheit und des Wissens: Wenn sich das ganze Universum in Mahā-Pralaya oder der großen kosmischen Ruhephase von 311.040.000.000.000 Jahren befindet, lebt die ewige Substanz (nichtatomare Energiezentren purer Reinheit oder des Bewusstseins) auf der Ebene der Verlangenslosigkeit dessen, was sich NIEMALS manifestiert, ob es ein Universum gibt oder nicht. - Ist die Substanz der Urmaterie heiß oder kalt? - Sie ist weder heiß noch kalt, und sie hat weder Anfang noch Ende. Sie entwickelt nur Hitze während des Urknalls, wenn das Universum bei der Manifestation explodiert (erst abstrakt, dann real). - Ist die Substanz der Urmaterie älter als der Weltraum? - Nein, sie ist ewig und mit dem Weltraum koexistent. Wenn sie sich manifestiert, kann man sie auch die Mutter (von allem) nennen. - Was sind WIR dann? Darin enthalten? Bewusst? - Das hängt von dir ab, oh du Gefallener. Aber verstehe: Das, was sich NIEMALS manifestiert, die ABWESENHEIT des Verlangens, ist die wahre Ursache für die vielen „Urknalls“ und das endlose „große Schrumpfen“ bzw. die endlos vielen Verlangenszustände. Das ist Parabrahman-NIRVĀNA und übersteigt sogar das Begriffsvermögen des Bewusstseins von BRAHMAN. OM. - Welche Farbe und Form hat die Substanz der Urmaterie während der Manifestation? Es ist ein kühles Leuchten bar jeder Farbe, Form, jeden Geschmacks oder jeder anderen Qualität oder jedes anderen Aspekts. Aber später wird daraus ALLES. Alle Monaden sind in der Substanz der Urmaterie enthalten, aber nicht alle Monaden werden sich auf unserer niedrigsten Ebene manifestieren. - Wie erwacht die Substanz der Urmaterie von der Nichtmanifestation zur Manifestation? Es ist parabrahmanisches Gesetz, wenn die Stunde einmal geschlagen hat. Der kosmische Atem ist ewig. Dann (bei der Manifestation) wird alles aktiv durch den Impuls von Fohat, den Anordnungen des wiedererwachten universellen Denkens oder Mahat folgend. OM. Und die vier erstgeborenen Elemente? Sind von der gleichen Substanz, Verlangenszustände nach Manifestation, die sich dann mehr und mehr differenzieren. - Was ist die Natur bzw. Ursache dieser niemals endenden Perioden von kosmischer Ruhe und kosmischer Aktivität? Immerwährende Bewegung. - Wann entsteht Hitze? Hitze ist eine relative Eigenschaft, die nur die sich manifestierende oder manifestierte Welt betrifft; sie entsteht bzw. wird zum ersten Mal beim URKNALL (nicht beim abstrakten, sondern beim „wirklichen“ Urknall) erzeugt. - In welchem Zustand befindet sich die Substanz der Urmaterie, wenn sie nicht manifestiert oder in Pralaya ist? - Dann ist sie in einem Zustand präkosmischer Latenz. Wann erwacht sie zur Manifestation? Die Substanz der Urmaterie erwacht zur Manifestation, wenn der GÖTTLICHE GEDANKE (ohne einen Denker) erwacht, was kosmische Elektrizität oder Fohat verursacht und Fohat drückt der Substanz der Urmaterie das Muster des göttlichen Gedankens oder Planes auf, was BRAHMAN, Dualität, Dreieinigkeit, DIE VIER, die Sieben Strahlen und schließlich das ganze Universum hervorbringt. - Was passiert, wenn sich die Substanz der Urmaterie differenziert? - Die Drei (Vater, Mutter Sohn) werden zu den Vier (ākāśisch, ätherisch, wässrig, glühend) transformiert. - Durch welche Entwicklungsetappen müssen alle Welten gehen? - Die Substanz der Urmaterie oder vielmehr ein Nukleus (Konzentrationspunkt) der Urmaterie wird in ihrem Laya bzw. undifferenzierten (und doch manifestierten) Zustand von den freigewordenen Prinzipien eines sterbenden Planeten informiert und wird I. Komet, II. Sonne, III. zu einem Planeten abgekühlt. Aber nicht alle Sonnen werden zu Planeten. - Wo überlebte die Lehre über die Substanz der Urmaterie, die durch das universelle Denken wiedererweckt wird? -In vielen Märchen über „die schlafende Schönheit, die durch einen Kuss wieder zum Leben erweckt wird" usw. Sie in Märchen und Legenden überleben zu lassen war eine Möglichkeit der Menschen des Altertums, die archaische Wahrheit zu erhalten. Die Substanz der Urmaterie wird periodisch zu kosmischer Aktivität erweckt durch den göttlichen Gedanken und all diese und die anderen bereits erwähnten kosmischen Bestandteile, die immer in abstraktem Zustand vorhanden sind und darauf warten, sich periodisch zu manifestieren. Das ganze Universum ist ein sich ständig ausdehnendes und sich wieder zusammenziehendes Perpetuum mobile, das mit jeder Kontraktion und Expansion an Bewusstsein gewinnt. - Die Wissenschaft betrachtet Äther vage als Ursubstanz. - Äther ist bereits eine Untergruppe der Substanz der Urmaterie (die ākāśa ist).

- Ist dann die Substanz der Urmaterie der Körper (oder das Vehikel) des göttlichen Gedankens? - OM. Das ganze Universum mit allem darin ist ein MANIFESTIERTER DENKPROZESS. Oder: Kosmische Substanz (später MATERIE) ist der Körper kosmischer Vorstellungskraft oder des kosmischen GEISTES. Und die zwei, Geist und Materie, sind die zwei Seiten des EINEN, das sich NIEMALS manifestiert. Zusammen sind es DREI, dann erscheinen die VIER GROSSEN CHOHANS oder Wurzelelemente und dann die Sieben Strahlen. Oh, Lanoo, du sollst nicht verehren. Form ist nichts, Geist alles. - Was ist Äther? - Das Astrallicht. - Wie beginnt die kosmische Theorie (von den Engeln gelehrt) des **BUCHES DES LICHTS**? - Mit a) der Substanz der Urmaterie (nichtatomarer Zustand des Bewusstseins), die b) über den Weltraum verbreitet wird. - Worin besteht die Natur der Substanz der Urmaterie? -Intellektuell und göttlich. - Auf welcher Ebene lebt die Substanz der Urmaterie, wenn sie sich manifestiert? - Auf der siebenten Ebene. Um genauer zu sein, die Substanz der Urmaterie ist das siebente Prinzip des manifestierten Kosmos. - Und ihr Vehikel, die Substanz der physischen Materie? - Ist das sechste Prinzip. - Entsteht Kraft, wenn sich die Substanz der Urmaterie manifestiert? Nein. - Was ist dann Kraft? Transformation in Energie des superbewussten Denkens der Logos. - Wo fließt diese ein? - In die Objektivierung der Logos. Woraus? Aus der potenziellen Latenz von Parabrahman. OM. Aber was Kraft wirklich ist, wird nur dem ernsthaftesten Schüler des **BUCHES DES LICHTS** enthüllt werden. OM.

DER URSPRUNG DER ELEMENTE

Alle Elemente entspringen dem EINEN, zeitlos ewig existierenden prä-kosmischen Element oder der Urmaterie Mūlaprakriti. Dann, wenn manifestiert, sind sie Ākāśa, welches sich dann differenziert in ZUNÄCHST ASTRALES Feuer, Wasser, in astrale Luft und Erde. SPÄTER werden sie für uns sichtbare Elemente mit Äther, auf unserer Ebene als aufkommendes fünftes Element. Man bedenke: Das ganze Universum besteht aus Schwingungen und Monaden. Mehr ist da nicht.

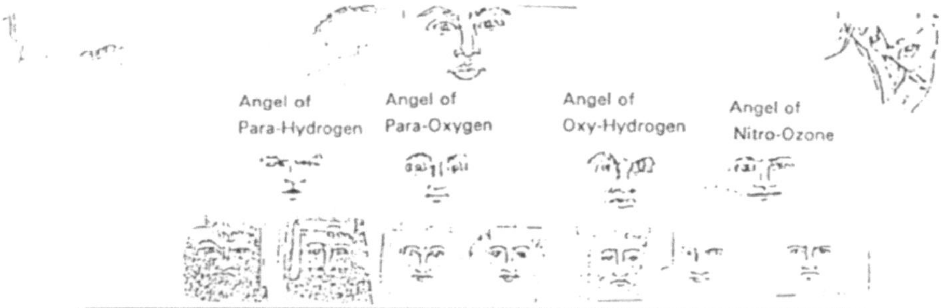

	I.RAY	II.RAY	III.RAY	IV.RAY	V.RAY	VI.RAY	VII.RAY
	I	I	I	I	I	I	I
	DO	RE	MI	FA	SOL	LA	SI
	I	I	I	I	I	I	I
	Red	Orange	Yellow	Green	Blue	Indigo	Violet
Row	1.Group	2.Group	3.Group	4.Group	5.Group	6.Group	7.Group
	H1						
1.	L7	Bo 9.3	B 11	C 12	N 14	O 16	P 119
2.	Na 23	Mg 24	Ai 27.3	Si 28	P 31	S 32	Cl 35.4
3.	K 39	Ca 40	- 44	Ti 148	V 51	Cr 52.4	Mn 54.8
4	Cv 63.3	Zn 65	Ga 68[2]	- 72	As 75	Sc 78	Br 79.5
5.	Rb 852	Sr 78.2	Y 89.5	Zr 90	N 694	Mo 96	100
6.	Ag 107.6	Cd 111.6	In 113.4	Sn 118	S6 122	Te 125	J 126.5
7.	Cs 132.5	Ba 136.8	La 139	Ce 140	Di 144	-	-
8.	-	-	-	-	-	-	-
9.	-	-	Er 178	-	Ta 182	W 184	-
10.	Au 197	Hg 200	Ti 204	Pb 206	Bi 210	-	-

... und das achte beiseite gesetzt...

DIE VIER GROSSEN CHOHANS, HERRSCHER ÜBER ALLE ELEMENTE DER VERGANGENHEIT, GEGENWART UND DER ZUKUNFT DIESES MAHĀ-MANVANTARA ODER DER GROSSEN PERIODE DER KOSMISCHEN MANIFESTATION

(die sich für mich sichtbar gemacht haben während der Seelenatem-Meditation)

Nach dem (zuerst lautlosen) „Urknall“ und vor der Emanation der Sieben Strahlen emanieren vier Mächte und aus diesen sieben weitere. Und dann alle bis heute auf Erden existierenden Elemente. Die Reihenfolge des Erscheinens ist: Brahman, dann sein dualer und dreifacher Aspekt, dann vier Mächte („die vier großen Chohans“), dann die Sieben. Sie sind, und die folgende Aussage meint das ganze Universum mit allem darin, seit Ewigkeiten als abstraktes Bewusstsein im EWIG UNERKLÄRBAREN enthalten. Man kann es gar nicht oft genug wiederholen. Die vier nach den 1,2,3 sind die fehlende Verbindung, nach der Chemiker aus der ganzen Welt so verzweifelt suchen. Das ist schwer zu begreifen, da es sich direkt nach dem Urknall und sogar VOR der vollständigen Selbst-Entwicklung eines universellen Netzes, das alles enthüllt, ereignet. Der Schüler weiß spätestens jetzt, dass es eine Ebene des sich niemals Manifestierenden gibt und eine Ebene der Manifestation[28]. Die erstgenannte ist Wahrheit, die letztgenannte ILLUSION. Die Substanz der Urmaterie ist immer da. Wenn sie sich auf der Ebene des sich niemals Manifestierenden befindet, ist das erfahrende Wahrheit, aber wenn die Substanz der Urmaterie einmal in die Ebene der Manifestation fällt, entwickelt sie sich in das (für uns) unsichtbare und sichtbare Universum mit allem darin.

Ca. 155.000.000.000.000 v. Chr. (und eher...)
DER ERSTE TAG

<u>Genesis (Schöpfungsgeschichte)</u>: nicht 24 Stunden, sondern Millionen und Milliarden von Jahren sind mit einem „Tag” gemeint

1. Am (relativen) Anfang schuf Gott (und wer schuf Gott?) Himmel und Erde. 2. Und die Erde hatte keine Form (arūpa) und Leere und Dunkelheit war auf dem Antlitz des tiefen äußeren Weltraums. Und der Geist Gottes (Geist ja, aber Gott?) legte sich auf die Oberfläche des Wassers (des Weltraums: - Ākāśa). 3. Und Gott sagte (Gott spricht nicht): „Es werde Licht“ (es entwickelte sich gerade) und es wurde Licht (vielmehr ein

---

28 „Hier ist, Mönche, das Ungeborene, Ungeschaffene, Ungemachte, Ungeformte. Wenn es, Mönche, das Ungeborene, Ungeschaffene, Ungemachte und Ungeformte nicht geben würde, gäbe es keinen Ausweg für das Geborene, Geschaffene, Gemachte, Geformte.“ (Gautama Buddha).

wiedererwachter Denkprozess ohne Denker) oder ewig bestehende und expandierende mentale Substanz. 4. Und Gott sah (Gott sieht nicht) das Licht und dass es gut war (Gott beurteilt nicht, ob etwas gut oder schlecht ist) und Gott trennte das Licht von der Dunkelheit (das geschah von selbst auf Grund des Gesetzes der kosmo-spirituellen Evolution der Kräfte, die DANN „erschaffen" bzw. interagieren, indem sie sich gegenseitig wahrnehmen (Krieg im Himmel usw.). 5. Und dann nannte Gott das Licht Tag und die Dunkelheit nannte er Nacht (die Wörter ‚Tag' und ‚Nacht' sind wie auch das Wort ‚Gott' erst ein paar hundert Jahre alt). 6. Und Gott sagte (‚Gott dachte' wäre passender, denn: Die erste Emanation ist ein Denkprozess ohne Denker. Sie IST einfach nur. Hier „spricht" sie wieder): „Es soll ein Firmament sein in der Mitte der Wasser und es soll die (ākāśischen) Wasser (des Weltraumes) von den (ätherischen) Wassern des Weltraumes trennen". 7. Und Gott machte (Gott macht gar nichts. Die zweite (alle weiteren) Emanationen machen etwas. Sie schaffen und entwickeln das Firmament (Ākāśa unterteilt sich, geleitet von göttlichen ausströmenden Kräften), trennte die Wasser (weitere Unterteilung, aber in Wahrheit ein Zustand göttlichen Bewusstseins, das seine Schwingungen verringert und so das entstehen lässt, was wir jetzt ‚Universum' nennen), die unter (es gibt kein ‚oben' oder ‚unten' im Weltraum) dem Firmament waren von den Wassern, die über dem Firmament waren und so geschah es. 8. Und Gott nannte das Firmament ‚Himmel' (der Name ‚Himmel' ist erst ein paar Jahre alt).

Das Logo unseres Sonnensystems ist die Dreieinigkeit von Geist, Bewusstsein und Materie oder „Leben, Qualität und Erscheinung" (Djwal Khul). Alle funktionierenden Sieben Strahlen in diesem Sonnensystem sind Emanationen des ZWEITEN KOSMISCHEN STRAHLS (Liebe-Weisheit). Die sieben Sterne des Großen Bären sind die Urheber dieser Sieben Strahlen, die unsere Sonne durch die zwölf Konstellationen (3 pro Tag) des Tierkreises erreichen. Von diesem erreicht jeder Strahl unsere Erde hauptsächlich durch einen der sieben heiligen Planeten.

Reihenfolge der Transformation der 7 Strahlen von ihrem Ursprung bis zu unserer Erde und so also zur Menschheit: 1. Aus dem zweiten kosmischen Strahl emanieren 7 Strahlen zu 2. den 7 Sternen des Großen Bären; sie erreichen von dort 3. 12 Konstellationen des Tierkreises zu 4. der Sonne, dann zu 5. den 7 heiligen Planeten und dann zu 6. der Erde und also der Menschheit. OM. Das Verhältnis zwischen den Strahlen, Konstellationen und Planeten wird dem Schüler durch das ganze BUCH DES LICHTS hindurch enthüllt. Aus esoterischen Gründen kann die Erklärung an dieser Stelle nicht gegeben werden, deshalb jetzt nur soviel: Die Erde ist noch kein heiliger Planet, wird es aber (hoffentlich) bald sein. Die 7 Strahlen sind hauptsächlich Seelenstimulatoren,, um die göttliche Entwicklung in uns zu beschleunigen. Warum sind diese vielen Transformationen nötig, bis sie uns schließlich erreichen? Weil uns die ursprüngliche Macht sonst auslöschen würde und (vielleicht) nur von einem höheren Chohan transformiert werden könnte. OM.

Die 7 Strahlen sind sieben Wegweiser auf unserem Weg zurück zu Gott. Auf diese Art wird nicht einer verloren gehen auf dem Weg zurück zum Vater. Ein Hinweis: Entsage, wenn Du NIRVĀNA willst, vollständig, total dem Absoluten (von wo die 7 Strahlen ausströmen), löse dich von JEDEM Verlangen und von allem, an dem du bisher festgehalten hast und du wirst durch die 7 Strahlen zum Göttlichen brausen und nach NIRVĀNA übergehen.

Es kommt durch den zweiten Strahl und den Planeten Jupiter, dass die Entwürfe aller Formen, die manifestiert werden sollen, auch tatsächlich entstehen. Rieche an einer Blume und du riechst den zweiten Strahl... Strahl II ist (zusammen mit zwei anderen) verantwortlich für die Entwicklung des Bewusstseins im Pflanzenreich (Attraktivität, Vorstellungskraft, Ausdruck). Ich habe die Erlaubnis vom Chohan, die Aktivitäten der Sieben Strahlen in Verbindung mit dem Erscheinen aller Reiche und ihrer Formen in diesem Sonnensystem, besonders auf der Erde, zu enthüllen. 1. Der dynamische Gedanke des Allerhöchsten (Brahman) wird gelagert in und freigesetzt durch **den ersten Strahl**. 2. Die erste Formung der (noch abstrakten) kosmischen Phase liegt in der Kraft und ist Aufgabe **des zweiten Strahls**, der sich zusammen mit dem Pflanzenreich manifestiert. 3. Um den göttlichen Plan tatsächlich zu formen und zu materialisieren, ist Intelligenz erforderlich. Diese aktive Intelligenz liegt im Bereich **des dritten Strahls**. 4. Schönheit, Harmonie und Kunst werden allen Formen durch **den vierten Strahl** gegeben. Aber das ist mehr auf die mathematische Art (Goldener Schnitt usw.) gemeint und nicht künstlerisch. Verfeinerung bzw. Perfektionierung der Form – das sind die Energien des vierten Strahls. 5. Diejenigen, die nach konkretem Wissen und Wissenschaft streben, nehmen ihre Kraft aus **dem fünften Strahl**. Was auch immer mit Mahat oder universeller Gedankenforschung verbunden ist, sind die Entscheidungen **des sechsten Strahls**. 6. Diejenigen, die die Wahrheit erreichen wollen durch Ergebenheit, werden vom sechsten Strahl berührt. Die Energie des sechsten Strahls wird sich besonders mit dem Erscheinen von „Jesus Christus“ um 104 v. Chr. manifestieren und um 20000 AD wieder verschwinden, um Platz zu machen für einen anderen Strahl. **DAS BUCH DES LICHTS** übertrifft sie alle und ist deshalb für diejenigen geschrieben, die früher oder später direkt das Absolute sehen und nichts als das Absolute. Es erkennt alle kosmischen Strahlen und ihre führenden Gottheiten als vergängliche Verlangenszustände und betet sie also nicht an.

Noch einmal: Der Zweck der Sieben Strahlen ist es, alle Reiche und ihre Bewohner (Stein, Pflanze, Tier, Menschen, Engel, Götter) von der extremen Ichbezogenheit (in den Mineralen) zum Seelen- und Gottesbewusstsein zu führen. Stein, Pflanze und Tier streben, esoterisch gesagt, in Richtung Selbstbewusstsein bzw. Selbst-Sein. Menschen und Superwesen streben nach Gottesbewusstsein und etwas, das sich noch dahinter befindet. Sie alle sehnen sich nach Befreiung und NIRVĀNA. Ob es ihnen gelingt, ist eine andere Frage, denn NIRVĀNA und Samsara (das Rad der Wiedergeburt) sind ewig.

DIE GEBURT DER MUTTERKETTE UNSERES EXOTERISCHEN SONNENSYSTEMS, eins von fast endlos vielen, aber auch eins von sieben Sonnensystemen, die eine große kosmische Einheit bilden. Energien, die von bestimmten Konstellationen kommen, fließen in diese Einheit. Diese Energien werden getrennt freigesetzt von DEN SIEBEN STRAHLEN, Untergruppen DES ZWEITEN KOSMISCHEN STRAHLES VON LIEBE-WEISHEIT. Alle anderen sechs Strahlen wirken (noch) nicht in unserem Sonnensystem.

* * *

DUNKELHEIT UND LICHT

Oh, Lanoo, schau dir den Missbrauch durch das religiöse Dogma an. Sie sagen, Gott sei das Licht und Satan die Dunkelheit. Aber was war zuerst da und wird immer da sein? Licht oder Dunkelheit? Woher kommt das Licht? Von bzw. aus der Dunkelheit natürlich. So gesehen ist es die Dunkelheit, die da war und immer sein wird, während das Licht aus der Dunkelheit emaniert, sozusagen eine vergängliche Reflexion der Dunkelheit ist. Sogar die Schöpfungsgeschichte macht das deutlich, indem gesagt wird, dass „Licht aus der Dunkelheit entsteht“ und nicht anders herum.

Im Johannesevangelium 1,4 finden wir: „In ihr (Dunkelheit) war Leben. Und das Leben war das Licht der Menschheit.“ Deshalb: Die Dunkelheit war zuerst da, das Licht kam danach. Dunkelheit ist, wenn überhaupt, Parabrahman-Nirvāna, dieses eine, das nirgends enthalten ist, doch alles enthält, und Dunkelheit ist sogar jenseits dieser Realität, was absolut jenseits jeglichen Vorstellungsvermögens liegt und ohne jegliche Merkmale ist. Oder: Parabrahman ist nicht einmal in der Lage, irgendetwas zu begreifen, befindet es sich doch selbst jenseits jeder Definition. Dunkelheit kann Licht nicht enthalten, und DAS ist die wahre esoterische Bedeutung der folgenden Zeile aus dem Johannesevangelium: „Und das Licht schien in der Dunkelheit; und die Dunkelheit enthielt es nicht.“ Folglich ist Licht eine zeitlich begrenzte Erscheinung in der Dunkelheit oder auch der Widersacher der Dunkelheit. Die richtige Übersetzung für Widersacher ist der Sanskrit-Begriff ‚SAT-AN’ bzw. später ‚SATAN’. Licht wird aus der Dunkelheit geboren bzw. Dunkelheit ist der VATER (oder die Mutter) und Licht der SOHN. Mit anderen Worten: Gott ist Dunkelheit und SATAN ist Licht. Die Bibel bestätigt diese Tatsache, indem sie SATAN „Sohn Gottes“ bzw. „den hellen Stern des frühen Morgens, Luzifer“ (siehe Jesaja) nennt. Warum nannten sie das erste Licht SAT-AN oder WIDERSACHER? Weil es im Gegensatz zur Dunkelheit bzw. der absoluten Wahrheit steht. Licht ist ZEITLICH BEGRENZT und ganz und gar eine Illusion (oder Bhrantidarsanatah). So gesehen ist SATAN oder Licht, das ganze Universum mit allem darin oder Brahman in Manifestation die perfekte Illusion, ein materialisierter DENKPROZESS OHNE DENKER, PERIODISCH reflektiert in einem Spiegel, WELTENRAUM genannt oder das WELTENEI, und wir alle leben in diesem Spiegel. Es gibt kein Entfliehen für den Anhaftenden. Folglich ist Satan sogar laut Bibel „der erste Erzengel“ oder das erste Licht, das der Dunkelheit entspringt oder: Satan ist das Licht oder LUX, was sich zu Luzifer veränderte, dem ‚leuchtenden Sohn des Morgens‘ [29] oder, wie Jesaja zeigt, ‚Sohn Gottes‘. Es war die Kirche, die diese Fakten gefälscht, verdreht und missinterpretiert hat, indem sie erklärte, dass die Dunkelheit der Teufel sei und das Licht Gott. **OM DEM BUCH DES LICHTS.**

Darum: Dunkelheit ist der Zustand des Universums während Pralaya, also VOR dem periodischen Wiedererwachen des Universums. Licht erscheint, wenn die Supermonade, welche alle anderen Monaden in sich enthält, aus NIRVĀNA wiedererwacht bzw. reflektiert. Sobald eine Monade manifestiert, wird sie zum Licht. Im Falle der Sonnenmonade ist dies offensichtlich, in unserem Falle bestehen wir aus „gefrorenem“ Licht. Dunkelheit ist der Vater des Tages. Licht kann nur erscheinen (erscheint), wenn es Manifestation und Unterscheidung – also Dualität – gibt. Darum ist DUNKELHEIT der absolute Geist. Am relativen Ende einer kosmischen Periode zieht sich die kosmische Monade wieder in den Urschoß der Dunkelheit zurück. Ein Zustand frei von allen Beilegungen und frei von allem Verlangen. Sogar das, was wir normalerweise als Dunkelheit oder Nacht bezeichnen, ist ja mit Strahlung förmlich durchsetzt, von der nur eine unseren beschränkten Sinnen zugängliche OKTAVE das ist, was wir „Licht“ nennen.

Licht an sich ist unsichtbar, es sei denn, es fällt auf ein Objekt. Man setze sich ins Kino und schaue über sich. Da ist kein Licht oder sehr wenig. Erst wenn die Strahlen des Projektors auf die Leinwand fallen, erscheint das Bild als Folge von Reflexion des Lichts. Licht an sich ist unsichtbar, und DARUM kann man sehr wohl auch sagen, dass Licht an sich DUNKELHEIT ist.

Das Licht der Sonne ist an sich unsichtbar und dunkel. Wir sehen es nur, wenn es auf ein Objekt prallt und von dort auf unsere Augenretina. Darum ist es auch im Weltraum an sich dunkel. Licht an sich ist Strahlung, eine Energie, eine unsichtbare Kraft, eben eine SCHWINGUNG. Materie ist nichts als gefrorenes Licht. Schwingung in niederer Frequenz.

Dunkelheit ist Homogenität der Substanz oder Essenz. Licht oder Leuchtung entsteht bei Heterogenität oder Differenzierung. Es gibt also viele Arten von Licht: Sonnenlicht, Sternenlicht, Mondlicht, elektrisches Licht, Glühwurm-Licht, Feuer-Licht etc., etc. Doch sie alle sind nur Leuchten, Scheinen. Strahlung per se ist so unsichtbar wie die Dunkelheit, der sie entspringt, und DARUM sind Licht und Dunkelheit eins. Wer

29 oder mit esoterischen Worten ‚der manvantarischen Dämmerung‘

es zu fassen vermag, der fasse es. Die Monade strahlt, wenn sie sich entwickelt oder evolviert. Darum: Licht als Strahlung ist die Ursache. Licht als Reflexion ist die Wirkung.

Aber: Denke nicht mal für einen Moment, dass ich mit Licht und Dunkelheit etwas wie Tag und Nacht meine, vielmehr meine ich die NICHT-MATERIELLEN und NICHT-ATOMAREN QUELLEN VON BEIDEM im Moment des Wiedererwachens allen universellen Lebens ca. 155.522.169.000.000 v. Chr. Was für uns Nacht ist, ist LICHT für einen EINGEWEIHTEN, der mit seinem voll erleuchteten DRITTEN AUGE „sieht". Was ist dann das Licht, so wie im **BUCH DES LICHTS** erwähnt? Immer Weisheit in Manifestation bzw. verstehen wir darunter zwei Dinge: 1. Die Verkörperung göttlicher Weisheit im Bereich des Spirituellen und 2. Licht auf der Ebene des Materiellen. 1 ist „gut" und 2 ist „böse", aber beides sind Aspekte des ersten Lichtgeborenen [30], Luzifer oder Brahma oder Jehova oder Gott oder welchen Namen du auch immer wählst. Aber die Natur der wahren Dunkelheit wird immer jenseits jeden geschriebenen oder ungeschriebenen Wortes sein. OM. In Bezug auf die Frage, warum es eine kosmische Evolution oder Perioden kosmischer Ruhe (pralaya) gibt und dann wieder Aktivität (manvantara), behauptet ein studierter Redner der Vedas: „Evolution wird ausgelöst durch INTELLEKTUELLE ENERGIE DER LOGOS, nicht bloß durch die Möglichkeiten der eingeschlossenen Mūlaprakriti". Ich sage: „Das ist nicht so". Es gibt keinen Anfang und kein Ende, und das kosmische Gesetz braucht keinen Anstoß, um zu arbeiten, noch gibt es einen ersten Impuls, aber es gibt einen relativ ersten und einen relativ letzten. Das Gesetz (in Ermangelung eines besseren Begriffs) existiert einfach ... Aktivität - Ruhe - Aktivität - Ruhe - Aktivität ... kein Anfang und kein Ende. Keine Frage, keine Antwort. Oh, Lanoo, das endgültige Rätsel kann nicht durch Frage und Antwort gelöst werden, denn es ist JENSEITS DES BEGRIFFSVERMÖGENS, was automatisch Frage und Antwort ausschließt. Warum gibt es keinen Anfang und kein Ende kosmischer Aktivität und kosmischer Ruhe? Weil auf der spirituellen Ebene Zeit nicht existiert. Und wenn es keine Zeit gibt, dann gibt es keinen Anfang und kein Ende. OM. Irgendwo habe ich gelesen: „Beim Erwachen von Manvantara ... nimmt jede Monade (Lebensatom, Jiva) ihre Skandhas (Restbestände einer vergangenen Existenz) auf." Verursacht von den Skandhas? Oder von den Jiva (in diesem Falle Brahman)? Ich überlasse es dem Leser, dieses Rätsel zu lösen. Jede Ursache führt zu einer anderen Ursache, die diese Ursache verursacht hat. Wie weit möchtest du zurückgehen? Wie viele Manvantaras? Wie viele Pralayas? Wie viele Rückführungen in vergangene Leben? Oh, Lanoo, diskutiere niemals das, was JENSEITS DES BEGRIFFSVERMÖGENS ist, aber Verlangenslosigkeit erreicht hat. Dann ist NIRVĀNA dein. OM.

---

30 auch ursprüngliche kosmische Energie oder Fohat.

KARMA

Das Universum ist eine geschlossene Einheit. Wann immer eine Wesenheit NIRVĀNA verlässt, unterliegt sie dem Gesetz von Karma und Wiedergeburt, sei es nun ein Gott oder „nur“ ein Glühwurm. Jede Handlung, jeder Gedanke, jedes Gefühl fällt – früher oder später – auf den Handelnden, Denkenden und Fühlenden zurück. Wie man sät, so erntet man. Leben für Leben. „Karma“ hat seinen Ursprung im Sanskrit „kri“, was „tun“, „machen“, „handeln“ bedeutet. Dies ist ein Kraftaufwand aus dem Innersten der Wesenheit kommend. Die Natur reagiert darauf wie ein neutral reflektierender Spiegel und wirft alles auf den Agierenden zurück. Dieses Karma, diese Kette der Verursachungen, reicht in die unermessliche Vergangenheit und in die Zukunft. Das verursachende Wesen wird früher oder später die Rückwirkungen seiner Taten erfahren. So lernt man, meist leider durch Leiden, ganz nach dem Sprichwort, welches eigentlich ein kosmisches Gesetz ist: „Wer nicht hören (bzw. lernen und verstehen) will, muss fühlen“ (leider). Karma hat natürlich nichts mit Fatalismus oder Zufall zu tun. Es ist die Lehre der absoluten Willensfreiheit. Eine Erlösung durch einen Gott oder seinen Sohn darf man sich da nicht erhoffen, so verlockend (und für die Kirche profitabel) dieser Gedanke auch sein mag. In eben diesem Sinne muss man auch die Worte verstehen, die Papst Leo der Zehnte ausrief: „Wie profitabel ist doch dieses Märchen von Christus für uns!“ Karma führt natürlich zur Wiedergeburt, sei es die eines Gottes oder eines Glühwurms. Ein Rückfall vom Menschenreich ins Tierreich ist jedoch (in der Regel) nicht möglich. Wie Reinkarnation im Detail funktioniert, wird an späterer Stelle erklärt. Jedes Naturgesetz hat seine Verwalter und Herrscher; im Falle von Karma sind es

LIPIKA, DIE HERREN DES KARMA[31]

Es gibt eine zweite Emanation beim Wiedererwachen allen universellen Lebens, genauso wie unseres Sonnensystems, und diese zweite Emanation ist eine zweite Serie von Sieben Strahlen, die gleichzeitig aus Brahman oder Brahma und den Sieben Hauptstrahlen emanieren. Die zweite Serie der Sieben Strahlen reflektiert und registriert von nun an alles, was im Zusammenhang mit den ersten Sieben Strahlen geschieht. Von nun an wird jede Ursache ihre Wirkung haben, jede Aktion ihre Reaktion. Das wird Karma genannt und deshalb nennt man diese zweite Serie der Sieben Strahlen ‚Herren des Karma‘. OM den Herren des Karma. OM. Ihr Karma ist es, über

---

31 oder: Die Lipika, die die Welt des Geistes von der der Materie trennen. Was uns klar zeigt: Die Trennung von Geist und Materie ist Karma... . (Lipika von lip = schreiben).

alles zu richten, was im Universum geschieht, einfach, indem sie es reflektieren und auf diese Art und Weise die Wirkung zum Verursacher zurücksenden. Das Universum ist eine Reflexion in einem Spiegel, und die Herren des Karma sind Spiegel in einem Spiegel. OM.

Wie können sie das tun, ohne selbst Karma zu schaffen? Ihre Fähigkeit der Reflexion ist das Resultat von Karma, ausgelebt in anderen Universen und Mahā-Manvantaras. Sie (die Herren des Karma) sind in diesen Manvantaras schon durch jede Erfahrung gegangen. Deshalb sind sie autorisiert und es wurde ihnen die Verantwortung übertragen für unser Schicksal. Sie reflektieren einfach jede Art von Aktion und kehren sie in eine Reaktion um. Eine Reflexion ist unpersönlich. Sie existiert einfach. Deshalb erscheint uns Karma so grausam. Wie du säst, so wirst du ernten.

Oh, Lanoo. Bete nicht zu den Engeln. Sie können dir nicht helfen.[32] Lebe einfach dein Leben, erwerbe entsprechendes Wissen. Dann bist du gerettet. OM den mächtigen Herren des Karma. Sie erfüllen das Gesetz, und der Geist lernt, sogar wenn die leidenden Vehikel es nicht verstehen. OM

Die sieben Herren des Karma (nur vier von ihnen sind bis jetzt manifestiert) und ihre Sub-Engel befinden sich in den 4 Ecken des Universums unseres Sonnensystems, der Kette und konsequenterweise auch auf dem Planeten Erde. OM. Ihre Position ist (oder sie SIND) Norden, Süden, Osten, Westen. Die Herren des Karma oder Lipika sind auch gemeint, wenn du das Kreuz schlägst. Dann möchtest du, dass sie dich beschützen, oh Lanoo. Aber wie viele Verbrechen wurden begangen im Namen des Kreuzes? Enthülle die Namen der Herren des Karma nur den wirklich Würdigen.

- Was ist jenseits der Herren des Karma, oh Mahā-Chohan? - Der Kreis schließt sich nicht. - Und jenseits der ... Frage nicht weiter, oh Lanoo!

---

32 obwohl es unsichtbare astrale Helfer (Menschen mit und ohne Körper) gibt.

DIE HERREN DES KARMA ODER: DIE LIPIKA
FRAGEN UND ANTWORTEN

Finden die Herren des Karma Erwähnung in irgendwelchen anderen Schriften? - Ja, zum Beispiel in der alten Lehre der Ägypter. Dort werden die Lipika als die „Vierzig Gutachter" bezeichnet, welche im Gebiet von AMENTI als Ankläger der Seele fungierten, und zwar vor Osiris. - Ist Agra Sandhani dasselbe? - Das ist ein Hindu-Begriff und bedeutet soviel wie Verzeichnis des Lebens einer Seele. Oder: Die astralen Aufzeichnungen, in denen jede Tat, jedes Gefühl oder jeder Gedanke für die Ewigkeit festgehalten ist. Die Lipika sind die karmischen Gottheiten, später „die vier Biester der christlichen Apokalypse" genannt. - Warum Biester, oh großer Chohan? -Damit waren niemals wirkliche Biester gemeint, oh Lanoo, sondern vielmehr die Eigenschaften der vier Herren des Karma, welche da sind: schnell wie ein Adler, das Denken des (göttlichen) Menschen, stark wie ein Bulle und mutig wie ein Löwe.

-Beeinflussen die Lipika auch das Horoskop? - Ja. Das passiert bei der Geburt eines jeden Kindes. - Wie kann eine Planetenkonstellation das Kind bereits bei der Geburt beeinflussen? Die Planeten sind so weit weg. - Das unberührte physische Hirn des Kindes „fotografiert" die Planeten und ihre spezifischen Eigenschaften. Ein siderisches[33] System oder jede beliebige Sternenformation kann auf der sensibilisierten Platte eines Fotoapparates festgehalten werden. Das Hirn des neugeborenen Kindes kann mit so einer sensibilisierten Platte verglichen werden, ist es doch noch frei von (fast) jedem Eindruck. Aber sogar noch wichtiger ist die Konstellation des Tierkreises beim Moment der Empfängnis, überschattet bzw. überstrahlt sie doch die befruchtete Eizelle. Die Konstellation, unter der man stirbt wird auch die Konstellation sein, unter der man wiedergeboren wird bzw. reinkarniert.

---

33 Von lat. ‚sidus – deris' = Stern. Bezogen auf Fixsterne und Sternenkonstellationen. Ein siderisches Jahr = 25868 Jahre. Am Schluss des Zyklus eines siderischen Jahres kehren die Himmelskörper in dieselbe relative Stellung zurück, die sie zu Beginn eingenommen haben.

Einfluss der Konstellation des Tierkreises

a) bei der Empfängnis

b) bei der Geburt

Ist dann unser Leben nicht schon vom ersten Tage an von den Sternen bestimmt? Im Grunde ja, aber neues Handeln schafft neues Karma.

LAYA

Worum rotieren die kosmischen Feuer? [34] Was verursacht ihre Achsen?
Jedes Schiff braucht seinen Hafen und jeder Planet hat seinen Laya-Punkt. Laya ist abgeleitet vom Sanskrit-Wortstamm ‚li', was so viel bedeutet wie ‚auflösen' oder ‚verschwinden'. Die orthodoxe Wissenschaft würde Laya als Nullpunkt oder Null-Linie bezeichnen. Aber existiert da nicht etwas jenseits dieses Nullpunktes? Weniger als null ist minus eins, zwei, drei usw. Laya oder ein Differenzierungs- oder Ankerpunkt für einen rotierenden Planeten wird hervorgerufen durch Fohat, welches diese Punkte in das manifestierte Universum „gräbt" oder in manifestierte kosmische Urmaterie. Auf diese Weise befolgt Fohat Anordnungen oder Instruktionen, die von göttlichem Denken (durch Brahman und die Sieben Strahlen) gegeben werden. OM. Am Anfang werden sieben Zentren produziert für die Sieben Strahlen, die sieben Muttergalaxien schaffen, in die alles universelle Leben evolvieren, sich entwickeln und wieder verschwinden wird. Das alles geschieht um fast endlos viele Laya-Zentren herum. Die sieben Haupt-Laya-Zentren bilden den Grundstein für alle sichtbaren und unsichtbaren Welten mit allem darin. Fohat bildet diese Grundlagen. Nun verstehen wir Milton, wenn er schreibt: „Einige Grundsteine (wurden) gelegt, auf die man bauen kann." Oder: Sieben Laya-Zentren werden durch Fohat errichtet. Wenn das geschieht, steht das göttliche Gesetz bzw. die ewige Bewegung still, und jedes Mal muss ein Laya-Zentrum errichtet werden. Oder: Da ewige Bewegung ewig ist, sollte man das Wort modifiziert benutzen. Ewige oder immerwährende Bewegung wird modifiziert vom göttlichen Gesetz, und zwar sieben Mal am relativen Anfang oder vielmehr beim Wiedererwachen allen universellen Lebens, und danach fast unendlich viele Male während 311.040.000.000.000 irdischer Jahre. OM. Die ersten sieben Laya-Zentren könnten auch ‚sieben unsichtbare Punkte im manifestierten Universum', (was das sichtbare und das unsichtbare einschließt) genannt werden. Oh Lanoo, kontrolliere ein Laya-Zentrum und du hast ein Perpetuum mobile erfunden, eine Maschine, die niemals stillsteht bzw. immerwährende Bewegung. Als Laya kann man auch das bezeichnen, was jenseits (oder vielmehr der Grenzpunkt von) jedem der vier Sinne ist. Zum Beispiel: Wenn du schläfst, musst du den Grenzpunkt des Wachseins passieren.[35] Wenn du „stirbst", musst du den Grenzpunkt des Am-Leben-Seins passieren,

---

34 ...und warum rotieren sie? Wegen der Monaden, deren ureigenste Natur ist: Ständige rotierende Bewegung. Und was auch immer von der Monade „berührt" wird oder worin sich die Monade auch immer reflektiert, wird auch in rotierende Bewegung versetzt, ganz gleich, ob es Atome oder Planeten sind.

35 ...durch ein Fenster, Laya genannt, oder: der Grenzpunkt jeglichen Sinnes oder: die neutrale Achse, ein Hebel, der Planeten nur durch Denken bewegen kann. Oh, Lanoo...

dann tauchst du ein in die Astralwelt. Laya-Zentren sind auch die einzig möglichen Fenster, die von einer kosmischen Ebene zur nächsten führen, von einem Bewusstseinszustand zum nächsten. Wohin verschwindet das Atom nach der nuklearen Explosion? Durch Laya in die nächsthöhere kosmische Ebene. OM der Weisheit und dem Wissen. OM.

Der Urknall um 155 Billionen v. Chr. vom Laya-Gesichtspunkt aus

Hat die Urmaterie einmal das Chaos berührt, verwandelt sich jedes bisherige chaotische Energiefeld zu einem Wirbel ... um Laya herum. Oder: Jedes Atom, jedes Körnchen der Materie hat seinen eigenen Punkt im Energiezentrum bzw. sein eigenes schwarzes Loch oder Laya, um den oder das es rotiert. Eine Ballerina dreht sich in Kreisen um ihren Laya-Punkt und erfährt Glücksseligkeit, denn ROTATION ist die wahre göttliche Natur der Bewegung. OM. So ist Laya also ein zentraler Ankerpunkt, um den sich schließlich das ganze Universum dreht. Alle Teile des Universums drehen sich um ihr eigenes Laya und alle zusammen um das universelle Laya oder Schwarze Loch. Die Layas der ganzen kosmischen Urmaterie und später der Atome, Moleküle usw. werden beim Urknall aus dem einen Laya in das Chaos herausgeschleudert. Sie werden zum Anker für die Monaden, die ihre Substanz emanieren in die rotierende kosmische Materie, die aus Submonaden entstand, von denen alle manifestierte Schwingung in verschiedenen Frequenzen sind, von uns Atome, Moleküle usw. genannt. Die Monade(n) braucht Laya und verursacht es auch bis zu einem gewissen Grade. Ca. 155 Billionen v. Chr.: Fast unendlich viele Layas oder Schwarze Löcher werden beim Urknall in das Chaos geschleudert und werden zu Ankerpunkten für die Monaden, die sich selbst mit Atomen, Molekülen, Planeten, Sonnensystemen, Galaxien und / oder dem ganzen Universum umgeben, wie es der Fall sein kann.

OH, LANOO, AUF DIESE WEISE WIRD DAS GANZE UNIVERSUM BEHERRSCHT VON ZWÖLF SUPERENGELN, UNTER BEOBACHTUNG DER HERREN DES KARMA. OM.

Ehre der 12, Zahl des Universums
Karma – Ursache der Gravitation oder Anziehungskraft

Alle Massen sind Körper von Wesenheiten und ziehen sich darum an, weil sie Karma miteinander haben. Die Teilchen des Atoms selbst werden zusammengehalten durch das der Monade innewohnende Verlangen. Doch zurück zur Anziehungskraft. Planeten (die Sonne eingeschlossen) sind auch – wie später demonstriert – Magneten. Darum kleben wir zum Beispiel an der Erdoberfläche fest. Doch dies allein ist es nicht. Gravitation ist auch Liebe und bipolar. Das Universum mit allen Himmelskörpern darin wird in Bewegung gehalten durch die zwei großen kosmischen Aspekte – Liebe und Hass oder besser gesagt Liebe und Abstoßung. Mehr darüber später.

ENTFERNUNG

Entfernung ist eine Illusion wie alles andere in dieser physischen Welt manifestierter maya. Erinnere dich: Licht fällt auf ein Objekt und wird dann zur Netzhaut deines Auges reflektiert, worauf in deinem Gehirn die Empfindung (oder Illusion) von Form, Farbe und ... Entfernung entsteht. Aber für ein Baby scheint der Mond, den es nachts durch das Fenster sieht, so nahe wie sein Schnuller. Deshalb möchte das Baby nach dem Mond greifen und streckt seine kleinen Hände danach aus. Mit anderen Worten: Es gibt mehr im Universum als nur die sieben Farben des Spektrums (besser: des SONNEN-Spektrums). Es gibt sogar zehn, und jede von ihnen ist unterteilt, usw., usw. Was ist mit den Lichtstrahlen, die wir (unsere Augen) nicht reflektieren? Sie reflektieren etwas bzw. von etwas, das wir nicht sehen und dieses „Etwas“ (ein Planet und seine Lebensformen z. B.) könnte Billionen von Lichtjahren von unserem Sonnensystem oder sogar von unserer Galaxie[36] entfernt sein. Aber wenn unsere Netzhaut in der Lage bzw. empfindsam genug wäre, diese Strahlen zu reflektieren, könnten wir diese Welten sehen, egal, wie weit sie entfernt sind. Auf Grund der besonderen Natur der Schwingung dieser Strahlen können uns weit entfernte Welten näher erscheinen als unsere eigenen Hände. Verdaue diese esoterische Aussage: Mit dem richtigen Augenpaar, aber auch mit dem (in den meisten von uns) schlummernden dritten Auge könnten weit entfernte Galaxien gesehen bzw. von dir in dein Wohnzimmer reflektiert werden. ADEPTEN (in eine Geheimlehre Eingeweihte) haben diese Kraft oder SIDDHI oder diese psychische Fähigkeit. Sie sehen weit entfernte (oder nahe) Welten, indem sie das Licht bzw. die Schwingung im Allgemeinen[37] reflektieren, die Billionen von Lichtjahren von Galaxien jenseits der Reichweite sämtlicher Teleskope zurückgelegt haben.

WARUM ROTATION ?

Weil Fohat, die kosmische Kraft, die von den ursprünglichen Sieben benutzt wurde, die kosmischen Feuer oder später Planeten in Kreisbewegung bildet bzw. formt. Das ist göttliches Gesetz. OM. Und das rotierende kosmische Feuer verdichtet sich und verwandelt sich in einen rotierenden Planeten oder Globus. Wacht auf, Männer der Wissenschaft! Die Planeten rotieren, weil etwas diese Rotation verursacht! Und dieses Etwas ist göttliches Denken durch die ursprünglichen Sieben, ausgeführt von der kosmischen Kraft Fohat in Kreisbewegung.

---

36 Es könnten jedoch (und das ist auch der Fall) Planeten und deren Lebensformen hier und jetzt genau vor deinen Augen existieren, nur Zentimeter entfernt, und wir nehmen sie nicht wahr, weil wir die entsprechenden Wahrnehmungsorgane nicht besitzen.
37 Mit ihrem erweiterten inneren oder so genannten dritten Auge. Und genauso beobachtet Gott uns: von Weitem...

ÄTHER

Warum können die kleinen Feuer nicht vor dem zentralen Feuer fliehen? Wegen der Schwerkraft?

Schwerkraft[38] existiert nicht, oh Lanoo. Es gibt nur ākāśa und deren ätherische Untergruppen. Äther (als Untergruppe von ākāśa) kann man als repulsiv (sich selbst abstoßend) beschreiben. Als ākāśa ist er nicht-atomar, aber als erste ätherische Abteilung von ākāśa besteht seine Struktur aus einem Atom[39]. OM. Die atomare Struktur erscheint, wenn die Sieben Strahlen in Äther interagieren. Aber es ist Äther, und Äther wird es immer sein. Jede Art von Materie ist nur verdichteter Äther. Äther ist repulsiv und wird von Materie angezogen[40]. In Wahrheit hörst, riechst und siehst du nicht. Du reflektierst einfach nur verschiedene Arten von Schwingung mit den entsprechenden Sinnesorganen. Noch einmal: Du siehst ein Objekt nicht wirklich. Du reflektierst einfach mit deiner Netzhaut das Licht, das von diesem Objekt reflektiert wird, und der Druck oder der „Eindruck", den das Licht auf deiner Netzhaut verursacht, wird von deinem Gehirn als Objekt definiert. Wird das ganze Licht bzw. all die Schwingung des Objekts zu dir reflektiert? Natürlich nicht. Deshalb siehst du sogar in der sichtbaren manifestierten Welt die Dinge niemals so, wie sie wirklich sind. Man könnte auch sagen: Äther stößt sich selbst ab, wenn er nicht strukturiert ist und (was den nicht-strukturierten Teil anbelangt) von der Materie (die strukturiert ist) angezogen wird. Deshalb: Der Äther in der Materie hält sie (die Teilchen der Materie) gegenseitig auf Distanz, die Materie selbst zieht ihn an[41]. Das (und monadische Formation) ist der Grund dafür, dass die kleineren Objekte sich um die größeren drehen.

Oh Lanoo, wir schwimmen alle in einem Meer von Äther. Entferne den Äther, und das ganze Universum wird in einen Punkt zusammenfallen, was genau das ist, was im Moment des „großen Weltenvergehens" passiert. Die Superengel ziehen sich nach Parabrahman zurück, Äther (ihr Gewand) verschwindet mit ihnen und das ganze Univer-

---

38 Eine andere Definition der Schwerkraft wäre monadische Kohäsion (Zusammenhalt). Die Monaden wollen ineinander verschmelzen und ihre Vehikel (die Atome und Moleküle) folgen...

39 Wird später im Detail erklärt.

40 Wichtig: Monaden, Äther, Atome, Moleküle, Materie usw. sind nichts als Schwingungsformen in unterschiedlichen Frequenzen, emaniert aus dem Einen.

41 Einer der Gründe für Levitation (freies Schweben). „Überlade" ein Objekt mit Äther, und es erreicht abstoßenden Charakter. Heilige, die von fast nichts anderes als Äther lebten, waren dafür bekannt, dass sie schwebten.

sum kollabiert in einen Punkt. OM. Je weniger Äther ein Objekt enthält, desto härter ist es. Stein enthält weniger Äther als ein Planet, ein Planet weniger als ein Tier, ein Tier weniger als ein Mensch. Hartes enthält weniger Äther als Weiches, Weiches weniger als Flüssiges, Flüssiges weniger als Gasförmiges, Gasförmiges weniger als – reiner Äther. Siehst du nicht, Lanoo, es gibt nichts anderes als Äther. Alles (atomar und nichtatomar) ist nur eine Untergruppe von ākāśa, was selbst die Wurzel allen Äthers ist. Und woher kommt ākāśa? Vom Geist. Und der Geist? Vom Göttlichen. Und das Göttliche? OM...
Subtrahiere, oh Lanoo, Äther von Gas und Gas wird flüssig, subtrahiere Äther von Flüssigem und Flüssiges wird weich, subtrahiere Äther von Weichem und Weiches wird hart (Minerale usw.). Ein sehr alter Mensch wirkt regelrecht „geschrumpelt". Der Grund: ein Defizit an Äther. Die Natur der Geist-Seele ist ... Äther[42]. Warum liegt Spiritualität jetzt „in der Luft"? Weil, oh Lanoo, gerade jetzt mehr und mehr Äther in unser Sonnensystem fließt und die Materie (unsere Körper eingeschlossen) ätherischer macht und sie so mehr und mehr der ätherischen Geistseelen-Struktur anpasst.

Wir könnten auch sagen: Die ganze Materie im Universum (Steine, Pflanzen, Tiere, Menschen usw.) wird sich ihrer göttlichen Natur mehr und mehr bewusst bzw. des Geistes (Monade), der in jedem Atom und in jedem Körnchen Materie wohnt. Was ist dann der Unterschied zwischen einem Stein und uns (Menschen), oh Maha-Chohan? – Der Stein, oh Lanoo, ist sich seiner Göttlichkeit (noch) nicht bewusst, wir sind es (sind wir das wirklich?). Deshalb: Liebe alle Dinge (Steine, Pflanzen, Tiere und Menschen), weil du ihnen so hilfst, sich schneller in Richtung ihrer innewohnenden Göttlichkeit zu entwickeln. OM. Singe die Mantra OM MANI PADME HUM, oh Lanoo. Die Mantra aktiviert Äther. Spiele sie Tag und Nacht in deiner Umgebung, und du wirst von einer Oase der Reinheit und Unschuld umgeben sein. Liebe und Hass schaffen beide Äther. Liebe emaniert Äther in höchster Schwingung (in Richtung Geist), Hass verursacht niedrige Schwingung, bis die (molekulare)[43] Struktur so niedrigschwingend wird, dass sie zeitweilig vom Geist wegbricht.
Hass tötet, oh Lanoo, Liebe verursacht Unsterblichkeit. Wenn du liebst, bist du im unsterblichen Geist, wenn du hasst, bist du (nur) im physischen Körper. Aber in Wahrheit gibt es keinen Unterschied zwischen Geist und Materie. Sie sind eins, und ihre Trennung ist nur illusionär; sie werden sich beide, Geist und Materie, wieder zu Gött-

---

42 aber im höchsten Ākāśa-Aspekt.

43 Molekular, weil niedrige Schwingung nicht zwangsläufig dichte Materie und hohe Schwingung nicht zwangsläufig weniger dichte Materie bedeuten muss. Das gilt für das MOLEKÜL. Im „Inneren" des Atoms gilt das Gesetz: Je höher die Schwingung, desto dichter die molekulare Struktur.

lichkeit vereinen, und Göttlichkeit wird Parabrahman[44] (wieder) gewahr. OM dem Parabrahman, welches sogar Göttlichkeit und Karma gleichmacht, wenn einmal die Stunde schlägt...
Diejenigen, die den Äther beherrschen, oh Lanoo, werden sogar die Planeten und ihre Bewohner beherrschen. Möge kein Schwarz-Magier jemals von diesem Wissen Gebrauch machen, schon um seiner selbst Willen. OM. Da wir durch das gesamte BUCH DES LICHTS mit Äther zu tun haben werden, empfiehlt es sich, den Begriff „Äther" im Detail zu definieren, eben jenen Äther, von dem Einstein behauptete: „Äther gibt es nicht, weil er nicht nötig ist." Tja, Herr Einstein, darauf werden wir noch zu sprechen kommen. Also dann:

Was ist Äther noch alles?

Äther hat sieben Zustände. Der Äther der Alten ist das Universalfeuer. Dies können wir aus Hinweisen des Zoroaster sowie des Psellus ersehen: „Absque forma et figura" (ohne Form und Gestalt). Psellus sagt: „Wenn es eine Form hat, beachte es nicht. Ist es aber formlos, dann ist es das heilige Feuer."
Äther, ein Aspekt von Ākāśa, hat verschiedene Aspekte oder „Prinzipien". Virgil spricht von „Pater Omnipotens Aether" und vom „großen Äther". Ich sage, wie es ist: Die geistigen Archetypen aller Dinge sowie ihre Elemente sind in Äther „eingraviert". Dort oder daraus entwickelten sie sich und dahin kehren sie auch zurück. SPÄTER wurde dieser Äther vermenschlicht oder anthropomorphisiert, was zur ersten Idee einer persönlich schaffenden Gottheit führte. Das ursprüngliche Chaos ist Äther, womit ich nicht den modernen Äther der Wissenschaft meine, sondern dessen WURZEL. Äther kann aktiviert und in Schwingung versetzt werden durch TON. Die Mantra Om Mani Padme Hum ist höchste Schwingung und verbindet den Lauscher und Sänger mit den himmlischen Welten. Darum auch „Am Anfang war das Wort". Alle physischen Erscheinungen gehen aus dem Urwesen Äther – Ākāśa hervor. Der duale Ākāśa geht aus dem undifferenzierten Chaos hervor. Dieses Chaos ist der Uraspekt von Mūlaprakriti (Wurzelmaterie und erste abstrakte Idee, die man sich von Parabrahm bilden kann). Gäbe es keinen Äther, gäbe es auch keinen Ton. Äther ist der von Einstein und Newton so verzweifelt gesuchte Träger von allem. Licht, Gedanken, Gefühle, Elektrizität und mehr bewegen sich auf und IN Äther. Es gibt keinen Millimeter leeren Raum im Universum. Äther erfüllt und durchdringt alles. Einst, oh Lanoo, war uns alles, was heute als „übersinnlich" dargestellt wird, normal. Also: Gedankenübertragung, Hellsehen, Hellhören usw. NERVENÄTHER ist die niederste Form von Äther, ein animalisches Produkt (z.B. aktiviert im Rausch, wenn angeregt durch Alkohol, was ja nichts weiter ist als flüssiger Äther und entsprechend betäubend). Der Nerven-

---

44 Vom Abstrakten kommen wir, zum Abstrakten gehen wir, und jenseits davon ist NIRVĀNA.

äther ist in sich selbst aktiv und Erreger tierischer Bewegung im Sinne einer Kraft. Ein Übermaß an Nervenäther führt oft zu Krankheit und Tod. Nervenäther steht im engen Zusammenhang mit der Sonnenkraft. Astronomen betrachteten diesen Äther als feines Fluidum, in welchem die Himmelskörper „schwimmen“ und welches ihren Bewegungen kein großes Hindernis entgegen setzt. Äther trägt Licht, ist aber nicht physisch atomar oder molekular. Äther trägt jede physische Materie, erzeugt oder verursacht aber KEINE Reibung, weil es NICHT atomar ist. „Aktivität in Distanz“ ist ohne Äther gar nicht möglich. Denken selbst ist ohne Äther gar nicht möglich, da Äther auch der Träger und Aktivator von Gedanken ist. Äther steigt herab, wird immer größer, bis es unsere physische Welt mit allem darin wird.

Man bedenke: Es gibt nur EIN allgemeines Ur-Ding, unendlich, ungeboren und unsterblich. Alles übrige in der Welt der Erscheinungen Befindliche ist bzw. sind nichts als Umwandlungen und Wechselbeziehungen dieses Ur-Dings. Es ist natürlich unerkennbar. Seine wahre Natur kann man nur in der Meditation (Seelenatem-Meditation) sein. Die erste Reflexion dieses Ur-Dings elektrisiert den Urstoff oder die präexistente Materie zum Leben und Bewusstsein.

Die Alten hatten viele Namen für den Äther. ‚Od’ ist nur einer davon. Äther ist superelastisch, was eine atomare und molekulare Struktur auf der höchsten Ebene ausschließt. Äther ist das fünfte Element (die vier enthaltend). Äther ist die Quintessenz aller Energie. Feuer ist Äther in reinster Form. Feuer ist keine Materie per se. Man zeige mir ein Feueratom. Äther ist die zweite manifestierte Gottheit. Es gibt kein Vakuum, keine Leere im Universum. ALLES ist erfüllt mit Äther. Ohne Äther kein Karma. Äther ist der Träger aller Handlungen, Gefühle und Gedanken. Äther ist die große „Kamera“, die ständig läuft. Äther ist die Seele der Prima Materia, des kosmischen Urstoffes. Das Astrallicht ist dessen Schatten. Äther ist jenseits unserer Ebene und NICHT mit den physischen, sondern mit den geistigen Sinnen erfassbar. Das alles und mehr ist Äther. Wenn Einstein Gravitation dadurch erklären will, dass die Sonne in einer netzartigen Konstruktion liegt und andere Planeten durch die entstehende „Delle“ zur Sonne oder dem entsprechenden größeren Planeten automatisch hingezogen bzw. hingerollt werden, also so,

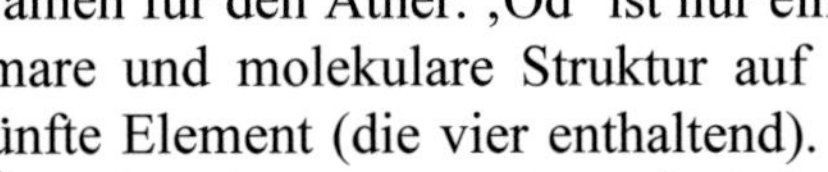

dann frage ich Herrn Einstein: „Woraus soll dann dieses Netz bestehen? Aus Äther?“ Selbst dann stimmt die Definition der Gravitation nicht. Doch davon später mehr...

- Ist Fohat in der nichtmanifestierten Welt dasselbe wie in der manifestierten? - Nein. In der nichtmanifestierten Welt ist Fohat wie alles andere, eine abstrakte philosophische Idee. Wenn die Welt manifestiert ist, dann wird Fohat wirkliche, vitale Kraft. - Beherrscht die Kraft die manifestierten (oder kreativen) Logi („Gründe“, griech. Bezeichnung für Brahman)? - Nein. Die Logi beherrschen Fohat, indem sie diese Kraft als Werkzeug benutzen, alle Formen zu vereinen und ihnen den „ersten“ Impuls zu geben. Ist es das, was wir Gesetz nennen? Für ein Mahā-Mahā-Manvantara, ja. - Was produziert Fohat? Von selbst nichts. Aber ohne Fohat kann sich nichts im Universum manifestieren. - Was veranlasst das Eine (Brahman) zwei und drei zu werden? - Fohat[45]. - Und die drei zu sieben und dann zu vielen? - Fohat. - Aber was bringt die elementaren Atome zusammen und bewirkt, dass sie sich ansammeln und verbinden? - Brahman durch die Sieben Strahlen mit der Hilfe von Fohat. -Gibt es in anderen Schriften ein Beispiel für dieses kosmische Gesetz? - In der griechischen Mythologie zum Beispiel. Unter dem Einfluss von Eros (Fohat) werden Erebos und Nux (Brahma männlich-weiblich) aus dem CHAOS (Mūlaprakriti) heraus geboren. - Wie steht Fohat zu dem EINEN LEBEN? - Fohat ist eng damit verwandt. - Woraus emaniert die manvantarische Gottheit? - Aus dem unbekannten Einen. - Welchen anderen Namen könnten wir der unbekannten Gottheit geben? - Quellbrunnen des universellen Geistes. - Und der universelle Geist nutzt Fohat, um das Universum aufzubauen? - Ja. Fohat ist die Reflexion des universellen Geistes. Ohne Fohat könnte der universelle Geist das Universum nicht aufbauen. 1. Der universelle Geist denkt und reflektiert auf diese Art Fohat. 2. Fohat verläuft entlang dessen, aus dem alles gemacht ist, nämlich Ākāśa oder entlang seiner (ākāśas) sieben Prinzipien. Dann ist ākāśa immer noch EIN ELEMENT. Dieses eine Element wird von Fohat in viele Elemente zersprengt (Atome, Moleküle usw.) bis hin zum Entstehen eines rotierenden kosmischen Feuers, das sich entweder zu Sonnen oder zu Planeten entwickelt. Oder:

Brahman ist der Künstler, der universelle Geist ist der Gedanke des Künstlers. Fohat ist die Energie des Künstlers, der die Statue formt oder: Fohat ist der Meißel und ākāśa der Rohstoff, aus dem die Statue später geformt wird. Und die Statue? Ist das manifestierte Universum. OM der Weisheit und dem Wissen.

---

45 Einige könnten einwenden: Nein, es ist Brahman, der Fohat verursacht. Aber: Wenn Fohat Brahman nicht innewohnen würde, wäre Brahman für immer latent und nicht einmal manifestiert. Einige sagen, Fohat sei der Diener des Verlangens oder sogar das Verlangen selbst und Brahman erliegt ihm für 311.040.000.000.000 Jahre oder eine Weltenperiode völlig.

Ca. 155.520.000.000.000 v. Chr.

HIRANYAGARBHA

Nach mehr als einer Milliarde Jahre der Rotation zwingt Brahman die ganze rotierende kosmische Materie, eine sphärische Struktur zu erreichen. Die Sphäre ist 7-fältig und 7-dimensional. Warum? Weil 7 eine Gesetzmäßigkeit ist. Ehre sei der

SIEBEN

Wir könnten auch sagen, Brahman wird zu dieser Sphäre, Brahman wird zum Universum. Das Universum wird auch HIRANYAGARBHA genannt oder der GOLDENE Schoß. Golden wegen seines „goldenen" göttlichen Wissens, Schoß als Wurzel und Ursache ALLEN LEBENS.
Brahman ist die Stimme. Das Universum ist das Wort (manifestiert und nichtmanifestiert). OM, OM der Weisheit und dem Wissen. Sieh, oh Lanoo, den goldenen universellen Schoß, Behältnis von allem, das ist, war und sein wird.

DAS KREUZ IN KREIS

O M

Wenn Brahman erscheint, erscheint der Punkt im Kreis  . OM dem zentralen Punkt im Kreis.
OM. Wenn das UNIVERSUM erscheint, wird Brahman im Chaos (das dann eine Struktur erreicht bzw. angenommen hat)

GEKREUZIGT  .

Dann fällt das Kreuz aus dem Kreis: 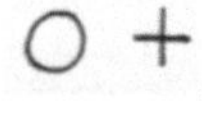 .

Kreatives Feuer strömt aus den vier Armen des Kreuzes  .

Das UNIVERSUM mit allem darin (in Essenz) wird zu einem rotierenden Rad: 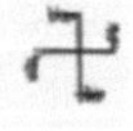

Dies ist der wahre Ursprung der rechtsgedrehten Swastika[46], des Hindu-Jaina Kreuzes

46 Vom Sanskritwort ‚Svastika', was ‚so sei es' bedeutet oder ‚Amen', auch ‚heilig', ‚tugendsam', ‚schön' oder ‚richtig'.

oder auch Thors Hammer, später von gewissenlosen Mächten, den Nationalsozialisten unter Hitler, zu dämonischen Zwecken missbraucht – dann ist es linksdrehend und immer ein Zeichen von Schwarzer Magie[47]: 

Aber so war es ja schon immer: Der Mensch missbraucht heilige Symbole und Religionen oft zu verbrecherischen Zwecken, wie man am 11.09 2001 „im Namen Allahs" in New York gesehen hat.

DIE WAHRE NATUR DER SONNE

MAHAT oder der universelle Geist ist DENKENDE SUBSTANZ OHNE EINEN DENKER. Pure Weisheit, aber noch nicht ausgedrückt, noch nicht manifestiert. OM. Wenn die denkende Substanz aktiv ist während des Mahā-Mahā-Manvantara oder einer großen Periode kosmischer Aktivität, verursacht die denkende Substanz, was wir als SONNE bezeichnen. Sonnenlicht wird verursacht, wenn die denkende Substanz, ausgelöst durch das Verlangen, das den Monaden innewohnt, denkt, dass „das Universum sein wird"[48]. Die Sonne unseres Solarsystems (und alle anderen Sonnen) ist eine Manifestation eines spirituellen Denkprozesses. Oh, Lanoo, wenn du spirituell lebst und denkst, strahlst du auf einer Ebene (und für das Universum, das in dir existiert und dessen Bewohner) ein Licht aus, das vergleichbar ist mit dem Sonnenlicht und seiner Wirkung auf uns. OM der Weisheit und dem Wissen. OM.

ZURÜCK ZUM URKNALL

Das ist esoterische Wissenschaft und keine Science Fiction. Jede Frage (außer der einen: Wer oder was ist Parabrahman) muss beantwortet und jedem Einwand muss begegnet werden. Wie erreicht das Ei des Universums als Bewusstseinsform seine Ei-Struktur oder vielmehr wie wird es zur abstrakten Ursache aller Rotationsellipsoiden? Von der EWIGEN MASSE, Weltraum genannt, dessen wahre Natur im BUCH DES

---

47 Wie hütet man sich vor Schwarzer Magie und ihren Geschöpfen, oh Lanoo? Sei rein, sei einfach, sei unschuldig! Dann wird das Böse von deinem Schutzschild der Unschuld reflektiert und zurückgeworfen zu dem, der es aussandte. Es wird ihn selbst zerstören. OM.

48 Aber die endgültige Wahrheit ist sogar noch jenseits von Mahat oder dem Licht, denn die richtige griechische Übersetzung des Johannesevangeliums ist: „Und das Licht scheint in der Dunkelheit, und die Dunkelheit nahm es nicht auf".

LICHTS gründlich erklärt werden wird. Was beim Urknall passiert, ist folgendes: „Dunkelheit", immer unfassbar, unveränderlich, unbestimmt, das absolut Grenzenlose oder Parabrahman, denkt, will und handelt nicht, aber ihr Strahl (Brahman) dringt in die eiförmige Sphäre, Weltraum genannt, ein und verursacht dabei Hiranyagarbha, das Welten-Ei. Oder: Der unbestimmte Weltenraum, das irdische (abstrakte) Ei (und ewige Jungfrau) wird vom Parabrahm-Strahl (Brahman) befruchtet.

Das passiert bei jedem großen Wiedererwachen allen universellen Lebens, und es passierte zum Beispiel ca. 155.522.169.000.000 v. Chr., als die Kraft innerhalb des Absoluten expandierte. Diese innere und absolute Substanz oder kosmische Gesetzmäßigkeit präsentiert sich selbst als Strahl, der das Welten-Ei (unbestimmter Weltenraum) Hiranyagarbha durchdringt und aus diesem als bestimmter Gott hervorgeht. Der Strahl, der in dem „EINEN" (Parabrahman) latent vorhanden ist, bewirkt all das.

I. Der Strahl verlässt das EINE. Oder: Der FUNKE verlässt das EINE.
II. Der Strahl befruchtet oder durchdringt das Welten-Ei [49] (Weltraum) und verursacht so den Urknall.
III. Der Strahl emaniert aus dem Weltraum bzw. aus der Wirkung als ein bestimmter Gott oder Brahman und bringt das Chaos zum Rotieren.

---

49 Spitz am Nordpol und etwas abgeplattet im Süden, ist unser Planet Erde selbst ein abgeplatteter Rotationsellipsoid oder: ein Ei...

Nun verstehen wir, warum „Gott machte oder erschuf die Himmel und die Erde“ die falsche Übersetzung der Schriften ist. Die richtige Übersetzung wäre: „In und aus seiner eigenen Substanz und seinem Wesen als Schoß (Welten-Ei) schuf Gott die zwei Himmel“.[50] Entferne das Wort ‚schuf‘ und ersetze es durch ‚verursachte', und du kommst der Wahrheit näher.
So verließ die Urmaterie also Parabrahman, drang in das Welten-Ei ein und ging aus diesem als Universum hervor.
Wichtig: Die Befruchtung des Welten-Eies durch die Urmaterie fand auf der (uns) unbekannten abstrakten metaphysischen Ebene statt, aber auf dieser Ebene und während dieses Vorgangs ist es überhaupt keine Abstraktion, sondern Realität. Das Welten-Ei bleibt während der ganzen Manvantaras immer dasselbe; es wird immer aufs Neue befruchtet, obwohl es immer jungfräulich ist. Der Keim jedoch ist nicht tatsächlich vorhanden, sondern periodisch. Löse das Rätsel, oh Lanoo. Diesen kosmologischen Fakt kannten die Weisen über Zeitalter hinweg, und er wurde in den symbolischen alten Schriften aller Nationen bewahrt. Alles, was **DAS BUCH DES LICHTS** macht, ist, dass es diesen Fakt enthüllt und seine wirkliche Bedeutung präsentiert.

Es folgen jetzt einige Beweise für die Tatsache, dass die Urmaterie, das Welten- (auch universelle) Ei und ihre Beziehung zueinander bekannt war und in vielen Erzählungen aller Nationen, deren Kulturen und heiligen Schriften enthüllt wird.

Die Gnostiker lehren, dass Ilda-Baoth (Jehova, einer der Elohim der niederen Ordnung) das Kind sei, geboren im Ei des Chaos. Siehst du die Fälschung? Es ist die Urmaterie, die ursprünglich aus dem Ei entstand, und nicht eine Unter-, Unter-, Unter-, Unter-, Unteremanation, die dann an die Spitze der himmlischen Hierarchie gestellt und so von einem kleinen Stamm (den Hebräern) nicht nur zu ihrem, sondern schließlich auch zum Gott aller gemacht wurde...
Buch XI, Odyssee: Zeus ist der Vater von Castor und Pollux, geboren aus einem Ei, das LEDA geboren hatte (das bezieht sich wieder auf die Tatsache, dass die Welt aus einem Ei geboren wurde).
Die Kalevala (finnisches Volksepos) enthüllt die Geschichte der wunderschönen Tochter des Äther, die sich mit einer „Ente“ vereinigt (eine andere ‚Leda und der Schwan'-Variante), die sieben Eier legt (sechs goldene und ein siebentes aus Eisen).
Das „WELTENEI“ findet sich in jeder Welt-Theogonie und ist auch mit dem Schlangensymbol verbunden, dessen wahre Bedeutung nicht eine wirkliche Schlange oder der Teufel ist, sondern es ist das Zeichen der Ewigkeit, des Unendlichen, der Erneuerung, der Verjüngung und der Weisheit.

---

50 Blavatsky S.D.I., 354. Diese zwei Himmel sind die DOPPEL-HIMMEL oder das WELTENEI. OM.

Das Universum ist prä-existent, unerschaffen, zeitlos-ewig, entwickelt sich aus sich selbst heraus und bedarf keines Schöpfers. Das Männliche entstammt dem Jungfräulich-Weiblichen oder: Der Strahl der Urmaterie befruchtet das jungfräuliche Welten-Ei, mikrokosmisches Symbol des makrokosmischen Prototypen, welcher das Chaos ist, die Urtiefe oder JUNG-FRÄULICHE MUTTER, später degeneriert, missinterpretiert, verfälscht und anthropomorphisiert (vermenschlicht) zu einer tatsächlichen „Jungfrau Maria". So tief ist alte Weisheit und altes Wissen gesunken. Die Religion von heute ist oft nichts anderes als kopierte und gefälschte gottlose Tradition, und wir werden von ihr beherrscht. Aber **DAS BUCH DES LICHTS** wird die Welt wieder von den Ketten der Unwissenheit befreien. Im Vishnu Purana war das Welten-Ei von Elementen umgeben, dort ‚Umschläge' (einschließlich eines geheimen) genannt. Dies wird aber in Wilsons Übersetzung als ‚Aham-kara' erwähnt. Der Originaltext jedoch erwähnt kein Aham-kara oder Ahankara (Vorstellung vom Selbst, Egotismus), nennt aber nur sieben Elemente, die das Welten-Ei umgeben. Diese Elemente sind, wie wir erfahren werden, Äther, Feuer, Luft, Wasser und drei geheime (die ursprüngliche Purana bestimmt diese drei letzten nicht näher).

Das ägyptische Ritual, Cha.liv., das SEB, Gott der Zeit und der Erde, zeigt, wie er ein Ei oder das Universum legt (s. Band 2, 3 usw.) enthüllt: „...ein Ei, empfangen in der Stunde der großen dualen Kräfte." Ra reift im Ei des Universums.
Das Phantom von Chemis (altes Ägypten) wurde von Horus-Apollo (Sonnengott) verursacht, um sich aus dem Welten-Ei zu entwickeln.
Die skandinavische Kosmologie beschreibt das Welten-Ei wie folgt: Versteckt in einem Phantom-Keim des Universums, in einer Tasse der Illusion, Ginnungagap (skandinavische Version von Maya) genannt, liegend. Dort hinein fällt ein Strahl kalten Lichtes.
Der BUDDHA weigerte sich, Eier zu essen, weil er dieses heilige Symbol respektierte.
Die Spanier[51] verehrten das Ei in ihren unterirdischen Räumen (Artufas), beteten die Sonne, den Mond und ebenfalls die schöpferische Kraft (große Schlange) und deren Eier, SIBAC genannt, an.

DAS BUCH DES LICHTS bezeichnet unsere Erdkette als Ei oder Ei des Brahma, das viele Verkörperungen durchlebt, die 311.040.000.000.000 Jahre dauern. Eine Verkörperung dieser Erdkette oder dieses Eies des Brahma oder Brahmanda dauert 4.320.000.000 Jahre. Der Begriff ‚Ei des Brahma' bezieht sich auf all die anderen

---

51 vielmehr ihre Vorfahren

Begriffe: Kalpisch[52], Solar-Brahma[53], allgemeiner Brahma, allumfassender Brahma. (Nicht zu vergessen: Brahma ist der Herrscher eines Sonnensystems, von dem es nahezu unendlich viele im Weltenraum gibt. Brahman ist das höchste Selbst des gesamten Universums, Herrscher aller Brahmas). Auf diese Art und Weise war das Ei in jeder Nation und Kultur das mystische Symbol der „Schöpfung". Wenn überhaupt, dann ist Gott eine „Frau" bzw. eine feminine Struktur, deren Welten-Ei das ganze Universum enthält (als Embryo).

Die Orphaner, Anhänger einer beliebten Geheimreligion der frühen christlichen Ära, lehrten, dass die große Göttin der Dunkelheit das Welten-Ei zuerst hervorgebracht hat. Barbara G. Walker schreibt in der *Frauenenzyklopädie der Mythen und Geheimnisse:* „Das Ei war das übliche Sinnbild der Schöpfung." **DAS BUCH DES LICHTS** lehrt: Wie oben, so unten oder: Weil die himmlischen Wesen aus dem kosmischen Ei oder Schoß hervorgehen, wächst der Mensch bzw. das irdische Wesen Ei-ähnlich (Fötus, Embryo) aus dem menschlichen bzw. irdischen weiblichen Schoß. Mit anderen Worten: In diesem sehr frühen Stadium der Evolution ist der menschliche weibliche Schoß genauso wie JEDER gebärende bzw. Leben schenkende Schoß nichts anderes als eine Kopie des kosmischen Schoßes bzw. universalen Eies. Indem sie im Ei das Sinnbild ewigen Lebens, der Erlösung und der Wiederauferstehung sehen, haben die Christen (griechische und lateinische Kirche) dieses Symbol vollständig übernommen, und nun versteht der Schüler des **BUCHES DES LICHTS** auch die wahre archaische Bedeutung des Brauches, „Ostereier" auszutauschen. Das universelle Ei, das Welten-Ei, der kosmische Schoß ist damit gemeint. Es wäre nicht das erste Mal, dass ein kostbares Geheimnis sowie heiliges Wissen in einem scheinbar kindlichen Volksbrauch überlebt hätte. Und so beende ich dieses Kapitel mit Madame Blavatsky, die schreibt: „Vom ANGUINUM, dem „Ei" des „gottlosen" Druiden, dessen Name allein Rom vor Angst erzittern ließ, bis zum roten Osterei des slawonischen Bauern ist ein Zyklus vergangen."

DER GLEICHE KOSMISCHE PROZESS UND WIE ER EIN NACH UNTEN GERICHTETES DREIECK VERURSACHT

Brahman emaniert sieben Kraftzentren, die Sieben Strahlen genannt. OM den Sieben Strahlen.[54] Unser sichtbares und unsichtbares Universum ist darauf aufgebaut. „Erwachen" sie einmal auf der kosmischen Ebene, folgen sie dem Beispiel von Brahman

52 Eine Kalpa ist ein bzw. jeder Zeitzyklus.

53 dauert 2x (7x7) Runden

54 Jeder der Sieben Strahlen enthält die Individualität der anderen 6 Strahlen plus seine eigene Individualität.

(Gesetz der Analogie) und umgeben sich selbst mit sichtbaren und für uns unsichtbaren Globen, sogar auf der Arupa-Ebene[55]. Zusammen bilden sie eine universelle Kette auf 7 kosmischen Ebenen, von denen jede Ebene selbst siebenfach ist.
Jeder Globus dieser Kette repräsentiert fast unendlich viele Globen auf seiner Ebene, denn jeder der Sieben Strahlen emaniert 7x7 Strahlen, und jeder der 7x7 Strahlen emaniert 7x7 Strahlen und so weiter bis ins Unendliche, oder, ich sollte besser sagen, bis fast ins Unendliche[56].
In (unserem) sichtbaren Universum ist die Rotation der Globen oft retrograd oder rückwärts[57] in unterschiedlichem Umlauf zueinander, sogar im gleichen Sonnensystem[58].
Der Geist (Brahman) ist eine abfallende Dreifältigkeit, denn er beinhaltet in sich selbst das Unbekannte, Chaos und die Reflexion (im Chaos). Diese drei sind von gleichem Wert und miteinander verbunden, was sie zu einem Dreieck mit drei Seiten gleicher Länge macht. Und da der Geist (Brahman) die Quelle (Parabrahman) verlassen hat, ist Brahman eine abfallende Dreifältigkeit oder ein (nach unten weisendes) Dreieck. OM. Und weil diese abfallende Dreifältigkeit das Universum nährt, wird es ‚vishnu' genannt, was ‚DER ERHALTER' bedeutet. OM sei vishnu, dem nach unten weisenden Dreieck. OM.
Alles hat seine Wurzel im Abstrakten, und deshalb erscheinen die abstrakten Kräfte (hier repräsentiert durch Zahlen, Punkte, Kreise, Dreiecke, Körper usw.) zuerst aus Laya, um dann durch eine sich ändernde Schwingungsfrequenz zu Galaxien, Kometen, Sonnen, Planeten, Sonnensystemen und schließlich zum ganzen Universum zu werden bzw. sich dahingehend zu verändern. Am Ende von allem (in ca. 155 Billionen Jahren) wird alles wieder von Laya absorbiert und von dort schließlich in das EWIG-

▽

55 formlose Ebene, eine a = nicht, rupa = Form.

56 Da jede Urmaterie eine „begrenzte" Menge von Monaden enthält

57 Zum Beispiel Venus und Uranus. Und doch rotiert der Planet immer in gleicher Richtung. Er kippt nur periodisch seine Achse, was die Illusion von retrograd erzeugt. Und zwar so:

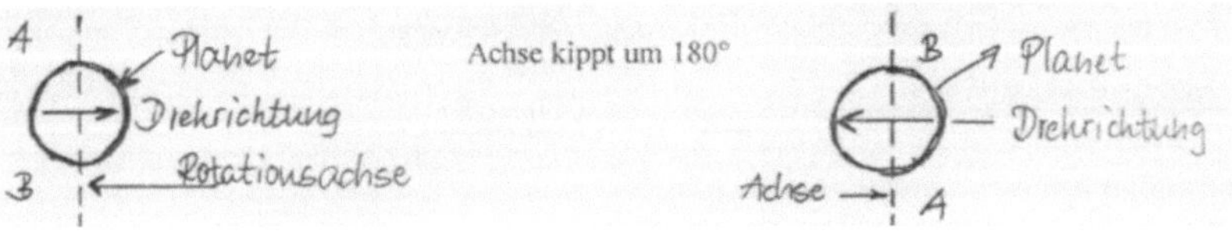

58 Brahman veranlasst die Strahlen dazu ... (und Brahma leitet den Impuls weiter zu den Sieben Strahlen).

UNERKLÄRBARE[59], von dem wir nur sagen können, was es nicht ist, nämlich das Verlangen. Es ist folgerichtig die Abwesenheit allen Verlangens. Wer alles Verlangen überwunden hat, erfährt zeitlos-ewige Unsterblichkeit als Punkt ohne Ausdehnung. Er ist also wieder die - dann befreite - Monade.

SPIRITUELLE UND MINERALISCHE MONADE

Es gibt zwei monadische Superkräfte, die sehr entgegengesetzt sind, obwohl sie beide aus einer Quelle stammen. Die Monade, aus der alle individuellen monadischen Strahlen der Menschen emanieren, wird ‚spirituelle Monade' genannt; sie bildet ĀTMA-BUDDHI oder die absolut unsterbliche Substanz (unerschaffen). Alles andere sind nur REAKTIONEN auf diese überlegene Monade, die alle untergeordneten Monaden enthält. Alle physikalischen Atome aller physischen Körper und Formen werden von der MINERALISCHEN MONADE verursacht. „ ... Und von ihr kommen die zahllosen physikalischen Atome, welche die Wissenschaft einzeln zu betrachten beginnt." (Blavatsky, 1885).
Ich werde erklären, wie eine MINERALISCHE MONADE (nachdem sie Laya passiert hat) ihren Weg findet auf[60] die a) Interätherische Ebene, b) Interatomare Ebene, c) Metaphysische Ebene, d) Intermolekulare und e) Molekulare Ebene.
Des Weiteren: Die Monade ist (während Manvantara, aber nicht in NIRVĀNA...) eine nicht-zusammengesetzte unzerstörbare Einheit. Ihr „Dualitäts-" oder Ātma-Buddhi-Aspekt wird nur von der spirituellen Substanz, die die Monade belebt, verursacht. Alles in der Natur wird zusammengehalten und angezogen und /oder abgestoßen wegen der innewohnenden Monaden und ihrer individuellen Beziehungen zu einander, und nicht, wie die Wissenschaft denkt, wegen chemischer und physikalischer „Gesetzmäßigkeiten" zwischen den Teilchen (Atomen, Molekülen usw.). All diese Teilchen sind nur Hüllen der Monaden und folgen in ihren Aktionen und Reaktionen ihrem innewohnenden monadischen Impuls. Die Schulen und Universitäten von heute führen mit ihren Theorien in eine Sackgasse und machen die Welt zu dem, was sie geworden ist – zu einem politischen, ökonomischen, sozialen und moralischen Chaos.
Wie kann eine nicht-zusammengesetzte Monade Ātma-Buddhi, was dual ist, tragen? Ātma-Buddhi ist nur aus unserer materialistischen Sicht heraus dual, denn wir tendieren dazu, Geist von Materie zu trennen. Das ist ein Irrtum. Geist ist einfach nur super-

59 Oh Lanoo, du wirst es sein, aber du wirst es niemals wissen, denn Wissen und sogar Bewusstsein erfordern Dualität, Wissen und den Wissenden, Bewusstsein und das, dessen du dir bewusst bist. Wie kannst du also das Unbekannte kennen, wenn die Dualität aufhört, in ihm zu fließen. Oder: Alles Erkennbare ist NICHT dein Selbst. Das SELBST ist UNERKENNBAR, doch durchaus extistent.

60 Sich dabei von INNEN nach AUSSEN entwickelnd.

reine abstrakte und natürlich nicht-atomare Materie, während die Materie, die wir sehen können, nichts anderes ist als das niedere Ende des Geistes. Deshalb sind Geist und Materie im Wesentlichen eins, und genauso verhält es sich mit Ātma-Buddhi und der Monade. Wenn ich im BUCH DES LICHTS Ātma-Buddhi als zwei beschreibe oder den Menschen als 7 usw., dann ist das nur, um zu demonstrieren, dass wir zwar eins sind, aber unser mangelndes Bewusstsein es noch nicht begriffen hat. Wir sind eins. Das zu verstehen ist der Sinn des Lebens. OM. Das SELBST jedoch harrt jenseits der Welt der Erscheinungen, ist jenseits von Geist und Materie. Man kann dieses Selbst nur werden, wenn man sich GELÖST hat von der Welt der Erscheinungen.

DAS UR-ATOM

Die wahre Natur des Ur-Atoms und warum die „moderne" Wissenschaft immer noch nichts darüber weiß

DAS BUCH DES LICHTS lehrt, dass alle Elemente, Moleküle, Partikel, Atome usw. im Wesentlichen dieselben sind. Mit anderen Worten: Es gibt keinen Unterschied zwischen einem Atom und seinem (umgebenden) Elektron. Es gibt keinen Unterschied zwischen zum Beispiel Wasserstoff und Sauerstoff oder zwischen Kohlenstoff und Stickstoff, Kalzium und Natriumoxyd usw., usw. Nenne mir ein beliebiges Element und ich werde dir sagen, es sind alles dieselben, denn sie sind alle aus denselben kleinsten Partikeln gemacht. Aber sind nicht die ATOME die kleinsten Partikel in der manifestierten Natur? Nein, zumindest nicht die Atome der Wissenschaft. Wenn sie die kleinsten Partikel wären, warum können wir sie dann spalten, wie es bei der nuklearen Spaltung passiert?
Deshalb: Alles ist aus den kleinsten Partikeln gemacht, aber diese kleinsten Partikel sind NICHT die Atome der Wissenschaft oder ihre Elektronen, sondern jene Partikel, aus denen diese Atome und Elektronen bestehen. Es sind

DIE UR-ATOME

Diese Ur-Atome befinden sich jenseits der Natur der Atome der Wissenschaft. Beispiel: Websters Nachschlagwerk definiert ein Atom als „...extrem kleinen Teil von etwas...", „...kleinsten Teil eines Elements...". Extrem klein ist richtig (da nicht die kleinsten). Websters zweite Definition ist völlig falsch. Die Atome und Elektronen der Wissenschaft sind aus fast endlos vielen Partikeln gemacht und diese Partikel sind die wahren Atome, obwohl sie diesen Namen noch nicht verdienen, denn er bedeutet „unteilbar" (vom griechischen ‚a-tomos'). Das Kleinste der Kleinen (in Manifestation) ist teilbar, aber früher oder später betreten sie dann (als Energiezentren) die Ākāśa-Ebene und von dort reflektieren sie ihre höchsten Aspekte in die MONADE. Wie definiert die Wissenschaft ein Atom? „... Elektronen, die sich um einen positiv geladenen Kern drehen, der Protonen und Neutronen enthält...". Einverstanden, aber: Diese Protonen, Neutronen und Elektronen (Manifestation der Heiligen Dreieinigkeit oder TRIADE) oder Ātma-Buddhi-Manas, diese Partikel sind keine Ur-Partikel, sondern sie bestehen aus kleineren Teilchen, UR-ATOME genannt, die sich einen Schritt vor dem ABSOLUTEN ZERFALL (aber nicht der Vernichtung) befinden, und diese kleinsten Partikel sind die UR-ATOME, und ALLES in der Natur ist aus ihnen gemacht. Und diese Ur-Atome haben alle DIESELBE Natur und Struktur. Aber lehrt **DAS BUCH DES LICHTS** nicht, dass sich in der manifestierten Natur niemals zwei Atome gleichen? Das zählt a) hauptsächlich für das, was die Wissenschaft Atom nennt und b) auch für das UR-ATOM, denn es gibt etwas, das Einzige, worin sich ein UR-ATOM vom nächsten unterscheidet, und das ist:

SCHWINGUNG [61]

Sie unterscheiden sich durch Schwingung. Ansonsten sind alle gleich, aber sie schwingen in verschiedenen Frequenzen. Was veranlasst die UR-ATOME, in verschiedenen Frequenzen zu schwingen? Es ist die ABSOLUT EWIGE BEWEGUNG DES UNIVERSUMS, was die einzige immerwährende Bewegung ist, die Götter und Menschen kennen, der ewige Atem. Es ist der GROSSE ATEM, der bei jedem Erwachen des universellen Lebens zum ERSTEN UR-ATOM, das alle UR-ATOME enthält, manifestiert. Sie sind es, die später alle Elemente ihrem ERSCHEINEN nach unterschiedlich scheinen lassen (wegen der unterschiedlichen Schwingung), obwohl sie doch in Wahrheit alle dieselben sind. OM der Weisheit und dem Wissen. Mehr möchte ich nicht enthüllen über die Natur des UR-ATOMS, die, zum Beispiel, von einer MANTRA beeinflusst werden kann. Es war der Missbrauch dieses Wissens während zum Beispiel atlantischer Zeiten, was das schwere Karma verursachte, das wir gerade jetzt ausleben... Die Heimstatt des UR-ATOMS ist der Schleier von PARABRAHM, MŪLAPRAKRITI. Mūlaprakriti ist die Urmaterie, der/die abstrakte Vater-Mutter jeglicher Materie, die nur für unsere beschränkten Sinne als „dicht" etc. erscheint. Gleiche Verlangenszustände oder Schwingungen erleben einander als „dichte" Materie. In Wirklichkeit gibt es so etwas gar nicht. Alles ist „leer". Das alles geschieht auf zunächst abstrakter Ebene, aber sie ist nur für uns abstrakt. Für die höchste Urmaterie ist Mūlaprakriti so wirklich und verdichtet wie für uns ein Stuhl wirklich und verdichtet ist. Mūlaprakriti ist auch die Heimstatt allen monadischen Lebens oder sollte ich sa-

---

61 Die wissenschaftliche Annahme, dass sogar die einfachsten Elemente der Materie von der Natur her identisch sind und sich voneinander nur durch die Vielfalt der Verteilung der Atome im Molekül oder in einem Quentchen Substanz oder der Art ihrer atomaren Schwingung unterscheiden, gewinnt jeden Tag an Boden.

gen, dass es der PARABRAHMANISCHE IMPULS ist, der Mūlaprakriti zur Mutter allen monadischen Lebens macht, denn alles ist aus Monaden gemacht, dein physischer Körper genauso wie z. B. ein Fels. Der einzige Unterschied ist: Im Fels ist die Monade nicht so voll entfaltet bzw. ausgeprägt wie in deinem physischen Körper, aber am Ende der Reise ist sie (die Monade) wieder befreit, DANN aber voll bewusst. Oh Lanoo, unbeständig sind alle Erscheinungen. Unbeständig und leidvoll. Nur das TODLOSE, der Urgrund ist frei von Leiden. OM.

OM

Aber die Polarisation des Atoms auf der physischen Ebene geschieht nicht, wie von einem Schüler von Blavatsky vorgeschlagen, auf oder in „der höchsten Region spiritueller Ausströmung von hinter dem Schleier der primitiven kosmischen Materie ausgehend“. Die Polarisation des Atoms (positiver Kern, negativer „Mantel“) ereignet sich während des Bewegungsprozesses. Polarisation oder Dualität findet auch dann statt, wenn der männliche (kosmische) Samen in den Mantel der kosmischen Materie fällt, und die spirituelle Ausströmung kommt nicht von hinter dem Schleier der kosmischen Substanz her, sondern IST dieser Samen. OM.

DAS LEBENSATOM

Auf den nächsten Seiten wird der Schüler Zeuge der GEBURT EINES ATOMS. Das geschieht in verschiedenen Phasen und auf verschiedenen kosmischen Ebenen von INNEN nach AUSSEN, obwohl ich zum Zwecke der besseren Anschauung beschreibe, wie die Monade ihre Substanz auf eine „niedrigere“ Ebene „tropft“ bzw. einen Teil ihrer selbst auf diese „reflektiert“. In Wirklichkeit gibt es keine niedrigere oder höhere Ebene, sondern vielmehr eine äußere oder innere, und alle von der innersten bis zur äußersten (unserer) Ebene sind nichts weiter als Verlangenszustände. Zum Beispiel: Physische Materie oder das physische Universum ist die äußerste Bewusstseinsebene von Brahman, während die geistigen Bereiche zur innersten Bewusstseinsebene gehören. So entwickelt sich alles von innen nach außen. OM. Folglich ist jedes Atom immer auch ein Lebensatom. Was ist laut Definition ein Lebensatom überhaupt? Lebensatome sind zum Beispiel die Atome des universellen Lebens, die unsere Planetenkette bilden. Statt ‚Lebensatom’ kann man auch sagen „Bausteine des Universums“ oder „Ziegelsteine des vitalen Kosmos“. Ein WAHRER „Freimaurer“ ist Kenner und Beeinflusser jener kosmischen Mysterien. „Jesus“ war solch ein „Freimaurer“ oder „Eingeweihter“. Sieh das göttliche Gesetz: Jeder Gott im Himmel ist ein Mensch auf Erden, jede Monade im Himmel ist ein Lebensatom auf der Erde (oder auf anderen Planeten und Ebenen). Jedes Atom auf der Erde hat einen Gottesfunken als sein Gegenstück im Himmel, der - wie alles andere - ein Geisteszustand ist und sich im Falle des Himmels mehr im Inneren des Bewusstseinsprozesses befindet. Es gibt 3 Stufen bzw. allgemeine Klassen manifestierten Lebens: Der innere Gott, sein Vehikel (die Monade) und der Mensch selbst (Vehikel der Monade), gebildet aus fast endlos vielen Lebensatomen, die er selbst hervorgebracht hat. Alle Planeten zum Beispiel sind Lebensatome eines noch größeren Körpers und so weiter. Ein Lebensatom, auf welcher Ebene auch immer, ist eine Embryo-Seele auf dem Weg. Es gibt Lebensatome auf jeder Ebene, auf der physischen, astralen, mentalen, geistigen und auf der göttlichen Ebene. Wir selbst sind die Lebensatome unserer eigenen solaren Logos, wahrlich die Kinder des Höchsten. Und so wie jeder von uns eines Tages ein Dhyan Chohan und dann Logos unseres eigenen Sonnensystems sein wird, so werden die Lebensatome unseres Körpers, für die wir „Gott" sind, eines Tages Dhyan-Chohans, Erzengel, Prajapatis, Manus und auch menschliche Wesen sein. Wichtig ist: Auf all den unterschiedlichen Ebenen sind wir alle aus den gleichen Lebensatomen gemacht (aus geistigen Lebensatomen auf der geistigen Ebene, aus mentalen Lebensatomen auf der mentalen Ebene usw.). Was das Atom anbelangt: Jegliche Materie besteht aus Atomen, die Atome bestehen aus Elektronen, Protonen und Neutronen, und diese wiederum aus energiegeladener Substanz oder Kraft, denn Kraft und Materie sind, wie **DAS BUCH DES LICHTS** lehrt, eins (wie auch Geist und Materie eins sind).

Wenn das Leben (oder die Lebensatome) den Planeten oder den Körper verlassen, verschwinden Planet und Erde. Warum? Weil die Lebensatome deren Basis bzw. deren Ur-Partikel sind. Der Planet oder der Körper sind aber nichtsdestoweniger nicht vernichtet, sondern in pralaya, einem Zustand totaler Dissolution. Und da uns gegenwärtig nichts auf Erden bekannt ist, was analog zu diesem Zustand des Seins wäre, ist das schwer zu erklären. Was passiert, ist folgendes: Wenn die Lebenskraft das Atom verlässt, sind die Sub-Atome dieses Atoms nicht vernichtet, sondern sie werden (für uns) unsichtbar, und was übrigbleibt, ist nicht-entwickelte Substanz, die latent vorhanden ist als Kraft-Materie, geschaffen aus winzigen Kügelchen, bis ein neuer Reiz zur Aktivität ausgelöst wird von der „Anziehungskraft" einer reinkarnierenden Monade, sei es in einem Menschen oder einem Planeten. Nach Äonen wandernder Transmigration kehren die Lebensatome dann wieder zu ihrer eigenen Lebensquelle, die Brahman ist, zurück. OM. Unser Planet Erde zieht ständig Lebensatome vom Mond. **DAS BUCH DES LICHTS** lehrt, dass der Mond kein physikalischer Mond ist, sondern sein kāmarupa, seine Schale, seine blutsaugende Hülse. Manche Menschen werden von der Mondkraft getötet (Unfälle, Selbstmorde usw.), andere inspiriert. Die Lebensatome (Jivas) eines Menschen, die sich nach dem Tode auflösen, sind tatsächlich „Knochen aus seinen Knochen" und „Fleisch aus seinem Fleisch". Was ein weiterer Grund dafür ist, warum extreme Diäten oft nicht funktionieren. Die Jivas schweben um die Person, die Gewicht verloren hat, herum und warten darauf, wieder von Atomen des Fleisches umgeben zu werden, was, zusammen mit dem astralen Verlangensprinzip die Person zum Essen drängt und so der alte (fette) Zustand wieder hergestellt wird. Oder: Lebensatome sind die Überlebensatome, aus denen (später) die Verfallsatome gebildet werden. Was wird mit der Hülle? Energie, Kraft, Materie, Sub-Monaden, alles das selbe. Im nachfolgenden Leben kommen diese Lebensatome oder Jivas zurück zum Menschen, wenn sich die Hauptmonade erst einmal durch die verschiedenen Ebenen der Substanz herab begibt zur Reinkarnation. Diese Jivas oder Lebensatome bilden die verschiedensten Vehikel des Menschen auf den verschiedensten entsprechenden Ebenen aufs Neue.[62] Eine andere Definition des Begriffs ‚Jiva' mag behilflich sein, besser zu verstehen, was ein Lebensatom wirklich ist. JIVA ist der Sanskrit-Begriff für „MONADE" oder „LEBENSATOM", abgeleitet von „jiv to life" (ins Leben „swingen)". Die Skala eines Jiva oder monadischen Lebenszentrums oder Lebensatoms reicht vom „einfachen Bewusstsein der elementaren Welten bis hin zum Komplex lebender Wesen, die Universen enthalten" (Judith Tyberg, Sanskrit). Prana oder das Lebensprinzip des Universums wird auch Jiva genannt.

Nun verstehen wir die alte Lehre: „Beim Anbruch des Manvantara werden alle Dinge wiedererweckt und jedes Jiva nimmt seine Skandhas auf und folgt dem Weg seines eigenen Karma." Oder: „Beim Anbruch der Periode der Manifestation werden alle Dinge wiedererweckt und jede Monade nimmt ihre Charaktereigenschaften auf und folgt dem Weg der Konsequenz ihrer eigenen vergangenen Aktionen." Was sind dann Sishtas? Es sind bereits entwickelte oder individualisierte Vehikel oder „Lebensatome", die bereit sind, die zurückkehrenden monadischen Heerscharen zu empfangen. Im Moment der Reinkarnation „schlafen" sie, die ersten Vehikel oder Körper für die Monaden, wenn die Lebenswelle (die aus Monaden besteht) erst einmal zurückkommt. Auf diese Art und Weise sind Lebensatome auch Skandhas oder „Reste" früherer Manvantaras. Skandhas sind Bewohner in den Lebensatomen und sie SIND auch Lebensatome. Lebensatome sind niedere Wesen, manchmal beschmutzt, manchmal gereinigt in früheren Manvantaras, in früheren Lebenszyklen. Diese niederen Wesen oder Lebensatome folgen dem Handeln einer Monade. Um das zu verstehen, müssen wir noch einmal definieren, was ein Atom wirklich ist. Ein Atom ist im Grunde genommen eine Monade, ein Gottesfunken, ein „Wesen" von früheren Manvantaras, das alles gelernt hat, was es in diesem Manvantara zu lernen gibt. Aber solch einem Wesen folgen Skandhas oder Reste, karmische Eindrücke; sogar ein Atom kann Karma verursachen (und tut es auch). Lebensatome sind wahrlich unsterblich. Sie überleben selbst das intensivste kosmische pralaya. Was ist dann der Unterschied zwi-

62 Hier liegt auch die Hauptursache für alle Krankheiten (mentale, emotionale, physische) versteckt. Die Jivas oder Lebensatome werden zur gleichen gesunden oder kranken Formation zusammengezogen wie im vergangenen Leben. Des Weiteren: Jemand, der als Alkohol- oder Drogenabhängiger stirbt, sollte sich nicht wundern oder darüber aufregen, in bzw. durch den (weiblichen) Körper einer Alkohol- oder Drogenabhängigen geboren zu werden (gezwungen durch das Verlangen seines vorherigen Lebens).

schen Monaden und Lebensatomen? Monaden arbeiten in Lebensatomen und durch die Lebensatome, die nach pralaya von einer planetarischen Kette übriggeblieben sind, als kosmischer Staub auf der physischen Ebene und als entsprechende Lebensatome oder Lebensfunken differenzierter Materie, auch ÜBER der physischen Ebene auf der Zwischenebene. Lebensatome sind auch Monaden, aber sie sind SUB-MONADEN. Es gibt sieben oder zehn Lebenswellen, die aus Lebensatomen bestehen. Und diese sieben oder zehn Wellen sind kollektive Gastgeber der Sub-Monaden. Wenn die monadischen Strahlen die niederen Ebenen der Materie durchdringen, entstehen die Globen der planetarischen Kette. Aber diese Globen entstehen teilweise aus der ausgestoßenen monadischen Substanz und teilweise von den Sub-Monaden oder der Ansammlung der Lebensmonaden, die von den eintreffenden monadischen Lebenswellen magnetisch angezogen werden. Die Lebensatome hatten in der vorangegangenen planetarischen Kette verschiedene Vehikel der identischen Monaden gebildet und folglich werden sie nun auch wieder von ihnen angezogen. Als die vorangegangene Kette gestorben ist, blieben die Lebensatome hinter jeder der verschiedenen Ebenen, der physischen, der astralen, der psychischen, der intellektuellen, der quasi-spirituellen, der spirituellen und der göttlichen. Ja, es gibt sogar göttliche Lebensatome, es gibt Lebensatome auf allen Ebenen, und die geistigen Egos oder Monaden arbeiten sich durch diese Sub-Monaden oder Lebensatome. Die Lebensatome enthüllen die wahre Bedeutung der alten Lehre der Transmigration. Also: Sogar während seines Lebens gibt der Mensch konstant Lebensatome ab. Nach dem Tode lässt er sie alle hinter sich. Während der Mensch in Devachan (mentaler Himmel) ruht, transmigrieren die Lebensatome entsprechend ihrer jeweiligen Natur durch Tiere, Pflanzen, Mineralien und sogar Elemente, von woher die missverstandene Hindu-Lehre, der Mensch könne in Tieren, Pflanzen und sogar Steinen reinkarnieren, kommt. Das ist UNMÖGLICH. Einmal Mensch, immer Mensch, egal, wie tief er gefallen sein mag. Und sogar der niederste von ihnen wird eines Tages ein Gott sein und (vielleicht) über sein Sonnensystem herrschen. OM. Aber die Lebensatome transmigrieren durch alle Naturreiche, wenn der Mensch in Devachen ruht oder sogar während er lebt. Und manchmal, in Fällen eines wenig bewussten Menschen, kann sich sein Astralkörper (nach dem Tod des Menschen) zeitweilig an den Astralkörper eines Tieres klammern (an einen lebenden oder toten), und da haben wir noch eine Erklärung für die Theorie der „Reinkarnation zurück zum Tier".

Aber wenn der Mensch in die physische Inkarnation zurückkehrt, verlassen die Lebensatome die Reiche und kehren wieder zur Reinkarnation des Menschen oder der Monade zurück und statten sie auf jeder Ebene mit den entsprechenden Kleidern aus, immer entsprechend dem Verlangen des vorangegangenen Lebens, schweigend als „Tempel Salomos", der in Wirklichkeit auch der menschliche Körper oder jegliche Form, die die Monade umgibt, ist, sei es aus dem LICHT der höchsten Ebene gemacht oder aus der physischen Materie der niedrigsten Ebene.

Wie werden wir im Wesenskern unsterblich? Entsage jeglichem Verlangen nach der manifestierten Welt, also nach allem Vergänglichen. OM.

GEBURT[63] EINES ATOMS

Entwicklung beschrieben von oben nach unten zum Zwecke des besseren Verständnisses. In Wahrheit verschmelzen all diese verschiedenen Zustände und Strukturen zu EINEM und entwickeln sich von innen nach außen.

PHASE EINS

Eine mineralische Monade „berührt" die interätherische Ebene und „tropft", nachdem sie Laya oder den Nullpunkt der Materie passiert hat, einen Teil ihrer Substanz in höhere spirituelle Reiche (7. Zustand der Materie oder 1. Grad des Geistes) und verursacht so ein interätherisches Atom[64].
Schwingungen pro Sekunde: 24.300.000.000. ATOM ist jedoch eigentlich der falsche Begriff, denn ATOM ist vom griechischen ‚A-TOMS' abgeleitet, was ‚nicht-teilbar' bedeutet und ursprünglich ein Begriff war, der nur für die Monade hinter dem metaphysischen Gegenstück verwendet wurde. ‚TOM' wäre der richtige Begriff für das Atom der Wissenschaft, denn es ist teilbar.

PHASE ZWEI

Das interätherische Atom kondensiert, immer unterstützt von der Monade, zum ... ätherischen Atom. Schwingungen pro Sekunde: 8.100.000.000. Wenn ich ätherisches oder interätherisches Atom sage, schließe ich immer die ätherischen oder interätherischen Moleküle ein, denn der Unterschied zwischen atomarer und molekularer Schwingung auf diesen Ebenen ist nicht so groß wie auf der physischen Ebene.

PHASE DREI

Während sie „tiefer" eintaucht oder mehr von innen nach außen vordringt, berührt die geistige Ausströmung der Monade (verursacht vom Verlangen) die interatomare Ebene und verursacht ein „dichteres" Interatom. Interatomare Schwingungen pro Sekunde: 2.700.000.000.

---

63 Besser: REFLEXION, denn wir werden nach „ihrem" Ebenbild (nach dem der Monade also) gemacht.

64 ABER: Die Entwicklung der Urmaterie zu Atomen und anderen Energiestrukturen, die der modernen Wissenschaft unbekannt sind, passiert wegen des göttlichen Denkens, das der Monade innewohnt und Fohat (kosmische Elektrizität) dazu bringt, diese Atome und andere Energiezentren aus der Ur-Substanz heraus zu schleudern.

PHASE VIER

Indem sie mehr und mehr svabhāva (essentielles Merkmal) entwickelt, verursacht die Monade ein... Atom[65] auf der metaphysischen Ebene. Atomare Schwingungen pro Sekunde: 900.000.000.

PHASE FÜNF

Wenn sie in die intermolekulare Ebene übergeht, bereitet die Monade(n) schließlich das Feld für die (zu entstehenden) Moleküle, indem sie ein Intermolekül verursacht. Intermolekulare Schwingungen pro Sekunde: 300.000.000.

PHASE SECHS

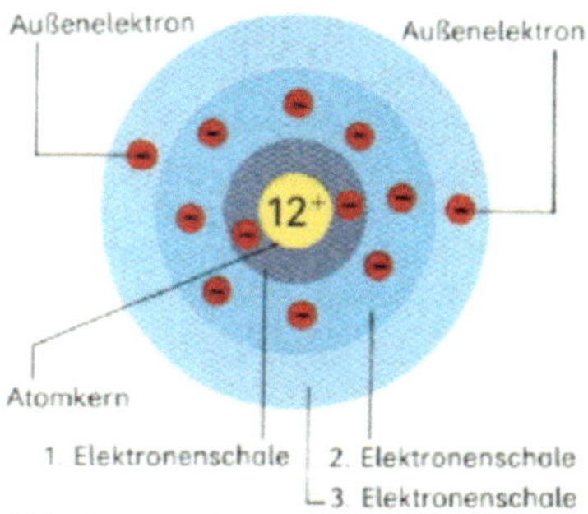

Abb. 85 Modell eines Magnesiumatoms mit drei Elektronenschalen

Indem sie auf die molekulare (unsere physische) Ebene gezogen wird, verursacht die monadische Substanz jegliche molekulare Struktur[66]. Molekulare Schwingungen pro Sekunde: 100.000.000.

Auf diese Art und Weise „hängt" die Materie des ganzen Universums wie Marionetten (aber von innen nach außen) an Monaden. Es gab niemals etwas anderes. Und alle 6 Phasen werden von der siebenten, welche die höchste bzw. Brahman ist, überschattet.

---

65 Niemand „sah" jemals (auch durch kein Mikroskop) ein Atom. Es gehört vollständig zu den Reichen der Metaphysik (jenseits des Physischen).

66 Wer formt die Formen? Dein eigener Geist, der den (manchmal sehr unvollständigen) Anweisungen des universellen Geistes folgt, entlang unserer Prototypen, die, wie DAS BUCH DES LICHTS lehrt, seit Ewigkeiten in Ākāśa enthalten sind.

WARUM DIE WAHRE NATUR ALLER PHYSISCHEN MATERIE ABSTRAKT IST

Wenn man alle Atome der physischen Materie aufspaltet, erhält man Sub-Atome. Spalte oder teile jedes dieser Sub-Atome in Sub-Sub-Atome bis zur Unendlichkeit, bis du die einst physikalischen Atome in einfache nicht-atomare Kraft-Zentren geteilt hast und dann teile diese Kraft-Zentren bis ins Unendliche. Schließlich werden sich diese nicht-atomaren Kraft-Zentren auflösen in abstrakte Atome oder ZAHLEN, denn das ist es, was Zahlen sind - abstrakte Atome.

ATOMARE[67] UND MOLEKULARE SCHWINGUNG

1. LICHT ist höchste materielle Schwingung, physische Materie ist niedrigste materielle Schwingung. Je niedriger die Schwingung, desto dichter die Materie. Aber: 2. Je höher die atomare Schwingung, desto dichter die Materie. Das scheint ein Widerspruch zu sein und muss erklärt werden.
Axiom 1 bezieht sich auf die molekulare Schwingung oder auf die Schwingung oder Bewegung der Moleküle im Verhältnis zueinander, während Axiom 2 mit der Bewegung oder Schwingung im Inneren des Atoms oder der Teilchen, die ein Atom bilden, zu tun hat.
Analysieren wir zuerst Axiom 2:
Ein Atom ist ein positiv-negativ geladenes Energiezentrum, um das sich Teilchen oder andere Energiezentren in extrem hoher Schwingungsfrequenz bewegen. Zum Beispiel: Die Teilchen im Inneren eines Wasser-Atoms bewegen sich langsamer bzw. in niedrigerer Schwingungsfrequenz als die Teilchen in einem Stein-Atom. Was verursacht die niedrigere oder höhere Schwingungsfrequenz im Wasser- oder Stein-Atom? Es ist die Monade oder auch die zunehmende und klammernde Verlangensnatur (Stein) und die weniger klammernde Verlangensnatur (Pflanze, Tier, Mensch) in der Monade. Hat die Monade einmal alles Bewusstsein in den drei niedrigeren elementaren Reichen und dann im mineralischen Reich erlangt, steigt sie auf in das Pflanzenreich, senkt ihre Schwingungen und verursacht ein Pflanzen-Atom. Über viele Manvantaras hin steigt die Monade höher und höher, bis sie das menschliche Reich erreicht und ... „wir" wird. So können wir (vom atomaren Standpunkt aus gesehen) sagen, je höher entwickelt und je spiritueller ein Wesen ist, desto niedriger ist seine atomare Schwingung und desto geringer sein Verlangen. Es erscheint ätherischer, weil die Atome seines physischen Körpers eine GERINGERE chemische Kohäsion haben als zuvor. Aber in jedem Fall werden die ATOMAR-CHEMISCHEN Schwingungen von der Monade

---

67 Gemeint ist das Ur-Atom und das Atom der Wissenschaft.

verursacht, deren Natur Schwingung ist. Die Bewegung der Monade endet NIEMALS und wird in NIRVĀNA ABSTRAKTE BEWEGUNG, und deshalb wird gesagt, dass PARABRAHMAN, wenn überhaupt irgendetwas, dann ABSTRAKTE BEWEGUNG oder UNFASSBAR HOHE BEWEGUNG[68] ist. So ist also die wahre Natur eines Atoms und alles anderen nichts anderes als Energiefelder in Bewegung. OM.
Nun weißt du, warum die chemische Kohäsion oder Schwingung in spirituellen Menschen weniger stark ist und stärker in materialistischeren und weltlicheren Menschen, weshalb diese derbere physische Körper haben. Ich gehe sogar noch weiter: Weltliche Gedanken sind (von diesem Standpunkt aus) hoch vibrierend und spirituelle Gedanken niedrig vibrierend.
Warum sagen wir dann von jemandem, der spirituell ist, dass er oder sie eine „hoch vibrierende“ spirituelle Person sei? Damit meinen wir (unbewusst) die molekulare Struktur oder die molekulare[69] Erscheinung dieser Person, denn die molekulare Schwingung in oder von spirituellen Menschen ist tatsächlich sehr hoch. Aber die Teilchen ihrer Atome oder im Inneren ihrer Atome schwingen in niedriger Frequenz, je spiritueller und „ätherischer“ eine Person ist. Deshalb kann man sagen, dass materialistische, weltliche Menschen hoch vibrierende Atome und niedrig vibrierende Moleküle haben. OM. Das gleiche gilt für Stein und Pflanze. Ein Stein zum Beispiel hat hoch vibrierende Atome oder atomare Teilchen und niedrig vibrierende Moleküle, während eine Pflanze hoch vibrierende Moleküle und niedrig vibrierende Atome (im Vergleich zum Stein)[70] hat.
Wollen wir unser Wissen der esoterischen Wissenschaft intensivieren, indem wir es auf die unterschiedliche atomare und molekulare Struktur in Festkörpern, Flüssigkeiten und Gasen anwenden.
Wenn wir einem Festkörper genügend Hitze zuführen, verändert er sich schließlich zu Gas. Die molekulare Schwingung dieses Festkörpers ist niedriger als die des Gases oder vielmehr des Festkörpers, der sich in Gas verwandelte. Die innere Struktur der Atome jedoch oder die chemische Kohäsion ist immer die gleiche. Nimm zum bes-

---

68 Schwingung ist am ehesten möglich um den Nullpunkt herum. Die Ur- oder erste kosmische Materie, nach der die Wissenschaft so verzweifelt forscht, ist nichts anderes als alle Monaden in ewiger Bewegung. SPÄTER kondensieren viele von ihnen zu kosmischem Nebel usw.

69 In diesem Falle aus zwei oder mehr Atomen bestehend.

70 Die esoterische Wissenschaft bzw. DAS BUCH DES LICHTS kann die Definition der Wissenschaft nicht akzeptieren, dass ein Molekül das kleinste Teilchen eines Elements ist, denn sogar dieses kleinste elementare Teilchen zeigt, einmal „geteilt“, unterschiedliche individuelle Eigenschaften, obwohl sie alle von einem Element abgeleitet sind.

seren Verständnis als Beispiel Eis, Wasser und Dampf. Führe dem Eis Hitze zu, und die Eismoleküle werden höher schwingen und sich zu Wasser verwandeln. Führe dem Wasser mehr Hitze zu, und die Wassermoleküle werden höher oder schneller schwingen und zu Dampf transformieren. Aber die atomare Struktur und Schwingung von Eis, Wasser und Dampf ist die gleiche. Mit anderen Worten: Eis, Wasser und Dampf sind aus den gleichen Atomen gebaut, aber ihre Moleküle unterscheiden sich in der Schwingung. Doch all diese Energie-Zentren, Atom oder Molekül, werden verursacht und ausgelöst von Monaden, den spirituellen Kraft-Zentren bzw. Punkten ohne Ausdehnung.

O M

Kraft ist Materie in einem ihrer höchsten Zustände

DIE PLANETENKETTE

Jeder für uns sichtbare Planet hat (mit Ausnahmen) 6 (aber auch 11) für uns unsichtbare Globen, die hier zur besseren Veranschaulichung kreisförmig demonstriert sind, in Wirklichkeit aber ineinander verschmelzen. Der physische Planet der Kette wird ‚Planet D' genannt, die 6 unsichtbaren Globen A, B, C, E, F und G. Diese insgesamt 7 Globen sind die „Klassenzimmer" für die auf sie niedergehende Lebenswelle oder Monaden. Hier zunächst die Planeten der Kette:

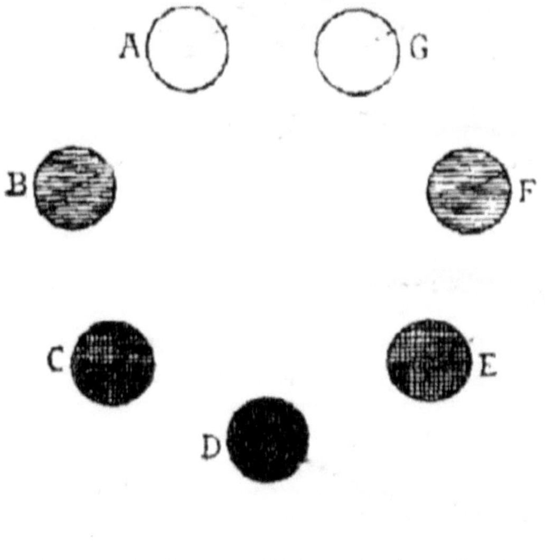

Die Monaden sinken auf den ätherischen Globus A, durchlaufen dort ihre Zyklen und sinken dann auf Globus B, dann auf C und schließlich auf D, dann wieder „aufwärts"

zu den ätherischen Globen E, F, G. Dies geschieht sieben Mal. Dann stirbt ein Globus nach dem anderen und projiziert seine Lebensenergie in ein neues Zentrum kosmischer Differenzierung, Laya genannt. So entsteht eine neue Planetenkette.

Der sterbende Planet D wird zum Mond des neues Planeten:

Kette 1

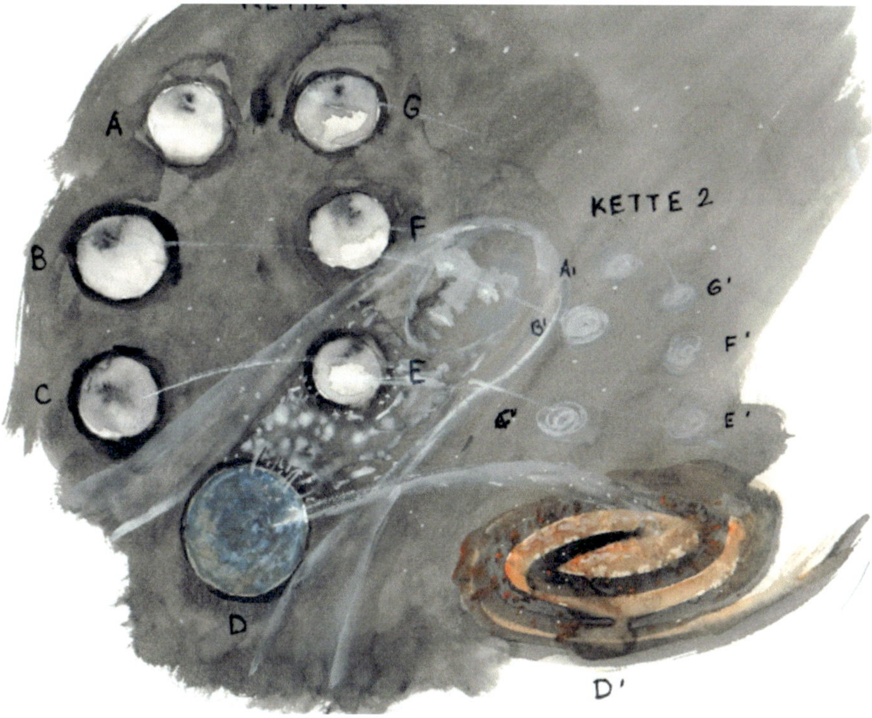

Darum ist der Mond die Mutter der Erde.

Im Falle unserer Erde bzw. ihrer Mutterkette gilt pro Runde eine Periode von 4.320.000.000 Jahren. Danach kosmische Ruhepause, danach neue Kette. Dies ergibt für eine Weltenperiode von 311.040.000.000.000 Jahren 36.000 Verkörperungen und 36.000 Ruheperioden der Erdkette, also insgesamt 72.000 Perioden.
Multipliziere 72.000 mit 4.320.000.000, und du wirst wieder eine Weltenperiode von 311.040.000.000.000 Jahren erhalten. Im Augenblick (21. Jahrhundert) befinden wir uns in der 4. Runde der 18.000sten Manifestation. Mehr als die Hälfte ist geschafft. Von nun an geht es bergauf, zurück zur geistigen Urquelle. (Wenn es auch für manchen nicht so scheint...).

DAS SPEKTROSKOP LÜGT

Warum Wasserstoff der Sonne (oder anderer zentraler Sterne und auch Planeten) nicht das Gleiche ist wie Wasserstoff der Erde (Atmosphäre):
Die Heterogenität der Elemente ist fast unendlich, obwohl alle Elemente in der Komposition von Luft, Wasser, Erde und Feuer in unsere Ebene eindringen. Als das Atom „geboren" wurde, drang es in die Komposition der WURZEL dessen ein, was SPÄTER Luft, Wasser, Erde und Feuer werden sollte. Und diese Wurzel ist Ākāśa-Äther-Luft, Ākāśa-Äther-Wasser, Ākāśa-Äther-Erde, Ākāśa-Äther-Feuer. Mit anderen Worten: Luft, Wasser, Erde und Feuer waren damals nicht das, was sie jetzt sind. Beim Urknall war das Atom fast rein. Später verlor es seine Reinheit und Jungfräulichkeit. Dieser Prozess der Differenzierung wird umgekehrt werden, wenn sich das Atom zu pralaya in sich selbst zurückzieht bzw. bewegt anstatt in den Weltenraum hinein. Dann wird es von Ākāśa oder dem Wurzel-Äther reabsorbiert werden.

Die Elemente sind jedoch nicht absolut homogen, so wie es unmöglich ist, fortgeschrittene Arten zu eliminieren. Oder: Der Wasserstoff der zum Beispiel fixierten Sterne ist nicht derselbe wie „unser" Wasserstoff. Es gibt keine molekulare Identität von Elementen in unterschiedlichen Solarsystemen und Galaxien usw. Das Spektroskop belügt uns, denn wenn einmal Licht oder irgend eine Art von Strahlung in unsere Naturreiche eintritt, ist es bereits von unserer Atmosphäre verschmutzt, so dass es noch nicht einmal möglich geworden ist, das Licht unserer Sonne zu analysieren, denn auch das hat seine Natur verändert von dem Moment, da es seine Quelle verließ bis zu dem Zeitpunkt, da es unsere Erdebene und Erdatmosphäre durchdrang. Wenn man das Spektrum zweier Körper vergleichen möchte, dann müssten sie unter identischem Temperaturzustand, Druck und allen anderen physikalischen Bedingungen untersucht werden (nicht zu sprechen von den spirituellen oder alchemistischen Bedingungen). Mit anderen Worten: Wenn man die wahre Natur des Sonnenlichts analysieren wollte, müsste man eine oder die Sonne im Laboratorium nachbauen, was zum jetzigen Zeitpunkt unmöglich ist, denn die Sonne ist kein Feuerball, sondern ein Zentrum elektromagnetischer Energie, aus Laya heraus wiedererweckt. Die Wissenschaft könnte die verschwendeten Gelder der Steuerzahler sparen und damit Lebensmittel für Obdachlose kaufen. Alles, was sie tun müssen, ist, DAS BUCH DES LICHTS zu studieren, das die WAHRE Natur der Sonne und des „Sonnenlichts" enthüllt. Von der Geburt bis zum Tode oder von manvantara bis pralaya macht ein Atom Veränderungen durch, die sogar einem PLANETENENGEL den Geist auspusten würden. Das wird alles verursacht von Fohat, konstruktiver Kraft oder kosmischer Elektrizität oder verschiedenen Fohats, die gegensätzliche Naturen zusammenhalten und ähnliche Temperamente trennen, was aber nichts an der Tatsache ändert, das Gleiches Gleiches anzieht oder: Liebe zieht Liebe an und Hass – ... Hass.

HIERARCHISCHE ANORDNUNG DER ERSCHEINUNG DER SPIRITUELLEN MÄCHTE BEI JEDEM MAHĀ-MAHĀ-MANVANTARA (Wiedererwachen des Universums)

- Was ist zuerst? - Es gibt kein „zuerst". Du meinst: Was geschah um cirka 150.000.000.000.000 v. Chr. beim Wiedererwachen allen universellen Lebens aus der Zeitlosigkeit in die Zeit? -Ja. -Nun können wir von „zuerst" sprechen. Bei jeder Periode der Manifestation gibt es zuerst eine Gotteskraft. Sie enthält alles. -Wie emaniert sie alle anderen Dinge in den Weltenraum? -Durch Denken. Sie denkt UNS und alles andere[71], und was auch immer sie denkt, wird MANIFESTIERT, aber nur einmal. Dann denken die Emanationen, was immer aus ihnen emaniert. OM an Fohat, denn durch Fohat werden die Gedanken des bzw. im göttlichen Denken der kosmischen Substanz „aufgeprägt", was uns als Naturgesetz erscheint oder als göttliches Gesetz. - In welcher Reihenfolge denkt sie? -Sie denkt Götter oder mehrere Mächte oder Elohim. -Dann emaniert sie andere Wesen? -Nein. Sie werden von den Göttern emaniert. -Wer sind diese zweiten Emanationen? -Sie sind die MONADEN. -Dann gehen die Monaden in die Inkarnation über? -Nein. Die Monaden verlassen niemals ihre Ebene Nirvāna. Aber sie emanieren oder reflektieren Seelen, unsere Seelen zum Beispiel (die auch aus Sub-Monaden bestehen). -Woher kommen die Seelen? -Sie sind und waren immer in unseren Monaden[72] enthalten. -Kommen die Atome von den Seelen? -Ja, aber nicht die physischen Atome. Die physischen Atome sind einfach nur molekulare Ansammlungen atomarer Elemente. Atome existieren auf dem „Grenzgebiet der astralen Ebene" (Dr. de Purucker). -Woher kommt das physische Atom? -Es ist das Gewand des ätherischen Atoms. Die Reihenfolge der Erscheinungen von Gott zum Atom ist: GÖTTER denken[73] MONADEN, diese denken SEELEN, diese denken ASTRAL-ATOME. Astralatome kondensieren zu (physischen oder vielmehr metaphysischen) Atomen, und die Atome bilden schließlich die Grundlage für jede molekulare Erscheinung, aber all das unter MONADISCHER oder spiritueller Führung. -Was, oh großer Chohan, verursacht Hitze und Kälte? -Nichtatomare Substanz ist ewig und präexistent, oh Lanoo. Der kalte Atem des Mutter-Prinzips veranlasst die ewige Materie, sich zusammenzuziehen. Die Kontraktion verursacht Hitze: Deshalb: Abkühlung verursacht Aufheizen. OM.

---

71 Aber es ist ein Denken ohne Denkenden. Einfach nur Gedanken-Energie oder mentale Materie oder Mahat. OM.

72 Seelen sind noch unentwickelte Monaden.

73 Aber: Der Gedanke ist nur in Gott enthalten und entfaltet sich. Gott denkt nicht. Gott ist mehr ein Kanal für mentale Materie. OM.

MEHR ÜBER LAYA

Bevor wir die atomare und molekulare Schwingung analysieren, müssen wir mehr über die Natur von Laya erfahren (durch Frage und Antwort), denn alles kommt von Laya und verschwindet auch wieder in Laya.

-Was haben Laya und NIRVĀNA gemeinsam? -Laya ist das NIRVĀNA aller Dinge, die weniger oder niedriger als es (Laya) sind. -Entwickeln sich oder verschwinden diese Dinge dann von unten nach oben? -Vielmehr nach innen in etwas HÖHERES. Zum Beispiel: Wenn du stirbst, ziehst du dich nach innen zurück, aber du entwickelst dich (zur gleichen Zeit) HÖHER, indem du Laya[74] passierst. OM. Was haben Platos und Pythagoras' DREIECKE mit Laya zu tun? -Das Dreieck symbolisiert eindeutig den ursprünglichen kosmischen Punkt, dem alles göttliche Denken entsprang. Laya ist dort, wo die Spitze des Dreiecks in der Manifestation verschwindet. OM. -Was für eine Beziehung hat Laya zur Seele eines Wesens? -Eine Seele – das ist ein Vehikel eines oder des Geistes. Die Seele manifestiert sich in Materie, denn die Seele ist bzw. wird durch diese Manifestation zu einem körperlichen Teil der niederen Substanz des Geistes. Wenn die Seele (oder Seelen-Monade) eine Ebene unter der ihren berührt, gibt es einen Punkt, an dem es die Einheit erlaubt, das Bewusstsein zu betreten und wieder zu verlassen. Dieser „Punkt" ist Laya. -Ich verstehe nicht... -Dein höheres Selbst versteht. Schreibe weiter am **BUCH DES LICHTS**. -Ist Laya heterogen (unterschiedlich in der Struktur)? -Nein, Laya oder ein Laya-Zentrum ist ein Zentrum in „homogener" Substanz. -Warum ‚homogen' in Anführungsstrichen? -Weil ‚homogen' immer noch ein zu materialistischer Begriff für etwas wie Laya ist, das mehr ein Bewusstseinszustand als eine kosmische Ebene ist. -Was ist pralaya oder Pralaya? -Eine Kombination des Substantivs Laya (die Wurzel ist li) und der Vorsilbe pra-, was ‚fortwährend, vorwärts, in Richtung' bedeutet. So gesehen ist pralaya fortwährende Auflösung. -Wo ist die Laya der Sonne? –Im Sonnenkern. Es ist der zentrale Punkt, und ebenso hat jeder Planet sein Laya. OM. Auf welcher Dimension ist Laya? –Dimensionen haben nichts zu tun mit Laya, genauso wenig wie irgendwelchen Positionen im Weltraum. -Warum? -Weil Laya nicht physischer und materieller Natur ist. -Was ist Laya für ein Atom, für die Sonne, die Planeten, für menschliche Wesen oder für jedes lebende Wesen? -Für alle Dinge „unter" Laya ist es der Austrittspunkt, für alle Dinge darüber ist es der Eingangspunkt. -Sind materielle und spirituelle Dinge gleich in ihrem Zentrum? -Nein. Eine materielle Sache ist in ihrem Zentrum am dichtesten. Eine spirituelle Sache ist in ihrem Zentrum am GÖTTLICHSTEN. -Ist Laya im Zentrum einer materiellen Sache? -Ja, aber nicht als Materie, obwohl man es Layazentrum

74 Obwohl der nächste Laya-Punkt wartet, zum Beispiel im Moment des zweiten Todes, wenn sich nach dem Tod des physischen Körpers dein Astralkörper auflöst.

nennen kann. - Ich verstehe nicht. - Ein Laya-Zentrum ist der SIEBENTE (oder höchste) Grad der Materie und ebenfalls der ERSTE (niederste) Grad des Geistes. Jeder Löslösungsprozess während der Seelenatem-Meditation ist ein Passieren oder Durchschreiten von „Laya". In einer nahen Zukunft wird es möglich sein, seine Objekte und Personen durch Laya auf andere Ebenen, Entfernungen oder Planeten zu projizieren oder zu „beamen". Große Genies können dies schon jetzt. OM. -Ist Laya NIRVĀNA? -Laya ist das NIRVĀNA der Materie, eines jeden Wesens, von dem Laya das Zentrum ist. -Was ist Laya für das Bewusstsein? -Im Ozean des Bewusstseins (super-spiritueller Äther) ist Laya ein Wirbel, ein Ursprungspunkt, von wo sich die 6 darunter befindlichen Prinzipien durch Seelen und Egos usw. manifestieren. -Warum 6 Prinzipien? Ist der Mensch nicht siebenfältig? -Das siebente oder Atman ist dort, wo Laya ist. Von diesem Kanal oder spirituellen Punkt aus durchbricht das Super-Spirituelle eine Barriere (Laya) in das individuelle Leben. -Könntest du den Punkt analysieren, den die Monade am Beginn der Manifestation durchbricht? -Durch Laya bzw. einen neutralen Nullpunkt (wo Geist Materie wird)[75]. -Wo ist das Laya-Zentrum unseres Atman oder der höchsten Geist-Monade? -Es ist ein Höhepunkt der vierten kosmischen Ebene (archetypische Welt). Das ist dort, wo das Element ist, „in" welchem wir das LAYA-ZENTRUM unseres universellen kosmischen Selbst oder Atman (verbunden mit unseren Atmas oder Monaden. OM) finden. -Sind Laya und Skandha dasselbe? -Skandha ist ein Laya-Zustand. Bald wirst du das verstehen. -Wenn zum Beispiel ein Sonnensystem zerstört wird (während pralaya), was passiert mit seinem kosmischen Staub[76]? -Der kosmische Staub ruht in Laya oder diesem Differenzierungspunkt, aus welchem er, einmal von der Monade berührt, zu Manvantara in den Schritten Prä-Komet-Komet-Sonne-Planet wiedererweckt wird. All das passiert während der Rotation. -Was ist mit den höchsten Prinzipien einer Welt bei Pralaya? -Sie ruhen in Paranirvana. -In welcher Reihenfolge wird Laya zum Zentrum des aktiven Lebens? -Erst auf einer höheren Ebene, später Manifestation durch und auf den niederen Ebenen. -Ist Laya ein Kanal? -Ja. Vitalität der höheren Sphären ergießt sich durch diesen Kanal in die unteren Ebenen (oder Zustände der Materie), jedenfalls: Diese Substanz inspiriert und vitalisiert sie. -Das klingt sehr mechanisch... -Es gibt eine göttliche Gedankenkraft hinter dieser Mechanik. -Wann wird „etwas" zu aktivem Leben? -Wann immer es seinen Laya-Zustand aufgibt. Dann wird es in den Wirbel der Bewegung gezogen. -Wie ging der Eintritt des spirituellen (und dann ätherischen) Menschen in die Materie vor sich? -Zuerst durch ein Laya-Zentrum und dann die zehn

---

75 Oder anders herum, zum Beispiel im Falle des Todes eines Wesens. Bei der Geburt und beim Tod passieren wir Laya. OM.

76 Unsichtbar selbst unter dem präzisesten Mikroskop.

Stufen der Hierarchie nach unten. -Die spirituelle Substanz berührte den höchsten Grad der niederen Ebene und versetzt dabei deren Laya in Bewegung. -Wie wurden die spirituellen Substanzen auf diese niedere Ebene gerichtet? -Durch Karma bzw. karmische Energie. -Wie könntest du den „Abstieg“ dieser spirituellen Substanz (10 Hierarchien passierend) durch Laya in die Materie demonstrieren? -Es gibt einen bzw. den Kreis, der alle manifestierten Welten, sichtbare und unsichtbare, enthält und von Dimensionen ... JENSEITS dieses Kreises ist ...

-Welche Zahl symbolisiert Laya? -Die Zahl EINS. Von dort stammt die spirituelle Substanz. Aber der Punkt, der die Spitze des ersten Dreiecks bildet, ist Laya oder ein Laya-Zentrum. -Was symbolisieren die beiden Dreiecke und das eine Rechteck? -Sie sind die Repräsentation der symmetrischen Architektur der Natur. Gehen die oberen Teile auch nach unten? -Nein. Sie bleiben oben oder innen. Es sind die NIEDEREN Ebenen oder Teile, die spirituell, ätherisch und physisch abgesondert werden, „abgesondert und ausgeschieden, Schritt für Schritt und Ebene für Ebene, und die fortgetragen werden wie Schaum von den Wellen des Lebens“. (Dr. de Purucker).

DER URSPRUNG DER JUNGFRAU MARIA

Der Ursprung der „Jungfrau Maria“ ist folgender kosmischer Fakt: NIRVĀNA emaniert Ākāśa oder jungfräuliche Urmaterie, die sich später, ausgelöst durch den Ur-Geist, zum sichtbaren und unsichtbaren Universum verändert. Die Wahrheit wurde von den Eingeweihten in verschleierter Form weitergegeben an verschiedene Nationen, die dieser kosmischen Urmaterie verschiedene Namen gaben. Der Name ‚Maria’ wurde von der Religion und der Kirche von den Hindus und den Ägyptern kopiert, wie nun gezeigt werden wird. Wir, wie alles andere, sind gemacht aus der Jungfrau Maria.

MEHR ÜBER FOHAT oder

Der Grund, warum Gleiches Gleiches anzieht (aber nicht für immer...) oder Fohats Söhne, die zur gleichen Zeit auch seine Brüder sind

Gleiches zieht Gleiches an (so wie sich Gegensätze anziehen), aber nicht für immer. Ein Widerspruch? Überhaupt nicht. Gegensätze ziehen sich nur an, weil tief in ihnen etwas Gleiches ist, nämlich ihr Karma. Nimm zum Beispiel zwei Menschen, die sich lieben und glücklich für immer zusammen leben. Für immer? Sogar die größte Liebe auf Erden dauert nicht ewig. Der Tod beendet sie zunächst. Dann treffen sich die Liebenden in einem anderen Leben wieder, aber dann vielleicht nicht mehr als Liebende, sondern zum Beispiel als Bruder und Schwester, Mutter und Tochter oder einfach nur als zwei gute Freunde, denn der Zweck aller Evolution ist schließlich Loslösung oder die Abwesenheit des Verlangens oder NIRVĀNA. OM. Und was ist mit zwei Feinden? Treffen sie sich wieder? Gleiches zieht Gleiches an. Hass zieht Hass an, Furcht zieht Furcht an, Gier zieht Gier an, Eifersucht zieht Eifersucht an, Ehrgeiz und Korruption ziehen Ehrgeiz und Korruption an, Leidenschaft zieht Leidenschaft an, Ignoranz zieht Ignoranz an, ein großer Hitler viele kleine Hitler, und Liebe zieht Liebe an. OM. Gleiches - sei es gut oder böse - zieht Gleiches an und dann kommen sie sich näher und näher und näher bis ... sie sich einander WAHRNEHMEN in Liebe oder Hass. Wer, was trennt sie Leben für Leben? Ist es der Tod? Das ist nur eine Auswirkung. In Wahrheit ist es Fohat, kosmische Energie, die Menschen, die sich lieben oder hassen genauso trennt wie zwei einfache Atome. Ohne Fohat (und Äther) würde die ganze Welt an einem Punkt[77] zusammengestoßen werden und (wie Blavatsky sagte) leicht in eine Handtasche passen. Aber es ist der Denkprozess von oder in den Sieben Strahlen, der Fohat anregt, Leere oder scheinbare Leere zu schaffen zwischen den Teilchen (und zwischen Liebenden und Hassenden). -Aber warum, oh Mahā-Chohan, hat Fohat sieben Söhne, die seine Brüder sind? -Wegen der Sieben Strahlen und ihrer siebenfältigen Sub-Emanationen, die später Galaxien und Sonnensysteme mit allem darin verursachen. -Erkläre das bitte, oh du Großer. -Die ersten Sieben Strahlen denken und setzen dabei kosmische Elektrizität oder Fohat frei und emanieren auf diese Weise andere siebenfältige Serien der Sieben Strahlen. Es ist tatsächlich Fohat, der sie weiterbringt oder die ganze Arbeit macht[78], deshalb könnten wir diese Emanationen Fohats Söhne nennen. Aber da Fohat oder kosmische Elektrizität Resultat eines göttlichen Denkprozesses ist, werden diese Emanationen tatsächlich von dieser Gedankenkraft, die Fohat erweckt, verursacht. So gesehen sind die Sieben Strahlen Fohats Väter und

77 Was genau das ist, was am Ende einer jeden Periode kosmischer Aktivität bzw. beim „großen Schrumpfen" passiert.

78 Während die ersten Sieben Strahlen „nur" denken.

die Väter aller Emanationen, die von Fohat wiedererweckt wurden, was die Emanationen zu BRÜDERN von Fohat macht.

YIN UND YANG

Oh großer Chohan, noch einmal: Man sagt, Gleiches ziehe Gleiches an. Warum stößt dann Yin (weibliches Prinzip) Yin ab, und warum stößt Yang (männliches Prinzip) Yang ab? -Oh Lanoo, Yin ist weiblich, Yang ist männlich. Yin ist kalt, Yang ist heiß (aber: Ursprung von Yin = heißes Klima; Ursprung von Yang = kaltes Klima, was bedeutet, dass ein Yang oder kaltes Klima Yin-Pflanzen produziert, die Hitze im Körper verursachen. Ein Yin oder heißes Klima produziert Yang-Pflanzen, die Kühle im Körper verursachen).

Yin ist zentrifugal, Yang ist zentripetal. Yin zieht Yang an. Yang zieht Yin an. Yin stößt Yin ab. Yang stößt Yang ab. ABER: Große Yin ziehen kleine Yin an. Große Yang ziehen kleine Yang an. Und: In ihren Extremen produzieren Yin Yang und Yang produzieren Yin, was auch erklärt, warum die Seele nach zum Beispiel sieben Leben in einem weiblichen oder Yin-Körper in einen Yang oder männlichen Körper inkarniert. Alle Lebensformen sind jedoch Yang im Zentrum und Yin an der Oberfläche. OM. Es ist KARMA, das sie gemeinsam haben. Fohat ist das Ross und der Gedanke ist der Reiter (oder nenne den „Reiter" die ursprünglichen Sieben). OM.

-Woher kamen die HIERARCHIEN? -Der göttliche Strahl strahlt nach unten bzw. von innen nach außen und durchtrennt oder durchquert den Umfang des Kreises, Hierarchie um Hierarchie (1-10). Während der göttliche Strahl nach unten dringt (durch Reflexion), entwickelt er selbst diese verschiedenen Hierarchien. Von dort kommen sie her. Sie sind im Strahl latent vorhanden und wachsen dann. -Woher kommt der göttliche Strahl, bevor er Laya oder den Umfang des Kreises passiert? -Ich antworte mit Dr. de Purucker: „...vom Höchsten des Höchsten, von dem, was für uns das Unbekannte des Unbekannten ist, das Innerste des Innersten..." oder: von JENSEITS des Kreises, also vom Unerkennbaren, eben unserer WAHREN Natur, auf die ich auch in meinen Büchern *Der Sinn des Lebens, Teil I und II* im Detail eingehe. Später kehrt der göttliche Strahl zu seiner Quelle jenseits des Kreises zurück. Der Beweis: Der göttliche Strahl muss Laya passieren. -Wie ist die Reihenfolge der Erscheinung in Verbindung mit Laya nach einer Periode kosmischer Ruhe oder pralaya? -a) Der Reiz des erwachenden Lebens kehrt zu den „schlafenden" monadischen Wirten zurück und b) Die Lebenswellen dringen nach unten (bzw. von innen nach außen) vor und verursachen DIFFERENZIERUNG in Laya oder den entsprechenden Laya-Zentren. -Verursacht das die Bildung einer planetarischen Kette? -Ja. Die erste der schlafenden Monaden, die den Zustrom der LEBENSKRÄFTE (die von höheren Sphären kommen) fühlte, war diejenige, die Globus A der Erdkette bildete. -Was ist hinter der Laya der Sonne? -Die WAHRE Sonne, die unsichtbar ist. -Was ist dann die sichtbare Sonne? -Es ist die Aura des Laya-Zentrums. -Wie groß ist die wahre Sonne? -Du könntest sie auf deiner Handfläche unterbringen.

„Es gibt nichts, das die Menschen so aufregt, das so außerordentlich ihren Zorn und ihren Hass erregt als ihren geliebten Glauben zu zerstören." (G. de Purucker, *Grundlagen der esoterischen Philosophie).*

Eine andere Antwort auf die Frage, wo die Hierarchien herkommen[79], wäre: Sie waren immer da! Sie sind, wie der eine Strahl unerschaffen oder aja oder anupapadaka (einer, der selbstgeboren ist). Und genauso ist es mit dem göttlichen Strahl. Unerschaffen. Sie sind alle UNERSCHAFFEN. Sie wurden niemals geboren und sie werden niemals sterben. Und genau das ist die wahre Natur unseres spirituellen Selbst. Wir sind alle ungeboren, unerschaffen und deshalb UNSTERBLICH. Diese Unsterblichkeit wird durch Perioden der Inkarnation „unterbrochen". Und diese Inkarnation ist in der Tat vergänglich. Heilige mögen vielleicht 100, 200 oder sogar 1000 Jahre leben oder wie in vergangenen Weltenperioden gar MILLIONEN von Jahre, aber nicht für immer. OM der Weisheit und des Wissens.

FRAGEN UND ANTWORTEN ZUR GEBURT UND ZUM TOD DER MUTTERKETTE DER ERDE UND ZUR ERDE SELBST

-War jeder Planet, einschließlich unserer Erde, kosmischer Nebel, ein Komet, eine Sonne und dann ein Planet? -Ja. -Sind Meteoriten Bruchstücke oder zerfallene Kometen? -Nein. Sie sind nicht einmal aus dem Material, aus dem ein Komet besteht. Kometen (oder kosmischer Staub) oder das Material, aus dem Kometen sind, sind bzw. ist nur um ein Stadium weniger ätherisch als ein Nebel. -Warum lehren dann sogar die esoterischen Wissenschaften, dass Kometen meteorisches Material enthalten? -Weil Komenten während ihrer Reise durch den Weltraum Abfallstoffe des Universums, von denen einige meteorisches Material waren, anziehen und ansammeln. -Was ist dann ein Meteor? -Abfallstoff früherer Sonnen. Wenn die Sonne stirbt, wird sie verdichtet und explodiert[80] dann zu Meteoriten (siehe „Tod unseres Sonnensystems"). -Warum verlieren Kometen dieses Meteoren-Material wieder? -Weil die Anziehungskraft der Sonne für solches Material viel stärker ist als die schwächere Anziehungskraft oder monadische Kohäsion der Kometen. -Ist jeder Planet, die Erde eingeschlossen, für eine gewisse Zeit eine kleine Sonne? -Ja, während der Geburt und während des Todes. -Wann passiert das genau? Vor dem Verlassen des Kometen-Stadiums und bevor der Planet materialisiert genug wird, um ein Planet bzw. eine planetarische Kette zu sein.

79 Womit hier jene Hierarchien gemeint sind, die die Monaden in ihre Vehikel kleiden.

80 De facto eine Implosion. Alle Sonnen und Planeten sterben durch Implosion, wenn Ākāśa-Äther sie verlässt.

-Warum nähert sich ein oder der Komet der Sonne mit nach hinten gerichtetem Schweif (Kopf nach vorn), geht jedoch, wenn er die Sonne verlässt (nachdem er sie umkreist hat), mit dem Schweif voran (Kopf folgt)? Nach physischen Gesetzen müsste genau das Umgekehrte der Fall sein. -Wenn er das nicht tun würde, würde der Komet verschluckt werden. Das ist eine Entscheidung, die von dem herrschenden Engel oder dem zukünftigen Planeten des Kometen getroffen wurde, und sie resultiert im Abstoßen. -So ist ein Komet also ein vorgeburtliches Stadium entweder einer Sonne oder eines Planeten? -Ja. Jeder Komet wird einmal eine Sonne oder ein Komet sein.

DIE GEBURT ODER DAS WIEDERERWACHEN DER SPIRITUELLEN MONADE (ĀTMA BUDDHI) UND IHRER FÜNF ZUSÄTZLICHEN PRINZIPIEN, AUS DENEN SPÄTER MENSCHEN WERDEN

Die sieben Prinzipien in allem, sei es ein Stein, eine Maus oder ein Mensch, sind (mehr oder weniger) erwacht bwz. in Latenz: Geist, Geistseele, Verstand, Tierseele, Ätherkörper, Astralkörper, physischer Körper. Wir sind ca. 155.522.000.000 v. Chr. in einem Stadium, wo das Leben noch formlos, aber trotzdem EMPFINDUNGSFÄHIG ist. Zuerst ist immer das Göttliche, und dann (als kosmisches Prinzip) das Geistige, was Ātma-Buddhi oder Geistseele ist. Studiere, oh Lanoo, den Abstieg des Göttlichen[81] durch sieben kosmische Ebenen und ihre Bewohner, genannt die Hierarchie der schöpferischen Kräfte oder auch die HIMMLISCHEN WESEN:

1. Der göttliche Strahl berührt Ebene 1 (von oben[82]) und empfängt so sein ātma oder den höchsten Geist[83] von den höchsten himmlischen Wesen, den Löwen des Feuers. Obwohl sie, die Löwen des Feuers, arūpa oder formlos sind, sehen wir sie als ätherische Form, um ihr Bewusstsein zu bezeichnen, welches da wäre: Feuer. Warum sind sie formlos? Weil keine himmlische oder irdische Substanz bis dahin ... differenziert war. Später werden sogar SIE, die Löwen des Feuers[84], ihre „Struktur“ erhalten. Ihre

---

81 Oder: fast endlos viele Strahlen.

82 Vielmehr: Von INNEN, denn ALLES entwickelt sich von innen nach außen, wir nennen es nur oben und unten.

83 Weil, oh Lanoo, Geist vom Göttlichen abgeleitet ist.

84 Auch „Löwen des Feuers“ genannt wegen ihres feurigen Bewusstseins, welches eben nur ein Schritt vor dem Feuer ist, nämlich: Ākāśa. OM. Als Gesetz gilt: Die höheren Wesen versehen andere Wesen mit Körpern und experimentieren sogar mit ihnen. Dabei wird immer Ur-Materie, also prä-existentes Material, benutzt. So, wie unsere Eltern ihre eigenen Körper oder Teile davon benutzen, UNS mit Körpern zu versehen. Dies jedoch Schöpfer oder Schöpfung zu nennen ist falsch. Die Wesenheit per se ist unerschaffen und zeitlos-ewig.

feurige Natur ist verbunden mit und aufgezeichnet in dem Sternbild des LÖWEN. Wir könnten diese Löwen des Feuers auch Kerne der höchsten göttlichen Welt nennen.
2. Nachdem er von den Löwen des Lebens oder des Feuers sein atma empfangen hat, begibt sich der göttliche Strahl bzw. die Strahlen eine Ebene „tiefer“ auf die zweite kosmische Ebene mit ihren Bewohnern, die „substantieller“ als die erste Gruppe sind. Sie sind die erste Differenzierung. Sie, die zweiten himmlischen Wesen[85], sind die Prototypen inkarnierender Monaden oder Jivas[86], und sie versehen den GÖTTLICHEN STRAHL mit einer göttlichen Seele oder Buddhi.
WICHTIG: Die himmlischen Wesen sind also keine Schöpfer per se, sondern, wenn überhaupt, nur die Schöpfer bzw. FORMER der „Beilegungen“, also von Körper, Gefühl, Denken, Seele und Geist. „Von den Ariern bis hin zu den frühsten Akkadiern emanieren alle Dinge durch einen Schöpfer oder durch ein Logo (im Sinne von hindurch), nicht mit Hilfe eines Schöpfers.“ Mit den Semiten ist alles GEZEUGT...“[87]
3. Der unerschaffene, zeitlos ewige göttliche Strahl bzw. seine Reflexion, nun ausgestattet mit Ātma-Buddhi oder Geist und Geistseele, einer Struktur oder Beilegung (Vehikel oder upādhi), die er, nebenbei gesagt, bis zum großen Pralaya nie mehr verlieren wird, dieser göttliche Strahl begibt sich weiter hinab[88] und berührt die dritte kosmische Ebene und ihre himmlischen Wesen, TRIADEN. Sie werden Triaden genannt, weil sie in der Lage sind, Ātma-Buddhi-Manas zu assimilieren, indem sie den göttlichen Strahl mit Manas oder Verstand ausstatten.
4. In seinem Abwärtstrend dringt der göttliche Strahl (nun Ātma-Buddhi-Manas oder Geist-Geist-Seele-Verstand) weiter nach unten und berührt die vierte kosmische Ebene (von oben), die die höchste Ebene atomarer Formen ist. Wenn ich ATOME sage, meine ich (noch) nicht die physischen Atome, sondern ihre ätherischen Gegenstücke und Prototypen. Genauso ist es mit den Bewohnern der oder auf dieser Ebene. Sie sind substantielle Wesen, obwohl wir noch nicht in der Lage wären, sie zu sehen (vielleicht in der fünften oder sechsten Runde). Es ist diese Ebene mit ihren himmlischen Bewohnern, von der ein Keim in die Erzeugung fällt, in jede physische Zelle sozusagen. Und es ist dieser Keim, der in der physischen Zelle zur spirituellen Potenz wird, die

---

85 oder DUADEN (ihre Haupteigenschaft ist Dualität).

86 siehe Sanskrit und Jivas.

87 Blavatsky, S.D. Anthropogenesis, S. 54

88 Allerdings: Der göttliche Strahl kann nach „unten“ (bzw. von innen nach außen) dringen, also sich herabbegeben, aber die Monaden zum Beispiel können das nicht. Sie „tropfen“ oder reflektieren einfach eine Emanation (oder Seele) von sich selbst auf die Ebene, auf der sie zu lernen haben. OM.

wieder zur Entwicklung des Steins, der Pflanze, des Tieres, des Menschen und schließlich Gottes führt. Oh Lanoo, jedes Atom ist die Manifestation eines Engels. Sieh die unvergänglichen jivas, die den göttlichen Strahl mit menschlichem Bewusstsein[89] ausstatten, später Tierseele oder Kāma-rupa genannt.

Nun ist der göttliche Strahl Ātma-Buddhi-Manas-Kāma-Rupa. Auf diese Art und Weise entwickelt sich das Physische allmählich aus dem Spirituellen, Mentalen und Psychischen bzw. von innen nach außen.

5. Nachdem er von der vierten Gruppe der himmlischen Wesen ausgestattet wurde, berührt der göttliche himmlische Strahl die fünfte Ebene und die fünfte Gruppe der himmlischen Wesen. Diese Wesen beinhalten die dualen Eigenschaften der spirituellen und physischen Aspekte in sich selbst. Und das ist genau das, was die göttlichen Strahlen sind. Wie sonst könnten sie im physischen Universum überleben? Sie sind die fünfte Gruppe und repräsentieren Dualität. Multipliziere fünf mit zwei und du erhältst zehn oder das zehnte Zeichen des Tierkreises, welches Makara oder der Steinbock ist. Die Makara Dhyanis statten den göttlichen Strahl mit dem Bewusstsein der Dualität[90] aus.

6.&7. Die sechste und siebente Gruppe der himmlischen Wesen stattete den göttlichen Strahl mit niederen Qualitäten aus und schufen so den Menschen oder vielmehr die spirituelle und physische Quelle aller Menschen (zuerst androgyn und später geteilt in männlich und weiblich). All dies immer entsprechend des Verlangenszustandes der Wesenheiten. Die höheren können den niederen Wesen nur soviel geben, wie die niederen „vertragen“ können.

Nun ist der göttliche Strahl Ātma–Buddhi–Manas–Kāma-Prana[91] oder: Geist-Geistseele-Verstand-Tierseele-Astralkörper (kondensiert später zum physischen Körper), was dem göttlichen Strahl erlaubt, sich mit der sechsten und siebenten Gruppe der himmlischen Wesen[92], die die niederen Qualitäten im Menschen repräsentieren, auf die sechste und siebente Ebene herabzubegeben.

---

89 Warum menschliches Bewusstein? Ist menschliches Bewusstsein nicht Manas? Nein. Menschliches Bewusstsein tauchte in kosmisches kama (Verlangen), und dort wohnen die meisten unserer Manas. Meditiere darüber, oh Lanoo...

90 Was später die duale Natur im Menschen wird.

91 Höhere Prana. Der ätherische Körper ist niedere Prana.

92 All diese Wesen oder „Götter“ existieren und sind so real wie alles andere, aber auch so vergänglich wie alles andere (Sichtbares uns Unsichtbares). St. Paul schreibt über sie in Cor. 1, viii, 5: „Obwohl es sein kann, dass sie Götter genannt werden, sei es im Himmel oder auf der Erde, denn dort gibt es viele Götter und viele Herren“. (s. späteren Kommentar von St. Chrysostom).

Es sind die Engel der fünften Gruppe, die später wegen ihrer latenten Dualität einen Teil der mentalen Substanz (geschaffen von den Engeln der vierten Gruppe) veranlassten, sich auf die niedere vergängliche Natur anstatt auf den ewigen unsterblichen Geist zu konzentrieren. Dieser Prozess führt bereits um 155 Billionen v. Chr. zu sexartiger Aktivität bei den frühen „menschlichen" Rassen, sogar bereits auf astral-spiritueller Ebene. Dann ist es die menschliche Kreatur, die sich langsam teilt, zuerst in super-astrale männliche und weibliche Wesen (jedoch nicht in die männlichen und weiblichen Formen von heute). Diese Dualität oder Trennung in Geschlechter verursacht einen starken psychischen Eindruck auf allen kosmischen (oder vielmehr niederen astralen) Ebenen, denn sie sind, wie alles andere, eine direkte Emanation der himmlischen Menschen. Schließlich müssen sich die ersten astralen Tiere in männliche und weibliche Aspekte teilen. Dieser Berg der Dualität fließt durch alle niederen Ebenen und Planetenketten, bis er um 50.000.000 v. Chr. auf dem Planeten Erde schließlich umgekehrt wird, wenn sich die Tiere **vor den Menschen** in männlich und weiblich teilen. Die menschliche Rasse teilt sich um 18.000.000 v. Chr. OM. Ehre dem **BUCH DES LICHTS.**

Es gibt bewusste ätherische Wesen (Gruppen und Randgruppen). Sie variieren von formlosen (ätherischen) bis zu atomaren, aber noch unsichtbaren Organismen. Sie sind der Geist der Atome oder der erste Schritt zurück von einem physischen Atom[93]. Sie sind, wie Blavatsky schrieb „...empfindungsfähige, wenn nicht intelligente Kreaturen." Und sie haben alle Karma auszuleben. Es ist ein kosmisches Trauma, dass später die Kräfte oder Engel nicht in der Lage waren, dem Ruf des Karma zu folgen und siebenfältige Menschen zu „schaffen", wie es ihnen damals vor Billionen von Jahren gezeigt wurde, und zwar von jenen Gruppen oder Klassen der himmlischen Wesen, von denen sie selbst später abstammten, dazu bestimmt, die Menschheit bzw. die Beilegungen, von uns „Menschheit" genannt, wiederzuerschaffen, besonders in der 18001. Verkörperung unserer Erdkette. Und sieh, wie sie versagten...

Tatsache ist, jede Monade, sei es im Mineral-, Pflanzen-, Tier-, Menschen- oder Engelreich, muss bei jedem neuen Wiedererwachen allen universellen Lebens (oder alle 2 x 311.040.000.000.000 Jahre) neu mit ihren entsprechenden (und mehr oder weniger entwickelten) Prinzipien ausgestattet werden, und zwar von DER HIERARCHIE DER KREATIVEN KRÄFTE oder DEN HIMMLISCHEN WESEN. Ohne diese Prinzipien könnte es kein Wachstum geben, weder für Minerale noch für Pflanzen, Tiere, Menschen oder sogar Gott. Und entsprechend ihrem selbstgeschaffenem Karma erhalten Minerale[94], Pflanzen, Tiere, Menschen und sogar Deva-Monaden

---

93 Es gibt einen Hinweis auf die Tatsache, dass du, wenn du den Geist eines Atoms beeinflusst, das Atom beeinflusst. Genug gesagt...

94 Ja, Minerale, Pflanzen und Tiere schaffen auch Karma.

genau die Prinzipien (welche auch Monaden sind), nach denen es ihnen verlangt. Mit anderen Worten: Die himmlischen Wesen kleiden die monadischen Sutratma oder Strahlenseelen bei jedem neuen Anbruch kosmischen Lebens in ihre Prinzipien, wie eine Mutter jeden Morgen ihr Baby aufs Neue kleidet. Etwas anderes ist wichtig: Die junge Monade, die noch keine Erfahrung auf irgendeiner kosmischen Ebene hat, handelt wie folgt: Wenn sie aus oder vielmehr durch Brahman und vom absoluten Parabrahman entsteht, ist die Monade noch in einem Zustand, wo es ihr an spirituellem und intellektuellem Bewusstsein mangelt. Mit anderen Worten: Sie ist ein Supergott, ist sich aber dessen (noch) nicht bewusst. Um sich dessen bewusst zu werden, reflektiert die Monade weder auf die atmische noch auf die Buddhi-Ebene, wo sie wohnt, sondern überspringt diese zwei Ebenen und reflektiert direkt auf die mentale Ebene. **DAS BUCH DES LICHTS** lehrt, dass der Spielraum der mentalen Ebene vom Bewusstseinszustand, ein Stein zu sein bis hin zum Bewusstseinszustand, ein Gott zu sein, reicht. So weit und weiter reicht die mentale Ebene. Jede Form, sei es ein Stein, eine Pflanze, ein Tier, ein Mensch oder Gott ist per esoterischer Definition ein Bewusstseins- oder Verlangenszustand, hervorgerufen durch den Willen zu sein. Aber die Monade selbst verlässt niemals ihre Ebene, bleibt all die Zeit die gleiche reflektierende Monade, die so Inkarnation um Inkarnation verursacht, geleitet von ihrer Intensität des Verlangens. Sie klammert sich weniger und weniger an die Materie und kehrt schließlich als voll bewusster göttlicher Geist zur Gottheit zurück. Oh Lanoo, werde der Gott, der du bist.
Die Frage bleibt: Woher kommen die HIMMLISCHEN WESEN? Antwort: Von nirgendwo, sie waren immer da. Sie sind aja, anupapadaka oder elternlos. Unerschaffen wie jede Monade, das sind sie, und das sind wir alle. Verstehst du das nicht? Wenn etwas oder jemand sie erschaffen hätte, würden wir fragen: Und wer schuf ihn oder es? OM MANI PADME HUM sagt alles. „Oh Juwel im Lotus“. Wir alle sind Juwelen im Lotus oder Monaden in Brahman, unerschaffen und deshalb im Kern UNSTERBLICH. OM.

DAS AUFBRECHEN MONADISCHER STRUKTUREN

Das Aufbrechen passiert bei jeder Kreatur beim Tod, während des Schlafes und zwischen jeder kleinen oder großen Periode kosmischer Aktivität oder Manvantara. Zum Beispiel: Ein Dhyan Chohan von der siebenten Runde des Mondes spaltete sich auf in seine verschiedenen Hauptprinzipien, welche Monaden sind. Dieser Dhyan Chohan kehrte, wie wir sehen werden, nicht in seiner Ganzheit zur neuen Erdkette zurück, sondern in einer bestimmten monadischen Reihenfolge und bildet so bzw. hilft beim Bilden der neuen Kette, unserer Erde mit ihren sechs (oder 9 oder 11) unsichtbaren Globen. OM. Die Reihenfolge monadischen Erscheinens aller Wesen von der Kette vor unserer Erdkette an wird im **BUCH DES LICHTS** im Detail beschrieben.

Zum Beispiel: Ein Dhyan Chohan vom Mond spaltet sich auf in lunar-monadische Teile, manasaputrisch-monadische Teile usw., bis die Strahlenseele von allen Prinzipien befreit ist. Dann (auch nach dem Schlaf, Tod und/oder Pralaya) gruppieren sich diese Prinzipien wieder von selbst um Sutratman oder die Strahlenseele wie Vögel am Morgenhimmel um ihren Leitvogel. OM der Weisheit und dem Wissen.

Hier ist Weisheit: Es sind die fünf mittleren menschlichen Prinzipien (in uns) oder Buddhi, Manas, Kama, Prana, Linga, die tatsächlich diese fünf Gruppen oder Dhyanis sind (Geistseele, Verstand, Tier, Ätherkörper, Astralkörper). OM.

Diejenigen, die den Verstand haben zu verstehen, müssen die Macht der Weisheit und des Wissens, enthüllt im **BUCH DES LICHTS**, fühlen. Warum? Weil ich dir gerade das Geheimnis des fünfeckigen Sterns enthüllt habe. Du bist fünf, oh Lanoo, denn Atman oder der göttliche Strahl kommt von dem Einen, und dein physischer Körper ist mehr oder weniger ein Resultat oder eine Auswirkung, nämlich des Astralkörpers, was der Grund dafür ist, weshalb der Astralkörper Linga-Sarira genannt wird, was Sanskrit ist und ‚Modellkörper' oder ‚dahinschwindendes Modell' oder ‚unbeständiges Modell' genannt wird, obwohl es längere Zeit überdauert als der physische und der ätherische Körper. I. Geistseele. II. Verstand, III. Tierseele, IV. Ätherkörper, V. Astral. Das sind wir, ja und wenn du den fünfeckigen Stern trägst, der ein Symbol dessen ist, was du bist, dann kannst du dich selbst schützen. Und was bedeutet der sechseckige Stern mit dem Punkt im Zentrum? Der sechseckige Stern bzw. das doppelte Dreieck mit einem Punkt im Zentrum ist der siebenfältige Mensch und der Punkt im Zentrum bedeutet Atma, der HÖCHSTE und letzte Schleier, der NIRVĀNA verhüllt. Und doch sage ich: Alles, was du tun musst, um dich gegen das Böse zu schützen, ist folgendes: Sei rein, einfach und unschuldig, meditiere täglich und studiere **DAS BUCH DES LICHTS** und die UNSTERBLICHKEIT wird dein sein. Oh Lanoo, eines Tages werden wir (die Prinzipien in uns) zur Hierarchie der kreativen Kräfte zurückkehren. Der Sohn kehrt zum Vater heim. OM.

Nun weißt du es, oh Lanoo, wir (unsere Beilegungen) wurden von diesen himmlischen Wesen[95] nicht nur geschaffen, wir SIND sie (Knochen von ihren Knochen und Fleisch von ihrem Fleisch...). Und wir sind mit ihnen verbunden, und zwar EIN MAHĀ-MAHĀ-MANVANTARA oder 311.040.000.000.000 Jahre lang.

Und eines Tages werden wir, unsere niederen Prinzipien, zu ihnen zurückkehren und sie werden gemeinsam mit uns in Brahman wieder vereint. OM. Und wer schuf die himmlischen Wesen? Niemand. Sie waren wie WIR in Essenz immer da. Selbstenthalten im universellen Denken, wiedererwacht und neu manifestiert bei jedem Anbruch einer Periode großer kosmischer Aktivität. Der Begriff ‚Eynsoph', abgeleitet

95 „ ... Alle empfindungsfähigen vollständigen Wesen (einschließlich des Menschen) werden am Anfang mit Formen und Organismen ausgestattet, die sich in voller Harmonie mit der Natur und dem Zustand der Sphäre, die sie bewohnen, befinden." (Geheime Kommentare).

vom jüdischen ‚Quabbalah' enthüllt es bereits im Deutschen: ‚Eyn Soph', eine Suppe bzw. eine kosmische Suppe. Bei jedem Wiedererwachen allen universellen Lebens präsentiert sich DAS EWIG UNERKLÄRBARE selbst als eine kosmische nicht-atomare Suppe mit allen Zutaten darin, denn sie waren prä-existent als Noumena oder als Objekte, die durch intellektuelle Ahnung ohne Hilfe der Sinne verstanden wurden. Dann „kocht" die Suppe und göttliche Bewegung veranlasst all die abstrakten Kräfte, sich allmählich und in hierarchischer Reihenfolge im SICHTBAREN UNIVERSUM zu manifestieren. Aber, oh Lanoo, um ca. 155 Billionen n. Chr. wird alles wieder ‚Eyn Soph' oder eine kosmische Suppe sein. OM. Ehre **DEM BUCH DES LICHTS**, Retter der Menschheit. OM.

DAS ENTSCHLEIERTE GEHEIMNIS (ein Schlüssel) DES FÜNFECKIGEN STERNS UND SEINE BEZIEHUNG ZU DEN FÜNF DHYANI CHOHANS, auch die sechsfältigen Dhyani Chohans genannt, welche ... wir sind:

„Von nun an hat der Mensch wieder die Möglichkeit aller SIEBEN PRINZIPIEN als Keim in sich selbst." (Meister K.H.). Sie (die fünf) werden sechsfältig genannt, weil ihre „Körper" sechs spirituelle Elemente enthalten bzw. darauf gebaut sind. Sie sind Menschen minus dem physischen Körper. Dies, oh Lanoo, ist der sechseckige Stern mit seinem siebenten, dem zentralen Punkt, und seiner wahren Bedeutung und Manifestation durch die sieben himmlischen Wesen und ... uns. Aber wir können auch sagen, und das ist kein Widerspruch: „Saturn, Jupiter, Merkur und Venus[96] statteten unsere Menschlichkeit mit äußeren und inneren Eigenschaften aus, und die REGENTEN oder PLANETEN oder Geister dieser Planeten gaben uns unsere Monaden und spirituellen Fähigkeiten." OM.

DER GLEICHE PROZESS, BEEINFLUSST VON DER ZENTRALEN POLAR- ÄQUATORIAL- UND SICHTBAREN SONNE

Schritt 1: Das höchste Prinzip dringt beim Wiedererwachen allen universellen Lebens durch[97] die zentrale Sonne und die Polarsonne. Diese zwei Sonnen strahlen auf den (späteren) Menschen und sein Ātma (Geist).

Schritt 2: Wenn das höchste (oder 7.) Prinzip die ÄQUTORIALSONNE erreicht, verschmilzt Buddhi mit Ātma und dem höheren Denken oder Manas, woraus Ātma-Buddhi-Manas oder GEIST-SEELE-DENKEN resultiert. OM sei der Dreifältigkeit in allem.

---

96 Und drei andere enthüllt im **BUCH DES LICHTS**. All diese himmlischen Körper waren in direkter astraler und psychischer Kommunikation mit der Erde und ihren spirituellen Herrschern (moralisch und physikalisch).

97 VON Nirvāna zu der Zentralen Sonne, dann DURCH sie.

Schritt 3: Das 7. Prinzip erreicht die sichtbare Sonne, indem es im materiellen Zentrum des Universums rotiert. Das verursacht geringeres Denken oder manas und ebenfalls sein Vehikel, welches Verlangen ist oder Kama oder Kāma-Rupa (Verlangensform). Später entwickelt dieses kāma-rupa INDIVIDUALISIERTES BEWUSSTSEIN oder das persönliche Ego im Menschen. Der Astralkörper, der ätherische und der physische Körper werden von dem Geist der Erde[98] versorgt. OM.

Die Bedeutung des Geistes oder MANAS in uns wird durch das folgende Zitat aus dem *Buch des Dzyan* bewiesen: „Zuerst der Atem, dann Buddhi und der ‚Schatten-Sohn' (Körper) wurde geschaffen, aber wo war der Dreh- und Angelpunkt (das mittlere Prinzip Manas)? Die Menschheit ist verloren. Wenn allein, dann haben das „erschaffene", aber undifferenzierte Element und das Vehikel keine Verbindung. Vielmehr: Der Geist der Erde baut den physischen Körper auf, was die Lebensgeister anzieht, die den astro-ätherischen Körper formen. (Buddhi) - der Grund des Grundlosen - bricht weg vom manifestierten Leben „bis gefestigt und zusammengehalten vom mittleren Prinzip, dem Vehikel des persönlichen Bewusstseins der Jiva." Auch hier arbeiten die Hierarchien natürlich weiter mit prä-existentem Material.
Wichtig: Nicht alle Hierarchien der kreativen Kräfte, die von Brahman und den Sieben Strahlen emanieren, haben eine Form. Einige, zum Beispiel die niedersten Elemente[99] (Naturgewalten, Gnome, Elfen, Feen u. a.) haben keine eigene Form, können aber entsprechend der umgebenden Bedingungen jede Form annehmen.

KURZE ZUSAMMENFASSUNG DER LEBENSZEIT DES UNIVERSUMS

311.040.000.000.000 Jahre oder 36.000 VERKÖRPERUNGEN unserer planetarischen Kette, die nun Erdkette genannt wird. Jede Verkörperung schließt 7 Runden oder 4.320.000.000 Jahre ein.
Nach jeder Verkörperung[100] gibt es eine Ruheperiode der gleichen Länge. Während

98 Vielmehr: Der Geist der Erde (Jehova und seine Scharen) baut unseren physischen Körper auf, der die Geister des Lebens anzieht, die den astro-ätherischen Körper formen, all dies geschieht entsprechend unseres Fühlens und Denkens, also entsprechend unseres Verlangens- oder Bewusstseinszustandes.

99 Nicht zu verwechseln mit den Elementen, die die sogenannten astralen Hüllen oder astralen Reste des Menschen nach dem Tode sind. Diese astralen Hüllen oder Elemente ziehen bzw. irren durch die Erdatmosphäre, angefüllt mit den brutaleren Instinkten der Hülle und für eine bestimmte Zeit voll lebendig.

100 Wir sind jetzt in der 18001. Verkörperung.

311.040.000.000.000 Jahren gibt es also 36.000 Verkörperungen und 36.000 Ruheperioden, was 4.320.000.000 mal 72.000 kosmische Perioden ergibt oder auch 311.040.000.000.000 Jahre. OM.
Alles wird durch die Sieben Urstrahlen verursacht, die die Sieben Strahlen aus Brahman (latent männlich-weiblich) emanierten, was LICHT (20612 im Verhältnis zu 6561) ist. Dieses Licht oder Brahman emanierte oder REFLEKTIERTE vom NICHT-MANIFESTIERTEN BRAHMAN, den du Gott nennen kannst.
Welche ist die GOTTESZAHL? Das Verhältnis von männlich (20612) zu weiblich (6561). 20612: 6561= 3,1415...[101]. **GOTT IST 3,1415. OM.**

ZYKLEN

Der Kosmos und alles darin ist in ein Netz von ZYKLEN verstrickt. Jede Sekunde unseres Lebens unterliegt dem Gesetz der Zyklen. Diese Zyklen werden auch KALPAS genannt; 311.040.000.000.000 Erdjahre sind ein Maha-Kalpa oder ein ‚großer Zyklus' oder auch 100 Jahre BRAHMA. Nach diesem ‚großen Kalpa' gibt es eine Ruheperiode der gleichen Länge. Diese 100 Jahre BRAHMA werden in „Tage" und „Nächte" eingeteilt oder in Perioden der Aktivität und Perioden der Ruhe oder in Manvantara und Pralaya. Bevor ich diese Zyklen im Detail darstelle, müssen wir verstehen, was ein YUGA ist. Ein Yuga ist auch eine Zeitperiode[102].

<u>Es gibt vier große Yugas oder Perioden der Evolution:</u>
<u>Die erste Periode</u> der Evolution dauert 1.728.000 Jahre und ist das „Zeitalter der Reinheit und Unschuld" oder Satya-Yuga[103] (oder Krita-Yuga).
<u>Die zweite Periode</u> kosmischer Evolution heißt Treta-Yuga und währt 1.296.000 Jahre.
<u>Die dritte Periode</u> heißt Dwapara-Yuga und währt 864.000 Jahre.
<u>Die vierte Periode</u> heißt Kali-Yuga und währt 432.000 Jahre. Zusammen ergibt das 4.320.000 Jahre.

---

101 Obwohl rein kabbalistisch im Alten Testament gesagt wird, dass Gott (Alhim, 31415) Licht (20612 bis 6561) schafft und im Neuen Testament erschuf das Licht Gott. In Wahrheit gibt es keinen Schöpfer. Nun verstehen wir die von D.D. Cassell stammende Übersetzung des Buches *„The Book Al-chazari"* (Jehuda-ha-Levi), wo der Rabbi dem Prinzen erklärt: Und 31415 zu 1 (31415:1) sagte Gott: „Es werde 20612 zu 6561 (20612:6561)", was wieder 31415 oder der manifestierte Gott oder das Licht ist.

102 Kalpa und Yuga sind Sanskrit-Begriffe. Kalpa -von klrip- geordnet sein. Yuga -von Yuj- vereinen.

103 Satya ist die Wahrheit.

Doch wie auch der Tag nicht nur aus „Tag“ besteht, sondern auch eine Morgendämmerung und eine Abenddämmerung hat, geht auch jeder kosmischen Periode eine Morgen- und Abenddämmerung voraus. Ich bezeichne sie im folgenden Diagramm als M + A.

Die vier Yugas

Yuga	Jahre
M	144.000
Krita-Yuga	1.440.000
A	144.000
	1.728.000
M	108.000
Treta-Yuga	1.080.000
A	108.000
	1.296.000
M	72.000
Dwapara-Yuga	720.000
A	72.000
	864.000
M	36.000
Kali-Yuga	360.000
A	36.000
	432.000

Gesamtzahl der Jahre: 4.320.000

Addiert man dazu eine Periode kosmischer Ruhe, dann ergibt dies 8.640.000.000 Jahre. Und da ein BRAHMA-JAHR 360 solch kosmischen Tagen und Nächten entspricht, lebt BRAHMA 100 kosmische Jahre[104] oder 311.040.000.000.000 Erdjahre. Das wird

104 Was EINEM TAG VON BRAHMAN, höherem Selbst des ganzen Universums, entspricht. Eine Nacht von BRAHMAN ist von der gleichen Länge.

auch Mahā-Kalpa oder Mahā-Mahā-Manvantara genannt. OM der Weisheit und dem Wissen. Wir können in dieser Berechnung klar sehen, warum und wie die Bibel von Hindu-Schriften abgeschrieben und wie die symbolische Kreuzigung eines EINGEWEIHTEN zu einer WIRKLICHEN KREUZIGUNG verändert wurde. Die Brahma-Jahre wurden sozusagen Erdjahre oder wir missverstanden sie (absichtlich) als solche; und als Gott in sieben Tagen „schuf", sind nicht unsere Tage gemeint, sondern, wenn überhaupt, Brahma-Tage. Lies die Veden und du wirst darin alles finden, was in der Bibel geschrieben steht, einschließlich eines Gekreuzigten, dessen Name Wittoba ist, was einfach das Ebenbild des gekreuzigten Krishna oder Krsna ist, von woher später die griechischen Chrestos und dann Christen die wirkliche Kreuzigung nahmen. Aber die Veden und die ceylonesischen Schriften, die orientalische Kabbala und alle anderen alten heiligen Schriften aller Nationen sind viel älter als die Bibel, und doch erzählen sie (auf weniger verzerrte Art) die gleichen Geschichten, die ja nur Millionen und Milliarden Jahre kosmischer und menschlicher Geschichte sind.

ERKLÄRUNG DER KOSMISCHEN FORMEL

Lebenszeit unseres Universums: 311.040.000.000.000 Erdjahre oder 100 Brahmajahre[105] oder 36.000 Verkörperungen (planetarische Ketten) oder 252.000 Runden (7 pro Kette oder Verkörperung). Jede Verkörperung (7 Runden) dauert 4.320.000.000 Erdjahre oder 7 Runden auf einer Kette. Diese 4.320.000.000 Jahre oder 7 Runden werden auch „ein Tag von Brahma" genannt. Ein Brahma-Jahr entspricht 360 Tagen, einhundert Brahma-Jahre sind 36.000 Tage (kosmische Tage) oder auch 36.000 Verkörperungen einer planetarischen Kette[106]. Diese 36.000 Verkörperungen, 4.320.000.000 Erdjahre für jede, dauern 311.040.000.000.000 Jahre. Warum ist dann 4.320.000.000 x 36.000 nur die Hälfte von 311.040.000.000.000? Wegen der Brahma-Nächte. Zwischen jeder Verkörperung bzw. jedem Brahma-Tag, der 4.320.000.000 Jahre dauert, gibt es Auflösung (oder Pralaya) der Kette für die gleiche Anzahl von Jahren, nämlich 4.320.000.000. Deshalb: Ein Brahma-Jahr besteht aus 360 Tagen und Nächten. Ein Tag und eine Nacht sind 4.320.000.000 plus 4.320.000.000 oder 8.460.000.000 Erdjahre.

Multipliziere das mit 360, und du wirst ein Brahma-Jahr oder 3.110.400.000.000 Erdjahre erhalten. HUNDERT Brahma-Jahre sind dann 311.040.000.000.000 Erdjahre oder ein Mahā-Mahā-Manvantara.

---

105 Brahma ist in diesem Fall einfach BRAHMAN männlich-weiblich, was sich nach dem geschlechtslosen BRAHMAN entwickelte.

106 Wenn wir von der Vater-Kette unserer Erdkette zählen.

155.522.169.000.000 Jahre sind vergangen seit dem Wiedererwachen unseres Universums (Brahman) aus dem EWIG-UNERKLÄRBAREN.
Um 155.517.831.000.000 n. Chr. wird alles wieder für 311.040.000.000.000 Jahre im kosmischen Pralaya sein. Wir könnten auch sagen, dass das Universum vor 126003,5 Runden plus 9.000.000 Jahren unserer Erdkette wiedererwachte und das alles in 125006,5 Runden minus 9.000.000 Jahren wieder ins Ewig-Unerklärbare absorbiert wird.
Der Mond entwickelte sich um 10.809.000.000 v. Chr. aus seiner vorherigen Kette (und hat keinen D-Globus auf unserer physischen Ebene). Wir und unsere Erde (Kette) emanierten um 2.169.000.000 v. Chr. aus dem Mond und seiner Kette. Ein Brahma-Jahr entspricht 3.110.400.000.000 Erdjahren und wir können klar erkennen, dass 4.320.000.000 Erdjahre aus einem Brahma-Tag bestehen. JETZT verstehen wir die Bibel, wenn es da heißt, Gott „schuf" die Welt in „sechs Tagen". Nur ein KIND oder kindliches Gemüt kann glauben, dass damit Erdentage oder auch 6000 Jahre gemeint sind. Um 2.151.000.000 n. Chr. wird unser Planet Erde sterben, um nach 4.320.000.000 Jahren Pralaya der Mond einer neuen „Erde" zu werden.

ZURÜCK ZUM „BEGINN"- UM 155.522.000.000.000 v. Chr.

Wie emaniert Brahman die Sieben Strahlen? Brahman „spricht" DAS WORT bzw. schwingt (Ākāśa in Schwingung, verursacht von dem Verlangen zu sein), was im Universum[107] resultiert. Dann spricht Brahman sieben Worte, und das Ergebnis sind 3, 4 und

DIE SIEBEN STRAHLEN

Dann spricht jeder der Sieben Strahlen SEIN Wort und emaniert so weitere siebenfältige Sets von Strahlen. Jede dieser siebenfältigen Emanationen gibt das Wort[108] weiter und zieht so um sich herum „Materie" [109] auf seine Ebene, um so eine Sphäre oder einen Globus[110] (der später ein materieller Planet wird) zu bilden. Es ist das Wort, ausgesprochen vom Geist, oh Lanoo, das die Kraft hat, Berge zu versetzen oder sogar einen Planeten, ja ein Universum entstehen zu lassen, wenn das Wort richtig „gesprochen" wird. Welches, oh Mahā-Chohan, ist das Wort, das von Brahman, dem

107 Oder kosmisches wiedererwecktes "jungfräuliches Ei", aber immer noch mit keinem sichtbaren Universum gefüllt (7-dimensional).

108 Wie jeder Eingeweihte, bevor er stirbt, „das Wort" an seinen Nachfolger weitergibt...

109 Kosmische Materie = prakriti oder daiviprakriti.

110 Mit einem zytoplasmischen Zentrum, umgeben von kosmischem Feuer.

höchsten Selbst unseres Universums, gesprochen wird? Das Wort, oh Lanoo, war und ist...

O M [111]

Sprich es nur mit Liebe und Freude im Herzen aus, oh Lanoo, anderenfalls wird es dich ZERSTÖREN.

Welches sind die Worte, die von jedem der Sieben Strahlen ausgestoßen wurden und so das ganze Universum mit allem darin verursacht haben, oh großer Chohan?
„Suchst du nach diesen Rätseln? Kein Rätsel ist hervorragender als sie (die 7 Vokale), denn sie werden eure Seelen unter das Licht der Lichter bringen. Nichts ist deshalb hervorragender als die Rätsel, nach denen ihr sucht; es rettet euch nur das Geheimnis der 7 Vokale und ihre 40 + 9 Kräfte (49 Ketten und auch Runden, aber auch unsere 7x7 Chakren, die die sieben Siegel der Apokalypse sind) und die Zahlen davon." (Jesus, Pistis Sophia).

Die Worte sind:

1. Strahl	2.Strahl	3.Strahl	4.Strahl	5. Strahl	6.Strahl
AUM	MA	NI	PAD	ME	HOUM[112]

Und das siebente, oh Maha-Chohan?

Das siebente, oh Lanoo, ist die Summe der Sechs, die abstrakte GOTTHEIT oder DAS FÜNFTE PRINZIP DER KOSMISCHEN NATUR oder AUM-MANI-PADME-HOUM.

---

111 Beherzige: OM ist die sichtbare bzw. hörbare AUSWIRKUNG von BRAHMAN, der das Wort ausspricht. AMEN ist von OM (bzw. AUM) abgeleitet.

112 OM MANI PADME HUM hat die gleiche Wirkung und ist leichter auszusprechen.

Der ENGEL des 1. STRAHLS ist eine Linie  = 1, oder Zahl [113].

Der ENGEL des 2. STRAHLS ist ein Dreieck  = 3.

Der ENGEL des 3. STRAHLS ist ein Pentagramm  = 5 [114].

Der ENGEL des 4. STRAHLS ist eine zweite Linie  = 1.

Der ENGEL des 5. STRAHLS ist ein Würfel  = 4.

Der ENGEL des 6. STRAHLS wird noch kommen.

Der ENGEL des 7. STRAHLS wird noch kommen [115]. Das ist jedoch keine Personifizierung der Abstraktionen.

Mit anderen Worten: Brahman war die abstrakte Quelle, ein Kreis, bevor er sich zum höheren Selbst unseres Universums entwickelte. Der Engel des ersten Strahls war die abstrakte Wurzel einer Linie – bevor er sich zum Engel des ersten Strahls entwickelte. So, Lanoo, kannst du sehen, dass alles, das ganze Universum, wie es jetzt ist, zuerst abstrakt war, bevor es Realität wurde.
Der Kreis ist das Universum. Die Zahlen um den Kreis oder um das Universum herum sind „der Ring, der nie vergeht" und zur gleichen Zeit der Schlüssel zu allem innerhalb der Ringe oder das Verhältnis jeden Umfangs zu seinem Durchmesser (des Ringes oder des Kreises) oder

3 1 4 1 5 oder 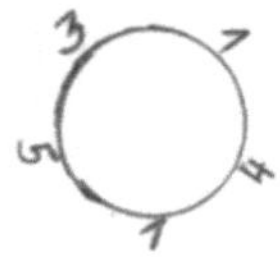

OM dem „Ring, der nie vergeht", HERRSCHER und BEOBACHTER ALLER RINGE, denn er berührt parabrahmanische Regionen. OM.

---

113 Diese Zahl ist von keiner Zahl abgeleitet.

114 Warnung! Wenn das Pentagramm mit zwei Hörnern nach oben gezeichnet wird, bedeutet es immer Schwarze Magie.

115 Aber beide (6. und 7.) latent vorhanden. Oder: Jeder der Sieben Strahlen enthält in sich selbst die Natur der anderen sechs Strahlen, was jeden Strahl siebenfältig macht.

Die Maße waren zuerst
Die Maße schufen den Namen Gottes
Der Name Gottes (Jehova) schuf Verehrung
Kehre zu den Maßen zurück, oh Lanoo

BRAHMAN UND DIE UNIVERSELLE KETTE [116]

Zwölf Strahlen evolvieren zwölf Globen auf sieben kosmischen Ebenen, und zwar von innen nach außen. Warum jetzt 12 und nicht 7? Weil die anderen fünf Strahlen und ihre Globen (1,2,3,11,12) noch jenseits jeglichem Begriffsvermögens liegen, deshalb existieren sie noch nicht einmal. Jeder Globus in dieser Kette ist einfach ein Repräsentant von fast endlos vielen anderen Globen auf seiner Ebene. Aber sie (die fünf oberen Globen dieser aus zwölf Globen bestehenden Kette) werden zu gegebener Zeit erscheinen, wenn wir erst einmal die entsprechenden Sinne entwickelt haben. Es sind in der Tat WIR, die diese Globen rufen werden.... Alle Globen (siehe Kette) unseres Universums sind zuerst (1) göttlich, dann (2) göttlich-spirituell, dann (3) göttlich-spirituell-mental, dann (4) göttlich-spirituell-mental-verlangend, dann (5) göttlich-spirituell-mental-verlangend-astral, dann (6) göttlich-spirituell-mental-verlangend-astral-vital, dann (7) göttlich-spirituell-mental-verlangend-astral-vital-physisch, was unser sichtbares, materielles Universum ist, mit all seinen Globen, Galaxien und Neutralitätszentren (Schwarze Löcher)[117], dann (8) göttlich-spirituell-mental-verlangend-astral-vital, dann (9) göttlich-spirituell-mental-verlangend-astral, dann (10) göttlich-spirituell-mental-verlangend, dann (11) göttlich-spirituell-mental, dann (12) göttlich-spirituell und schließlich wieder göttlich. OM.
All das (1-12) passiert in 311.040.000.000.000 Erdjahren oder einem Mahā-Manvantara.
-Wenn die ersten drei und die letzten zwei Globen (zusammen die fünf oberen) noch kommen werden, warum wird dann gesagt, „zuerst“ gibt es einen göttlichen Globus, dann einen göttlich-spirituellen usw.?
-Löse das Rätsel, oh Lanoo, aber nicht mental, sondern in der Meditation (was dich zur ERSTEN EINWEIHUNG führen wird).

---

116 Alle sichtbaren bzw. für uns sichtbaren Galaxien. Sie sind das äußerste Gewand Gottes, weil Gott grenzenlos ist: „Schöpfung“ geschieht nicht von, sondern durch geringere Kräfte oder Elohim oder die Sieben Strahlen und ihre endlos vielen Emanationen. OM.

117 Oh, Lanoo, das höhere Selbst oder BRAHMA oder LOGOS von, zum Beispiel unserem Sonnensystem, aber auch die Engel selbst sind in Wirklichkeit gemeint, wenn man in Genesis, Kap. II von „Menschen gemacht nach dem Ebenbild Gottes“ schreibt. Die himmlische Menschheit (Brahma) ist gemeint und NICHT der physische Mensch. Er kommt später...

155.522.169.000.000 v. Chr. – 155.517.831.000.000 n. Chr.
Geburt des Universums – Tod des Universums

Geburt, Leben und Tod der universellen Kette aus dem EWIG-UNERKLÄRBAREN

Im Moment des kosmischen Wiedererwachens allen universellen Lebens gibt es ein unmittelbares Auftreten der Dualität oder Polarität, die sich selbst im Höchsten und im Niedrigsten manifestiert. Diese zwei Kräfte wohnen der ersten Reflexion oder Emanation, Christus oder Brahma genannt, inne. Die kosmische Dualität trennt die zwei Kräfte oder Pole, die vorher in Einem eingeschlossen waren. Das geschieht während des Urknalls und verursacht ihn tatsächlich. Während sie sich differenzieren oder polarisieren, bilden das Höchste und das Niedrigste 12 Globen zwischen sich. Diese 12 Globen sind in diesem Moment nichts weiter als abstrakte Prototypen dessen, was später hinunterschwingen wird auf die 7 Ebenen in die 7 Muttergalaxien, auf jeder kosmischen Ebene vom Höchsten zum Niedrigsten. So werden das Höchste und das Niedrigste, beide Aspekte desselben, getrennt, aber zur gleichen Zeit verbunden mit oder durch die 12 Globen der universellen Kette. Brahman meditiert beim Wiedererwachen allen universellen Lebens auf den 12 Globen seiner universellen Kette. In Wahrheit verschmelzen alle Globen jeder Kette in einer. Die Festigung der 12 Globen wird verursacht durch kosmische Interaktion zwischen dem Höchsten und dem Niedrigsten, und auf diese Art und Weise werden die Globen mit den entsprechenden monadischen Lebenswellen, die die Globen bilden, seien sie spirituell, mental, emotional oder physisch, aufgefüllt. Wann immer ein Globus der universellen Kette seine endgültige Struktur und Natur erreicht hat, wirft der Globus fast unendlich viele Sub-Galaxien von sich selbst auf die entsprechende Ebene in den Weltraum. Eine Runde von Globus 1-12 der universellen Kette dauert 311.040.000.000.000 Erdjahre. Dann kollabiert die ganze universelle Kette mit allem darin, um 311.040.000.000.000 Jahre im EWIG UNERKLÄRBAREN oder EWIG UNERKENNBAREN, also im URGRUND zu ruhen. Dann erwachen alle kosmischen Kräfte wieder, um 311.040.000.000.000 Jahre aktiv zu werden, dann ruhen sie. Und so weiter, ohne Anfang und ohne Ende...

PHASE EINS

Das Niederste zwingt einen Aspekt des Höchsten, die Quelle zu verlassen und Bewusstsein auf der göttlichen Ebene zu erreichen, indem es sich selbst mit dem GÖTTLICHSTEN Globus oder Globus EINS, Lebensspender aller Wurzel-Manus, die den ersten Globus aller 12 gefalteten Ketten evolvieren, umgibt.

PHASE ZWEI

Das Niederste zwingt einen Aspekt des Göttlichsten, auf die spirituelle Ebene überzugehen, was in einem höchsten GÖTTLICH-SPIRITUELLEN Globus oder Globus ZWEI resultiert.

PHASE DREI [118]

Das Niederste zwingt einen Aspekt des höchsten Göttlich-Spirituellen, einen Schritt nach unten auf die mentale[119] Ebene zu gehen, was einen höchsten GÖTTLICH-SPIRITUELL-MENTALEN Globus oder Globus DREI ergibt. Das geschieht auf der Ākāśa-Ebene.

PHASE VIER

Strahlende, kühle, diathermische, plastische, nichtphysische atomare Materie und Quelle unseres Geistes[120], was nichts anderes ist als mentale Materie, die als mentaler Körper um unsere Monade herum angeordnet ist. Das Niederste zwingt das höchste Göttlich-Spirituell-Mentale, auf die Verlangensebene überzugehen, was in einem höchsten GÖTTLICH - SPIRITUELL - MENTAL - VERLANGENDEM Globus oder Globus VIER resultiert.

PHASE FÜNF

Das Niederste zwingt das höchste Göttlich-Spirituell-Mental-Verlangende, auf die ASTRAL-EBENE herabzusteigen und verursacht auf diese Art und Weise einen höchsten GÖTTLICH – SPIRITUELL - MENTAL - VERLANGEND - ASTRALEN Globus oder Globus FÜNF.

Oh Lanoo, nicht nur die Ebene kosmischen Kāmas (das Niedrigste), das Göttliche und das Spirituelle, sondern auch Ātman und Buddhi oder die zwei Strahlen aus dem Einen zeigen Dualität. Darüber steigen sie auf, um sich wiederzuvereinen.

PHASE SECHS

Das Niederste zwingt das höchste Göttlich-Spirituell-Mental-Verlangend-Astrale auf die VITAL-(ätherische) Ebene herabzusteigen, was in einem höchsten GÖTTLICH-SPIRITUELL -MENTAL-VERLANGEND-ASTRAL-VITALEN Globus oder Globus SECHS resultiert.

Wichtig: Alle Ketten des Universums wachsen aus und sind verbunden mit der im Zentrum aller Manifestation befindlichen universellen Mutterkette. Da sie zusammen geboren wurden bzw. emanierten, waren alle Ketten und ihre Globen viel enger bei-

---

118 Brahman oder das Eine war ‚Ad' oder der Vater bei den Assyrern, ‚Ad-ad' bei den Aramäern und ‚Adam-Adami' bei den Chaldäern. All das war lang vor Moses. Adam oder der ANDROGYNE Mensch ist die Manifestation von Adam, dem androgynen Wurzel-Geist.

119 Kosmische mentale Ebene natürlich.

120 Später zu uns gebracht von Mental-Engeln.

sammen, aber dann trennten sie sich mehr und mehr, denn sie reiften und individualisierten sich stärker in Laufe der Evolution, fast wie ein Kind, das aufwächst und dann das Haus verlässt, um mehr über das Leben zu lernen. Aber so wie das Kind immer noch geistig mit seinen Eltern verbunden ist, so sind alle Ketten und ihre Globen verbunden, egal, wie weit sie voneinander entfernt sind, denn sich individueller zu entwickeln oder unabhängig zu werden bedeutet nicht, dass man aufhört zu lieben. So kommt also „Trennung“ durch eine erhöhte Individualisierung. Aus einem Kind ist ein Mann oder eine Frau geworden. OM. Das Gesetz der Individualisierung ist auch einer der Gründe für die (vorübergehende) Existenz von Geschlecht bzw. Geschlechtern.

PHASE SIEBEN

Das Niederste, das bisher einfach nur als Kraftzentrum existierte, nimmt die Natur und Struktur aller sechs Globen in einem auf und umgibt sich auf diese Art und Weise selbst mit dem höchsten GÖTTLICH-SPIRITUELL-MENTAL-VERLANGENDEM-ASTRAL-VITAL-PHYSISCHEM Globus, der siebendimensional ist und alle Globen und Ketten unseres sichtbaren und unsichtbaren Universums enthält. OM. Du fragst, oh Lanoo, wie kann das Niederste das Höchste zwingen, irgend etwas zu tun?

Das geschieht auf die gleiche Art und Weise, wie unsere niederen Gefühle, Leidenschaften und unser Verlangen uns zwingen, Dinge zu tun, die wir später vielleicht bedauern bzw. die unser wahres höheres Selbst in dem Moment nicht einmal tun möchte. Das höhere Selbst steht dann hilflos daneben. So zwingt das Niederste das Höchste. Du wirst vielleicht einwenden, dass das Universum ein viel stärkeres „Wesen“ ist als du! Nein. Du und das Universum, das ist dasselbe. Wie oben so unten. Das Universum ist ein Makrokosmos oder großer Kosmos, du bist ein Mikrokosmos oder ein kleiner Kosmos. Alles, was im Universum ist, ist auch in dir und alles, was in dir ist, ist auch im Universum. Es gibt keine Trennung der Kräfte, oh Lanoo. Aber BRAHMAN (und DIE ERSTEN SIEBEN STRAHLEN) ist eine expandierende und kontrahierende Wesenheit. Deshalb zieht ES (Brahman) sich wieder zusammen, wenn das Niederste bzw. die größte Ausdehnung des Universums einmal erreicht ist. Das, ein allmähliches Zusammenziehen, ist die Situation, in der wir und unser Universum gerade jetzt (21. Jahrhundert) sind. Langsam, aber unvermeidbar driften wir alle in Richtung

PHASE ACHT

Das Höchste zwingt das Niederste, seine physische Struktur aufzugeben und sich auf die vitale oder ätherische Ebene zurückzuziehen, was in einem höchsten GÖTTLICH-SPIRITUELL -MENTAL -VERLANGENDEM -ASTRAL -VITALEN Globus resultiert; alle zusammen ergeben oder bilden Globus acht.

PHASE NEUN

Das Höchste zwingt das Vitale, sich einen Schritt höher (in das Astrale) zurückzuziehen, was in einem höchsten GÖTTLICH-SPIRITUELL-MENTAL-VERLANGENDEM-ASTRALEN Globus, Globus 9, resultiert.

PHASE ZEHN

Das Höchste zwingt das Astrale, sich einen Schritt höher zurückzuziehen, was in einem höchsten GÖTTLICH-SPIRITUELL-MENTAL-VERLANGENDEM Globus, Globus 10, resultiert.

PHASE ELF

Das Höchste zwingt das Verlangen, mit dem Mentalen zu verschmelzen, was in einem höchsten GÖTTLICH-SPIRITUELL-MENTALEN Globus, Globus 11, resultiert.

PHASE ZWÖLF

Das Höchste zwingt das Mentale, zum höchsten GÖTTLICH-SPIRITUELLEN Globus, Globus 12, aufzusteigen, so dass dieser alle Samen-Manus-Schöpfer des eigenen Globus gebären kann. Und so entsteht die universelle Kette, Mutter aller Ketten, die von BRAHMAN beherrscht werden, höheres Selbst des Universums. Dieser kettenbildende Prozess erfordert jedoch nur Sekunden. Die universelle Kette „besteht" 311.040.000.000.000.000 Jahre bis ... um 155.517.831.000.000 n.Chr. Die universelle Kette kollabiert, indem sie das Niederste veranlasst, sich wieder mit dem Höchsten zu vereinen, bis Gut und Böse, Gott und Teufel wieder EINS sind, um sich schließlich in das Eine zurückzuziehen, das jenseits allen Begriffsvermögens ist, nämlich PARABRAHMAN. Oh, Lanoo, zerstöre deine PERSÖNLICHKEIT, um deine INDIVIDUALITÄT zurückzugewinnen.

UM 30.249.000.000 v. Chr.
DIE GEBURT UNSERES SONNENSYSTEMS
(Das gegenwärtige exoterische oder äußere Sonnensystem)

Das passiert auf Grund desselben Gesetzes wie 155.522.169.000.000 v. Chr. beim Wiedererwachen allen universellen Lebens. Wie oben, so unten. Dieses, unser Sonnensystem wird sieben planetarische Lebenszeiten und sieben Ruheperioden bzw. 60.480.000.000 Jahre existieren.

Das ist das zweite Sonnensystem bezüglich einer periodischen 3-Schritt Entwicklung. In diesem zweiten Sonnensystem gibt es bzw. wird es zwei dominante Entwicklungen geben. Eine ist die menschliche Entwicklung, die andere die Entwicklung der Engel.

Ca. 60 Milliarden menschliche Monaden und 140 Milliarden Deva[121] (Engel)- Monaden warten darauf, auf alle Ketten herabzusteigen. Die Deva (Engel)- Entwicklung wird auch feminin oder Śakti-Aspekt genannt und ist in unserem Sonnensystem sehr dominant. (Kaum zu glauben, nicht wahr?) Mit dem femininen System meine ich, dass die zweite Manifestation der Logos, nämlich Liebe und Weisheit, in unserem Sonnensystem sehr dominant ist. Sie wird sich durch das menschliche Herz, den Blutkreislauf und das Nervensystem manifestieren. Die Rasse wird lernen durch Leiden. OM.

Das Sonnensystem vor diesem[122] war in seinem Hauptaspekt maskulin und repräsentierte und manifestierte den ersten Aspekt der Logos, welcher Wille oder Macht ist. Dieser Aspekt wird durch die Atmungsorgane geleitet. Ein anderer Ausdruck des einen Aspekts (im früheren Sonnensystem) war die Fähigkeit des Schlafes. Das Solarsystem, das kommen wird, nachdem dieses gestorben ist, wird dominant hermaphroditisch sein. In diesem dritten Sonnensystem, das kommen wird, wird es 300 Milliarden Monaden („menschliche" und Engelmonaden) geben, die nötig sein werden zur Vervollkommnung des dritten Aspekts der dreifältigen Logos. OM. Der dritte Aspekt wird sich hauptsächlich durch die Organe der Nahrungsaufnahme und deren Ausscheidung manifestieren. All das passiert natürlich genau hier und jetzt (21. Jahrhundert), aber in unterschiedlicher Reihenfolge der Manifestation. Oh Lanoo, du lernst durch Gott und Gott lernt durch dich. OM.
Die orthodoxe Wissenschaft lehrt, dass unser Sonnensystem aus Merkur, Venus, Erde, Mars, Jupiter, Saturn, Uranus, Neptun, Pluto und dem Mond besteht. Wir sind damit nicht einverstanden. Ein Hinweis: Exoterisches Sonnensystem: Venus, Mars, Jupiter, Saturn, Merkur, Erde und ein siebenter Planet[123], dessen Identität dem Leser bald enthüllt werden wird.

UNSER ESOTERISCHES SONNENSYSTEM

Unser esoterisches Sonnensystem besteht aus sieben Planeten, die sich um die Sonne drehen. Die Planeten sind A, B, Mars, Erde, Merkur, Y und Z. Jeder dieser Planeten ist siebenfältig oder eine eigenständige siebenfältige Kette. Mars und Merkur sowie

---

121 Wenn die Zahlen sich von anderen esoterischen Schriften unterscheiden und sogar im **BUCH DES LICHTS** variieren, dann deshalb, weil ein Engel auch ein Wirt für Monaden ist. Die oben gegebene Zahl stammt von Meister Djwhal Khul.

122 Es bestand aus 100 Milliarden intelligenten Hauptmonaden.

123 Einer der sieben „Heiligen Planeten". Erde und Mond gehören nicht dazu.

jeder andere Planet sind wie unsere Erde die D-Globen ihrer Ketten[124]. Z. B.: Unsere Erde ist der D-Globus ihrer Kette. ABER: Mit ‚Erde' meine ich noch nicht unsere heutige Erde, sondern deren MUTTERKETTE, aus der viele Billionen Jahre später die heutige Erde evolvierte.

Mentaler Globus (A) (Z) Mentaler Globus

Astraler Globus (B) (Y) Astraler Globus

Mars (C) (E) Merkur

Erde (D)

Die Globen A, B, Y und Z sind (für unsere physischen Sinne) unerkennbar.

.

Nun möchte ich die kosmische Formation unseres esoterischen Sonnensystems beschreiben. Sieben Mal muss sich die große Lebenswelle (fast unzählbar viele Monaden) um die Solarkette oder vielmehr um die große planetarische Kette unseres esoterischen Sonnensystems von Globus A, B, Mars, Erde, Merkur und Y nach Globus Z drehen. Während jeder dieser großen Runden steigen die Monaden sieben Mal auf jeden der INNEREN Ringe oder siebenfältigen Ketten der Planeten A, B, Mars, Erde, Merkur, Y und Z ab. Nach sieben großen Runden um den Planetenring unseres esoterischen Sonnensystems oder 7 x 7 Runden auf jeder der planetarischen Ketten oder inneren Ringe der Planeten A, B, Mars, Erde, Merkur, Y und Z fällt unser esoterisches Sonnensystem in ein solares Pralaya, wonach sich eine neue Kette des Solarsystems entwickelt und so weiter. Zeitperiode eines solaren Mahā-Manvantara: 7 x 7 planetarische Runden oder 7 x 4.320.000.000 Jahre[125]. Die große Lebenswelle hat etwas mehr als 3,5 Runden um die große Kette zurückgelegt und sich analog dazu 3,5 Mal und ca. 9.000.000 Jahre mehr um unsere Erdkette gedreht, was nicht notwendigerweise einschließt, dass die anderen Planeten auch auf ihrer individuellen vierten Runde sind, denn sie sind es nicht.

---

124 Kannst du dir das vorstellen? Obwohl er per Brief von den Meistern über Ketten und Runden unterwiesen worden war (und persönlich durch Blavatsky), nämlich dass jeder Planet seine eigene Planetenkette hat, sozusagen 6 metaphysische Prototypen oder Globen des physischen Planeten, lehrte Mr. Sinnet jahrelang, dass Mars und Merkur einen Teil der siebenfältigen Kette unserer Erde bilden! Mehr darüber später.

125 Einschließlich der gleichen Zeitperiode für interplanetarische Ruhe oder Pralaya.

Wie vollzieht sich die Entwicklung einer solchen „Planetenkette"? Das soll nun erklärt werden. Jede Planetenkette besteht (meistens) aus einem sichtbaren Globus und aus unsichtbaren bzw. unseren Sinnen nicht zugänglichen Globen. Existieren sie darum nicht? Wir können ja Elektrizität auch nicht sehen. Existiert sie darum nicht? Also:

Hier sehen wir die Kette eines beliebigen Planeten.

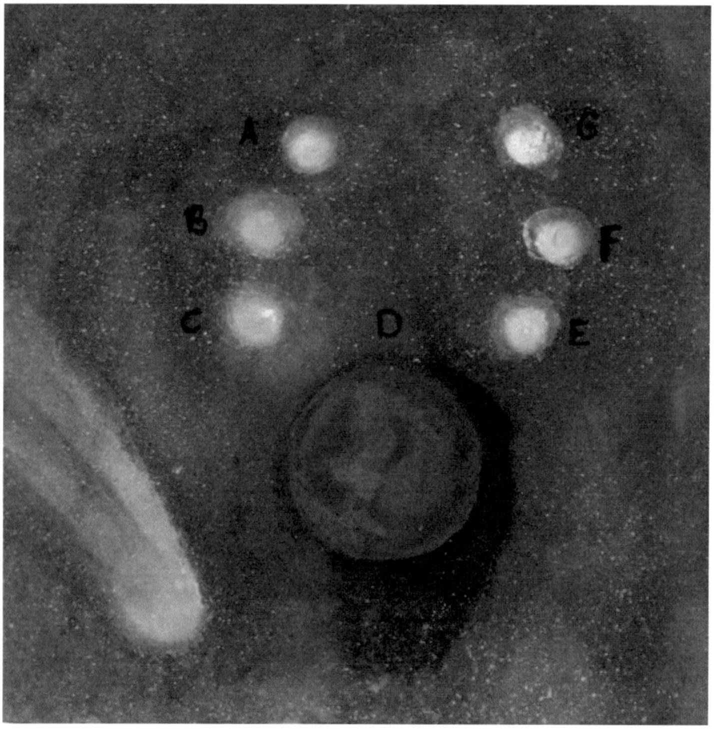

Der D-Globus ist der physische Planet, die anderen Globen seine ätherischen Konterglobus in verschiedener Dichte. Wenn nun der D-Planet stirbt, projiziert er seine Lebensenergie in ein neues Laya-Zentrum oder Zentrum der Differenzierung. Um dieses Zentrum formiert sich neue kosmische Materie und das Spiel beginnt von vorn. Nacheinander sterben alle anderen (ätherischen) Globen und projizieren ebenfalls ihre Energie in ein neues Zentrum oder Laya oder „Schwarzes Loch", und das solange, bis die neue Kette steht. Der Planet D der alten gestorbenen bzw. sterbenden Kette wird der Mond des neuen Planeten, sein Leichnam sozusagen.

Dies sieht dann im Diagramm so aus:

Transformation bzw. Entwicklung der Globen von links nach rechts

alte Kette neue Kette

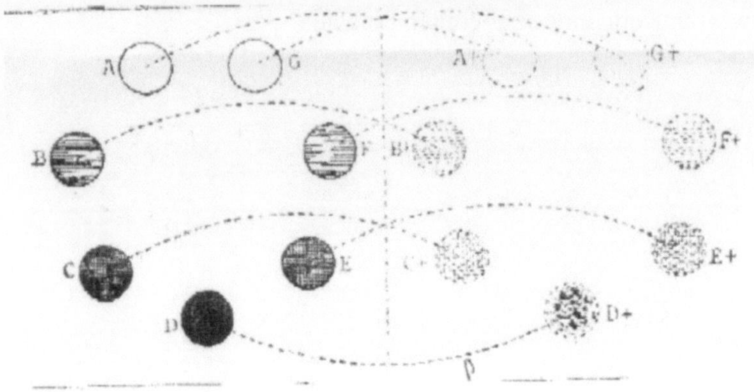

Alle Globen sind bewohnt, der physische mit physischen Wesen, der ätherische mit ätherischen. Selbstverständlich gibt es auch außerirdische, physische und astrale Wesenheiten im Universum.

Die Globen sind nichts als Klassenzimmer für die Monaden. Die Monaden gehen auf den Globen der Kette zur Schule, sind an sie durch Karma gebunden, und nur Monaden, die hoch in der Hierarchie stehen (z. B. Meistern), gelingt es, sich ZWISCHEN den Globen der Kette zu bewegen oder gar zwischen den Planetenketten selber. Wenn die Monaden, beginnend mit Globus A über Globus B, C, D, E und F zu Globus G transmigrieren, dann geschieht das in sieben Klassen oder Hierarchien, dies jedoch je nach Entwicklung, Bewusstsein und „Verdienst" der Monade(n). Nun konzentrieren, bitte: Wenn Klasse 7, die letzte auf Globus A, erscheint, dann ist Klasse 1 oder die erste gerade auf Globus B übergegangen. Immer mehr Monaden sinken auf die Kette, Globus für Globus, bis eine Runde vollendet ist. Wenn die Monaden sieben Runden auf Kette 1 absolviert haben, „stirbt" die Kette Globus für Globus, und zwar so: Hat – in der siebenten Runde – Klasse 7 den Globus A der Kette 1 verlassen, dann stirbt Globus A der Kette 1und projiziert seine Lebensprinzipien, Lebenselemente und Energie in ein neues Laya-Zentrum, und dann ist Globus A^+ der neuen Kette geboren. (Während der 7 Runden auf Kette 1 fallen die Globen nach jeder Runde in eine Art kosmischen Tiefschlaf. Nach der 7. Runde sterben sie bzw. die Beilegungen. DIE WESENHEIT, der Planetenengel manifestiert neu, eben auf die hier beschriebene Weise). Globus für Globus der neuen Kette wird so gebildet und nach Millionen von Jahren reinkarniert der Planetenengel aufs Neue. Der Leser mag sich vor Augen halten, dass die Erde der Körper eines Planetenengels ist, vulgär Jehova genannt, vielleicht verursacht dieses Wissen etwas mehr Respekt, aber auch Mitgefühl beim Leser. Es gibt also verschiedene Perioden der Ruhe und Aktivität auf den Planetenketten. Mehr dazu später.

Als planetarische Ketten, die zu unserem esoterischen Sonnensystem[126] oder A, B, Mars, Erde, Merkur, Y und Z gehören, sind alle diese Ketten in der großen vierten Runde und bilden die Kette unseres esoterischen Sonnensystems. Aber was ihre eigene planetarische Position in ihrer eigenen siebenfältigen Kettenstruktur anbelangt, sind sie nicht in der vierten, sondern in unterschiedlichen Runden.

Da es manchmal sogar unter Theosophen Missverständnisse über Ketten, Runden und die Position von Planeten in einer Kette gibt, wollen wir die Lehre intensivieren.

Während der Zeit, in der unsere Menschheit nun auf der Erde lebt, erscheinen sieben große Wurzelrassen, von denen jede sieben Sub-Rassen und Sub-Sub-Rassen (siehe nationale und Familienrassen usw.) enthält bzw. emaniert. Die Zeitperiode aller Rassen auf der Erde nennen wir hier Weltperiode oder sieben Runden oder 4.320.000.000 Jahre. Nach dieser Periode geht die Lebenswelle auf einen anderen Globus über und so weiter. Unsere Lebenswelle benötigt für IHRE Erfahrung sieben Planeten oder unser esoterisches Sonnensystem. Drei Planeten dieses esoterischen Sonnensystems sind physisch, nämlich: Erde, Mars, Merkur; vier Planeten sind unsichtbar. Sie haben auch ihre Ketten, Umlaufbahnen usw., bestehen aber aus astraler und niederer mentaler Substanz. Erde, Mars und Merkur haben, wie jedes menschliche Wesen, sieben Vehikel des Bewusstseins.

Gegenwärtig (21. Jahrhundert) arbeiten die Lebenswellen (Monaden oder wir) auf der Erde, jetzt repräsentiert durch die dritte, vierte und fünfte Wurzelrasse (die ersten zwei Rassen hatten jedoch ätherische Körper). Wenn die siebente Sub-Rasse unserer siebenten Wurzelrasse ihre Arbeit gemacht hat (in der siebenten Runde in der Erdkette), steigt die Lebenswelle (nach Pralaya-Nirvāna) auf zum Planeten Merkur, dann zum Planeten F, der aus Astral-Materie besteht und zum Planeten G, der aus niederer mentaler Materie entstand. Auf G findet die Evolution nur auf der mentalen Ebene statt. Dann geht die Lebenswelle zum Planeten A und die nächste große Runde beginnt, abwärts auf B (astral), dann Mars (Kette), Erde (Kette), Merkur (Kette), Y und Z[127], und so weiter, sieben Mal. Danach: Tod des Sonnensystems. Das Wort KETTE

---

126 Was die „sieben Heiligen Planeten" einschließt. Diese sieben Heiligen Planeten bzw. ihre Herrscher sind absichtlich irgendwo im **BUCH DES LICHTS** versteckt und sind nun im Christentum „Die 7 Augen des Herrn" geworden.

127 Oder F und G, denn beide Begriffe werden verwendet, um die letzten zwei Globen einer Kette zu bezeichnen. Y und Z oder F und G.

nach Mars, Erde und Merkur ist sehr wichtig, weil in dem Moment[128] die Namen Mars, Erde und Merkur nur benutzt werden, um ihren Ketten einen Namen zu geben. Die Planeten als solche existieren zu dem Zeitpunkt nicht mehr, andere existieren als Monde und sterbende oder ätherisierte Monde. So sieht man also, dass die Lebenswelle ihre Arbeit auf dem Planeten A des esoterischen Sonnensystems beginnt, um dann zu Globus B, Mars, Erde, Merkur, Y und Z überzugehen. Das geschieht sieben Mal, aber in diesem Mahā-Manvantara, also der jetzigen großen Weltenperiode, haben wir etwas mehr als 3,5 Mal oder große Runden auf der Kette unseres esoterischen Sonnensystems erfahren[129], genau wie auf unserer individuellen Erdkette. Oder: Unsere gegenwärtige Lebenswelle begann vor Äonen auf dem Planeten A unseres esoterischen Sonnensystems in der ersten Runde, hat schon drei Runden absolviert und ist nun in der vierten Runde. OM.

Am Ende unserer siebenten Runde (wir sind jetzt in der vierten) auf der Erde werden aus der Mehrheit der Menschen Adepten geworden sein, aus Tieren Menschen und aus Pflanzen[130] Tiere. Die genaue Erklärung der Abfolge dieses metaphysischen Fortschritts wird im Detail im **BUCH DES LICHTS** beschrieben werden. Unsere Kette, die Erdkette, nahm ihren Anfang während der ersten Runde auf dem Planeten A der Erdkette mit allen sieben Naturreichen. Diese Naturreiche hatten ihre Ausprägung bereits vor der Erdkette erworben, nämlich auf der Mondkette. Diese Mondkette war die dritte in dem aus sieben Ketten bestehenden Ring, von dem unsere Erdkette wiederum die vierte Kette ist. Folglich werden die fünfte, sechste und siebente Kette noch kommen müssen, bevor unser Solarsystem „stirbt"[131]. Wenn unser Planet Erde in seiner siebenten Runde ist, wird er seine Lebenskraft in ein neues Laya projizieren, um welches (unter anderem) Asteroiden angezogen werden, die jetzt zwischen Mars und Jupiter driften. Vulkan, Jupiter, Saturn und Uranus sind in ihrer dritten Kette, was bedeutet, dass sie alle vier weitere Ketten haben, die kommen werden, bevor ihr solares Pralaya erscheint. Venus ist in ihrer fünften Kette. In unserer dritten Wurzelrasse bildeten Venus-Abordnungen die Hierarchie unserer Adepten.

Die Einwohner der Venus haben Ätherkörper als ihre niedersten Vehikel. Die sieben Ketten unseres esoterischen Sonnensystems werden geführt von sieben Mahā-Chohans oder Logi oder Planeten oder Erzengeln oder „Sieben Engeln auf dem Thron Gottes". OM. OM der Erde, vierte in ihrer Kette, aber auch vierte Kette - und vierte Kette des

---

128 Gemeint ist: Wenn unser Sonnensystem stirbt.

129 Ca. 3,5 große Runden mehr bis zum solaren Pralaya.

130 Aber nicht alle Tiere und Pflanzen von jetzt (21. Jahrhundert).

131 Aber die Verkörperungen der Erdkette (insgesamt 36.000) gehen weiter, wie **DAS BUCH DES LICHTS** lehrt.

oder im esoterischen Sonnensystem. - Welche, oh großer Chohan, sind die sieben Heiligen Planeten und warum sind sie heilig? - Weil sie höher entwickelt sind als die Erde. Und weil sie Träger der sieben Solarkräfte sind, von denen alle in hohem Maße beeinflussen, was auf der Erde geschieht. - Womit beeinflussen uns die Planetenengel? - Mit ihren Globen! - Mit ihren intellektuellen, physischen, astralen und vitalen Kräften. Des Weiteren: Ihre Ketten überwachen unsere Ketten und Runden. - Gehören Sonne und Mond zu den 7 Heiligen Planeten? - Nein. - Enthülle mir die Namen. - Zu gegebener Zeit, oh du Gefallener.

Neptun

Unser Planet Erde erhält 900 Mal mehr Hitze von der Sonne als Neptun, und doch ist Neptun heißer als die Erde, und wenn ich Neptun sage, meine ich den Planeten und nicht die Atmosphäre. Neptun ist heißer wegen seines Kerns und weil Neptun jünger ist als die Erde (aber nicht weniger entwickelt...) und weil er in seiner zweiten Runde ist, während die Erde in ihrer vierten Runde ist. Die Entfernung eines Planeten von der Sonne hat wenig zu tun mit seiner eigenen Hitze. Neptun hat auch keine rückläufige Bewegung wie vermutet; die Rotationsbewegung des Neptun war und ist immer die gleiche. Was sich (wie bereits erwähnt) verändert hat, war die Achse. Neptun neigte seine Achse oder, genauer gesagt, der Planetenengel neigte die Achse des Planeten Neptun auf fast 180°, was die Bewegung rückläufig erscheinen ließ. Neptun ist kein heiliger Planet.

Neptun: Entfernung von der Sonne = ca. 4.500 Millionen Kilometer; Achse jetzt = 28° 48´. Er hat 17,2 mal mehr Masse als die Erde. Atmosphäre – 220° (C) ! Neptun gehört nicht zu unserem Sonnensystem. Unser Blutkreislauf wird von Neptun beherrscht.

NEPTUN UND DAS UNIVERSELLE SONNENSYSTEM (Nicht zu verwechseln mit der universellen Kette)

Dieses oder unser universelles Sonnensystem ist nicht das System des ganzen Universums, das sich um die Sonne dreht. Mit „unserem universellen Sonnensystem“ meine ich das Sonnensystem, das alle Planeten (sichtbar und unsichtbar) enthält und sich um unsere Sonne dreht. Esoterische und exoterische Sonnensysteme sind Teile dieses unseren universellen Sonnensystems, das 49 Logi oder Planetenengel (spirituelle Herrscher über physische Planeten) enthält. Aber die Heiligen Sieben Planeten gehören zu unserem esoterischen Sonnensystem. Hier sind nun die sichtbaren Planeten, die zu unserem universellen Sonnensystem gehören: Merkur, Venus, Mars, Jupiter, Saturn, Uranus und Neptun. - Warum schließen die alten Lehren Neptun aus? - Weil Neptun nicht immer ein Mitglied der Familie unseres universellen Sonnensystems war. Des Weiteren: Neptun gehört nicht zu unserem (exoterischen) Sonnensystem.

NEPTUN, DAS KOSMISCHE ELEKTRON

Wir leben alle in oder auf einem riesigen kosmischen Atom mit der Sonne als Kern. Die Planeten unseres Sonnensystems sind die ELEKTRONEN dieses Atoms bzw. umgeben dieses. So können wir also sagen, dass wir auf einem Elektron, Erde genannt, eines kosmischen Atoms, Sonnensystem genannt, leben. Genauer: Die Planeten unseres Sonnensystems (exoterisches, esoterisches, heiliges und universelles), ob sichtbar oder unsichtbar, sind die Elektronen, die einen Kern, Sonne genannt, umgeben. Diese Definition kann wörtlich genommen werden. Die Atome der physischen Materie (unsere Körper eingeschlossen) sind nichts anderes als Kopien eines kosmischen Atoms, Sonnensystem genannt. Sie, die Atome unserer physischen Welt, kopieren das Sonnensystem. Das Kleine kopiert das Große. OM.

Atome sind hungrig nach Elektronen (negative Ionisierung) und Sonnen (oder Sonnensysteme) sind hungrig nach neuen Planeten und versuchen daher, sie „einzufangen“, wann immer sie dem Bereich eines Sonnensystems zu nahe kommen. In vergangenen Epochen (vor Äonen) näherte sich Neptun (während er noch in einem planetarischen Zustand war) unserem universellen Sonnensystem, kam diesem zu nahe und wurde „eingefangen“, begab sich auf eine Umlaufbahn um die Sonne und wurde planetarisches Mitglied unseres UNIVERSELLEN SOLARSYSTEMS. Aber genau betrachtet ist Neptun eben kein Mitglied unseres Sonnensystems. Nun verstehen wir auch, warum es uns so erscheint, als ob einige der Planeten **mehrere** „Monde“ hätten, obwohl **DAS BUCH DES LICHTS** lehrt, dass jeder Planet nur **einen** Mond hat. Die anderen „Monde“ z. B. des Mars (2), Saturn (9), Jupiter (9) usw. sind nichts als reine EROBERUNGEN oder EROBERTE SATELLITEN[132]. OM der Weisheit und dem Wissen. OM. Aber OM sei auch dem Saturn, der die Umkehrung des

Jupiter

verursacht. Saturn beruhigt, aber irritiert auch (das ist eins von Hunderten von Beispielen, um zu zeigen, dass sich die „moderne“ Astrologie irrt, wenn sie behauptet, dass Jupiter nur „wohltätig“ und Saturn nur „ein Übeltäter“ sei). Jupiter kontrolliert unsere Seelen, den Erguss unseres Geistes. OM.

Des Weiteren: Jupiter ist kein Eisblock, wie die Astronomie behauptet, sondern Jupiter ist viele Male heißer als unser Planet Erde. Warum? Weil Hitze und Kälte eines Planeten (zumindest die meiste Hitze eines Planeten) nichts zu tun haben mit der Sonne, zu der der Planet gehört und auch nicht mit der Entfernung dieses Planeten zu unserer oder zu einer der anderen Sonnen. Jupiters Blut sind Ozeane von Gasen und sein

132 Je mehr Planeten (Elektronen) von einem Sonnensystem (kosmischen Atom) „eingefangen“ werden, um so besser ist das für dieses kosmische Atom oder all die anderen kosmischen Atome (oder Sonnensysteme), die den Körper eines kosmischen Wesens (Christus) bilden. So gesehen leben wir alle auf Atomen und Elektronen, die den Körper von Christus bilden.

Körper enthält Steine und Metalle in flüssiger Form. Das ist leicht zu erklären. Führe einem Stein oder einem Metall hier unten auf der Erde so viel Phlogiston (Hitzestoff) zu, bis dieser Stein oder dieses Material flüssig wird, und du bekommst eine Vorstellung vom Zustand der Steine und Metalle auf dem Jupiter. So heiß ist es auf dem Jupiter. Warum ist der Jupiter heiß und der Mars (verglichen damit) kalt? Weil Jupiter jung ist und der Mars alt (was nicht bedeutet, dass der Mars fortgeschrittener wäre). Jupiter ist noch in seiner ersten Runde und Mars hat (fast) seine siebente Runde beendet. Wenn der Geist sich zurückzieht, wird der Körper, sei es nun ein Mensch oder ein Planet, alt. Die Satelliten von Jupiter haben eine Dichte, die höher ist als bei Jupiter selbst. Jupiters Dichte beträgt 1/5 der Erddichte, seine polare Kompression ist 17 mal und seine Rotation 27 mal höher[133].

DER KRITISCHE ZUSTAND

-Oh großer Chohan, enthülle mir jetzt die wahre Bedeutung des Begriffes ‚kritischer Zustand'. -Jupiter, Saturn und andere riesige Planeten mit dünner Atmosphäre sind in einem kritischen Zustand. -Wegen der riesigen Masse des Jupiter? - Ja. Es wird Energie komprimiert in Richtung Zentrum des Jupiter. Diese Energie verhält sich proportional zu Jupiters Masse (300 mal größer als die der Erde). -Warum beträgt Jupiters Schwerkraft weniger als ¼ der Schwerkraft der Erde? Weil sich Newton und Einstein (öfters) geirrt haben. Schwerkraft, wie von der Wissenschaft erklärt, gibt es nicht. -Gib mir bitte ein Beispiel eines kritischen Zustandes. -Es gibt eine Grenze zwischen Flüssigkeit und Gas. Diese Grenze verschwindet bei 88°C. Flüssigkeit und Gas verschmelzen dann zu einer „unbestimmten Zwischenflüssigkeit". Man kann es ätherisierte Flüssigkeit oder sichtbares Gas nennen. Das, oh Lanoo, ist ein kritischer Zustand. -Wenn man unsere Vorstellungen von Feststoffen, Flüssigkeiten und Gasen auf der Erde bedenkt, was wäre dann das Wasser des Merkur oder auf dem Mars? Das Wasser des Merkur ist kritisches Gas, das Wasser des Mars ist schmelzbarer Feststoff. OM. - Und auf dem Jupiter? - Ozeane (oder Atmosphären) kritischen Wassers. -Gibt es darin Fische oder Vögel? -Ja, und anderes Leben, aber kritisch organisiert, was bedeutet, in einem Zustand zwischen Energie und Materie (wie wir sie kennen). So ist Jupiter also im Innersten aus Elementen im kritischen Zustand zusammengesetzt. -Woraus ist Jupiters Atmosphäre gemacht? -Aus den Gasen dieser kritischen Elemente und aus den Gasen ihrer Verbindungen. Eine dieser Zusammensetzungen ist Jupiters Wasser. Wie sind die Bedingungen für die Bewohner des Jupiter? -Ewiger Frühling, aber nicht im Sinne von zeitlos ewig. -Können wir diese Bedingungen (und die Bewohner) mit

133 Laut Kant und Laplace sollten diese Daten (Rotationsgeschwindigkeit und polare Kompression) auf eine größere Dichte als die der Erde deuten. Warum nicht? Weil Kant und Laplace irrten. Sie befassen sich mit den Auswirkungen, nicht aber mit den Ursachen.

irgendetwas auf der Erde vergleichen? -Ja, mit dem Ende der dritten Wurzelrasse um 18.000.000 v. Chr. und früher, als „ewiger" Frühling herrschte.

Jupiter ist wie ein warmes Baby, Mars ist wie ein alter Mann. Trotzdem ist es um Jupiter herum kalt. Der Weltraum und die Atmosphäre um Jupiter herum sind kalt. Aber Jupiter selbst ist heiß, heiß, heiß. Das ist kein Widerspruch. Lasse heiße Lava in kaltes Wasser fließen und du wirst sehen, dass die Lava, wenn sie in riesigen Mengen fließt, unter Wasser weiter brennt. Wo nimmt sie den Sauerstoff her, der für die Verbrennung notwendig ist? Aus dem Wasser (oder dessen Sauerstoff), der, wenn auch nicht nur, aus zwei Teilen Wasserstoff und einem Teil Sauerstoff besteht.
Als ich das Beispiel der Steine auf der Erde, die sich durch Hinzufügen von Phlogiston zu Flüssigkeiten verändern und so dem flüssigen Zustand von Metallen ähneln, anführte, war das nur ein Beispiel, denn nun muss ich diesen Prozess umkehren, um die Situation auf dem Jupiter genau zu erklären und zu definieren. Du musst dir vorstellen, Jupiter war seit seiner ersten Runde ein Ball aus Gas und Feuer. OM. Aber wegen der kalten Atmosphäre, die durch einen Mangel an Phlogiston um den Jupiter herum verursacht wird, kommt es zu einem konstanten Abziehen von Jupiters eigener Hitze, von der nur ein Teil von der Sonne kommt. Es ist genau dieses Abziehen von Phlogiston aus dem jupitereigenen Phlogiston oder Brennstoff durch den Weltraum, was den gasförmigen Zustand des Jupiter zu einem flüssigen veränderte[134]. Als ich das Beispiel mit unserer Erde anführte, meinte ich also nicht, dass die Metalle und Steine des Jupiter wie unsere Metalle und Steine wären und dass dann Phlogiston oder Brennstoff einströmte und diesen Zustand zu einem flüssigen verändert hat. Ich habe dieses Beispiel einfach nur benutzt, um den Zustand der Metalle des Jupiter im Vergleich zu unseren zu demonstrieren. Um diesem Gedanken zu folgen: Mein Beispiel könnte dann wörtlich genommen werden, wenn Jupiter seine vierte Runde durchlaufen hat, weil er dann seine größte Dichte erreicht hat, und dann gibt es tatsächlich ein letztes Ausströmen von Hitze (seines eigenen Phlogistons), das alle Metalle und Steine oder alle Feststoffe auf Grund des Mangels an Phlogiston zu einem dichteren und dichteren Globus transformiert, bis nichts anderes übrig ist als ein kalter, toter Mond für den nächsten kommenden Planeten. So war es also das Fehlen von Phlogiston im Weltraum und der Verlust von Jupiters Phlogiston an den Weltraum, was dazu führte, dass der Planet und seine Gase sich zu Flüssigkeiten veränderten; Flüssigkeiten aus Stein und Metallen, die später (um den Mittelpunkt der vierten Jupiterrunde herum) dichte Steine und Metalle werden. Ein anderer Grund für Jupiters Hitze: Die riesige Menge von magnetisch-meteorischem Staub in seiner Atmosphäre. OM dem Planetenengel des Jupiter.

134 Besser: nahezu flüssig. Das sagt uns, dass „Jupiter weder fest noch flüssig oder gasförmig ist, sondern in einem kritischen Zustand." (Blavatsky, Geheimlehre).

DIE SONNE
(Verursacht die Jahreszeiten nicht)

Es gibt in unserem Sonnensystem sieben Sonnen, aber auf dieser Ebene nur eine. Nur 1/3 der Hitze der Erde wird von der Sonne verursacht. Die Sonne kann man nicht als fest, flüssig oder gasförmig bezeichnen. Es ist einfach eine elektromagnetische Kraft, konzentriert in einer sphärischen Form. Wenn jemand sagt, dass die Sonne Gase, Mineralstoffe oder Feuer enthält, irrt er sich. Es ist elektromagnetische Kraft, die Reaktionen verursacht und diese Reaktionen erscheinen uns als Gas oder Licht usw. Die Sonne selbst ist weder heiß noch kalt, sondern ihre Strahlen verursachen, wenn sie auf unsere Haut treffen, eine schnelle Bewegung der Hautmoleküle, die wir als „Wärme" empfinden. Die wahre Sonne ist eine Wirkung der ABSTRAKTEN ZENTRALEN Sonne, und sogar diese Wirkung ist nicht die Sonne, die wir sehen, wird aber zu dieser Sonne, wenn sie von einem (noch unsichtbaren) ätherischen Mittel, PHLOGISTON[135] genannt, durchdrungen und genährt wird. Phlogiston ist weder Feuer noch Verbrennung, es verursacht die Verbrennung. Und wenn etwas brennt, dann wird Phlogiston wieder abgegeben. Phlogiston wird von der Sonne ein- und ausgeatmet. OM. Die Sonne ist, wie jeder andere Planet, wenn nicht gerade kurz vor oder nach Pralaya, von meteorischem magnetischem Staub umgeben. So ist also alles, was wir durch unsere Mikroskope (von hier) im Weltraum sehen, in Wirklichkeit eine optische Illusion, verursacht von meteorischem magnetischem Staub oder von seiner „lichtbrechenden" Wirkung. Das ist auch der Grund dafür, weshalb wir die wahre Farbe der Sonne nicht sehen. Die wahre Farbe der Sonne ist ... farblos, aber auch blau, was kein Widerspruch ist. Was das Licht anbelangt: Brahman ist Licht. Die Sonne ist nicht das Licht, die Sonne ist einfach nur das Zentrum des Lichts, was eine völlig andere Sache ist. Wenn dieses Zentrum oder diese Zentren einmal verschwinden, wird das Licht überall sein, und das ganze Universum wird ein Feuer sein. Nun, was macht die Sonne eigentlich heiß? Von selbst ist die Sonne, obwohl sie ein Zentrum des Lichts ist, weder heiß noch kalt. Es ist die auf den Widerstand[136] treffende Elektrizität, die auf diese Art und Weise Atome und Moleküle (die dieser Widerstand sind) schafft, um zu vibrieren und Reibung, die wir als Hitze erfahren, zu „schaffen" oder zu verursachen. Kälte ist einfach ein Wechsel dieses elektromagnetischen Zustandes. Die Menge der Vibrationen (und /oder ihre Anzahl), die von der Elektrizität im Atom oder im Molekül oder in der So-

135 Phlogiston ist ein Brennstoff ohne Gewicht, Substanz oder Form. Es ist kein Äther, aber ein Prinzip davon und kann auf unserer vierten Ebene nicht reproduziert werden. Je näher die Planeten der Sonne sind, umso dichter sind sie... und je weiter sie von der Sonne entfernt sind, umso jünger sind sie (mit Ausnahmen zu dieser Regel).

136 Verursacht Reibung. Deshalb ist Licht per se unsichtbar (und das Weltall dunkel...) und wird erst sichtbar, wenn seine elektromagnetische Kraft ein Objekt trifft.

larstruktur verursacht werden, beträgt Billiarden[137] pro Sekunde. So ist es also weder die Sonne, die Sommer oder Winter verursacht, noch der Unterschied der Entfernung zu unserem zentralen Stern, sondern einfach die elektromagnetische Verbindung und Wechselwirkung oder die vitale Kraft der Erde selbst mit ihrem meteorisch-magnetischem Schutzschild (oder Kontinent) aus Staub hoch über ihrer Oberfläche. Das verursacht Hitze und Kälte. Wenn wir oder andere Planeten unseres Sonnensystems nur von der Wärme der Sonne abhängig wären, wären wir schon vor langer Zeit zu Eis erstarrt. Mit anderen Worten, jeder Planet hat seine eigene Menge an Wärme, von und aus ihm selbst erzeugt. Wie kann das sein? Erinnerst du dich, was beim Wiedererwachen des Universums passiert? Nachdem die Sieben Strahlen übernommen hatten, wurden wir alle (und unser Planet Erde) aus „Feuer" gemacht. Später kühlte der Planet von außen ab. Aber das Feuer im Zentrum ist immer noch da[138]. Von dort kommt die meiste Hitze eines Planeten und das ist auch die Hauptursache, weshalb der Mond kalt ist, weil er auch von innen tot ist. Die Sonne hat mehr als vierfache Zentrifugalgeschwindigkeit der Äquatoroberfläche der Erde, nur ¼ der Schwerkraft der äquatorialen Materie, zeigt aber nicht im Mindesten eine Tendenz der polaren Kompression und des Abflachens der Pole der solaren Achse. Warum wölbt sich die Sonne nicht? Laut der Theorie von Kant und Laplace sollte sie das. Die Antwort: Die orthodoxe Wissenschaft hat nicht den esoterischen Schlüssel wie präsentiert im **BUCH DES LICHTS.**

DIE SONNE IST NICHT DIE SONNE, UND DER MOND IST NICHT DER MOND [139]

Woher kommen planetarische Ketten? Unsere Erdkette entwickelte sich aus der Mondkette und die Mondkette entwickelte sich aus einem Planeten, der nun unsichtbar und fast auf eine abstrakte Realität reduziert ist. Sie existiert noch, solange die Kette existiert, und ich habe keine Informationen darüber, wie lange das sein wird, aber die Anzahl von Laya-Verkörperungen im Laufe der 311.040.000.000.000 Jahre wird für die Erdkette 36.000 betragen. OM.

Und woher kommt die Sonnenkette? Entwickelte sie sich vom Wiedererwachen des Universums an aus einer Mutterkette? Nein. Unsere Sonne wurde beim Wiedererwachen unseres Solarsystems geboren, und zwar aus einem Planeten oder einer planetarischen Kette heraus, die INTRAMERKURIELL ist, was bedeutet, dass die wahre Sonne INTRAMERKURIELL ist. Und mit der wahren Sonne meine ich jetzt nicht die

137 Eine Eins gefolgt von 15 Nullen.

138 Und metaphysisch sogar noch mit der Sonne verbunden.

139 Sonne und Mond gehören nicht zu den sieben Heiligen Planeten, aber die zwei in ihrer Nähe gehören dazu. Löse das Rätsel, oh Lanoo...

Zentrale Sonne, Mutter aller Sonnen. Was ich sagen will, ist folgendes: Nicht alle planetarischen oder Sonnenketten werden zur gleichen Zeit geboren und mit Sicherheit werden nicht alle beim Wiedererwachen unseres Universums geboren[140]. Die wahre Sonne hat jetzt ihren Platz zwischen der sichtbaren Sonne und Merkur und ist noch nicht abstrakt, aber unsichtbar für uns und wird beim solaren Pralaya völlig verschwinden. So beträgt also die Lebenszeit unseres solaren Systems 30.240.000.000 Erdjahre oder sieben Kettenperioden (Pralayas ausgeschlossen). OM. Wir könnten auch sagen, dass die Lebenszeit von Brahma, dem höheren Selbst unseres Solarsystems[141] oder die Lebenszeit dessen, was wir Gott nennen, für diese Solarperiode 30.240.000.000 Erdjahre beträgt und die gleiche Zeit auch für Pralaya.

DER ENGEL DER SONNE

140 mathematisch ja, materiell nein.

141 Noch einmal: Es ist dunkler Weltraum, weil die Sonnenstrahlen auf (fast) nichts reflektieren, nicht einmal auf der Atmosphäre, aber es gibt ein Magnetfeld im Weltraum. Sichtbar wird die Sonne für uns und fühlbar, weil ihre Strahlen bzw. Schwingungen auf unsere Haut treffen und dort einen „Eindruck“ erzeugen, den wir als Wärme und Sonne definieren.

Saturn

Saturn hilft, den Globus A unserer Kette zu bilden. Sitz der „Throne", Form: Hierarchie der vierten Ebene.
Regel: Je weiter entfernt von der Sonne, desto jünger ist ein Planet. Die Struktur der Ringe des Saturn wird unterstützt von zwei Satelliten, die den Saturn umkreisen. Aber das ist eine Wirkung, oh Lanoo, nicht die Ursache. Unser endokrines System wird von Saturn beherrscht. Wann immer sich Saturn in seinen Knoten befindet, gibt es Ausgewogenheit und Ruhe auf der Erde. OM.

DER ENGEL DES PLANETEN SATURN

OM an Jahova II, Engel des Saturn, gezeigt mit zwei Ringen[142], Herr des Geistes (Manas), Kenner des Chaos, der aber auch (hier unten) Unwahrheit und böse Verschwörungen erzeugt.
Ein Saturnjahr = 30 Erdtage. Ursprünglicher Name des Saturn: SANI, woher ,geistig

142 Saturn ist spirituell fortgeschrittener als Mars und Erde (trotz des Krieges im Himmel und trotz der Tatsache, dass Saturn physisch jünger ist als Erde und Mars). Oft ist das Kind höher entwickelt als der Vater.

gesund' (engl. sane) und ‚wahnsinnig' (engl. insane) kommen ... . Ich nenne Saturn Jehova II, denn die Juden werden unter Saturn geboren, und zwar aus dem Dhyan-Chohan des Saturn heraus. Tatsächlich verehren die Juden heute zwei Götter oder vielmehr Planetenengel, ohne sie überhaupt zu kennen. Sie verehren den Engel des Saturn und widmeten ihm den sechsten Tag der Woche, den sie Saturn-Tag (engl. Saturnday), später Sabbath oder Sonnabend (engl. Saturday) nennen. Die Juden verehren auch den Engel der Erde oder vielmehr eine seiner Subemanationen und nannten ihn Jehova. Aber all das sind Planetenengel und sie sind weit davon entfernt, die Urma-terie oder ein höheres Selbst des Universums oder Brahman zu sein, ganz zu schweigen von dem (sogar für Brahman) unfassbaren Parabrahman, denn Brahman, das höchste Selbst unseres Universums, ist selbst ja nur (wie wir alle) eine REFLEXION des wahren Brahman. Der Mahā-Chohan pflanzt einen Gedanken in meinen Geistkörper. Könnte es ein, dass eines Tages die Mauer von Mūlaprakriti (Urmaterie) einstürzt und Brahman ist Parabrahman? Sind wir in diesen Prozess einbezogen, weil alles Parabrahman ist? (Oh Lanoo, den unmöglichen Traum zu träumen!)

Merkur

Unser Globus E der Erdkette wird von Merkur gebildet. Sitz der Erzengel[143]; Form: neunte Ebene von oben; Himmel: Schwarz während Merkurtag und Merkurnacht. OM an Gabriel[144], Planetenengel des Merkur[145], Herrscher über die Phantasie, aber auch über Schlauheit und Täuschung.
Merkur ist der Geburtsplanet von El Morya Khan. Auf dem Merkur studierte er das Gesetz der Wissenschaften (Mathematik und Astrologie). Merkur hat eine 55 Mal niedrigere Äquatorialgeschwindigkeit als Saturn und eine polare Kompression, die drei Mal niedriger ist. Laut der Theorien von Kant und Laplace sollte die polare Kompression viel höher sein, was ihre Theorien einmal mehr in Frage stellt. Ein Merkurjahr entspricht 576 Erdjahren (Merkur ist in der siebenten Runde[146]).

---

143 Seraphim und Cherubim sind formlose Hierarchien, die zur ersten Triade oder Milchstraße gehören.

144 Die Allwissenheit Gottes oder Held Gottes. Er ist wirklich der erste und deshalb der Sonne am nahesten, so wie die Sonne die erste oder Lichtgeborene ist oder so nahe Luzifer Brahman (oder der ersten kosmischen Emanation) ist.

145 Ursprünglicher Name: Budha, ein „weiser Mann".

146 Bzw. er beginnt die siebente Runde.

Während dieser unserer vierten Runde kamen wir von der Venus[147]. OM.
Sitz der Fürstentümer (achte Hierarchie von oben).

DER ENGEL DER VENUS,
Herrscher über LIEBE, aber auch über LEIDENSCHAFT und SINNESLUST

Trotzdem präsentiert Venus in den höheren Aspekten auch das höhere Manas (Denken) in uns, durch welches das christliche Bewusstsein arbeitet (oder der Buddha in uns). Ein Venusjahr entspricht ca. 240 Erdjahren. Geheimer Name der Venus: Uranus-Sucra. Venus bildet den Globus C unserer Erdkette, sie ist aber nicht dieser Globus, wie Sinnet fälschlich dachte. Venus ist in der siebenten Runde. Unser Nervensystem wird von der Venus beherrscht.
Sieh die Worte der Weisheit und des Wissens: Es gibt keine Steine, Pflanzen, Tiere und Menschen. Es gibt nur Gottesfunken und ihre Reaktionen auf unterschiedliche kosmische Ebenen und Globen, was in Steinen, Pflanzen, Tieren und Menschen resultiert. Du bist ein Gottesfunke, oh Lanoo. Folge dem Göttlichen. Es gibt nichts zu er-

147 Bevor wir Globus D unserer Kette betraten.

reichen. Lass los. OM. Jeder der Sieben Strahlen unseres Sonnensystems wird durch einen Engel, durch Deva oder Mahā-Chohan[148] repräsentiert. Ein Engel ist ein Bewusstseinszustand, oh Lanoo, erfahren von jedem der Sieben Strahlen und ihren Emanationen. Wir alle sind nur Ebenen des Bewusstseins oder vielmehr des Verlangens, oh Lanoo. Hier auf diesem Planeten bist du physisches Bewusstsein, aber du bist nicht der physische Körper, du hast nur einen solchen.

Uranus gehört nicht vollständig zu unserem Sonnensystem (wie Neptun). Uranus erhält 390 Mal weniger Licht von unserer Sonne als unser Planet Erde. Aus esoterischen Gründen sollte Sonntag (englisch Sun-day) eigentlich Uranus-Tag genannt werden. Uranus hat vier „Satelliten", deren Bahn den Planeten von Ost nach West umläuft, während sich alle anderen Satelliten in unserem Sonnensystem (außer denen von Neptun) von West nach Ost um ihre Planeten bewegen.
Uranus, der ca. 1783 Millionen Meilen von der Sonne entfernt ist, ist dichter als zum Beispiel Saturn, der 886 Millionen Meilen von der Sonne[149] entfernt ist. Einer der Herren des Planetenengel des Uranus war einer der höheren Dhyan-Chohans, der auserwählte Arten der zweiten Wurzelrasse unterrichtete. Diese Tatsache ist in der Mythologie aller Nationen und Rassen unseres Globus versteckt. OM.
Durchmesser des Uranus: 31.000 Meilen. Masse: 14 x die Erde. Dichte in engl. Pfund pro Kubikfuß: 100.

Oh, Lanoo...

Gib	der Venus	deine Leidenschaft und Sinneslust
	dem Mars	deine Unbesonnenheit
	der Sonne[150]	deine Wünsche
	dem Jupiter	deine Anhäufung von Reichtum
	dem Saturn	deine Unwahrheit und bösen Verschwörungen
	dem Merkur	deine Schlauheit und Täuschung
	dem Mond	all deine negativen Gefühle
	der Erde	deinen physischen Körper, wenn die Stunde schlägt,

mit Freude

ZURÜCK!

148 Und auf der Erde von einem Adept oder von Adepten.

149 Das ist ein schwerer Schlag für eine der Theorien der Wissenschaft, die behauptet, dass bei der Entstehung unseres Sonnensystems die dichteren Körper zuerst abgeworfen wurden. ..

150 Es gibt sieben Sonnen in unserem Sonnensystem, aber auf dieser Ebene gibt es nur eine Sonne.

All diese Planeten sind Heilige Planeten, außer dem Planeten Erde. Entledige dich all dieser Energien, umarme voller Liebe das Universum mit allem darin und eines Tages wirst du über die Engel richten, so wie sie über dich gerichtet haben. OM. OM. Und OM dem Einen, der sie alle vereint, Engel und Planeten, OM sei BRAHMA, entsprungen dem

BRAHMAN. OM

Oh Lanoo, die ENGEL werden nach dem Ebenbild Gottes gemacht, nicht die Menschen. Es wurde niemals in der Bibel gelehrt, dass der physische Mensch nach dem Abbild Gottes gemacht wurde. Mit Adam bzw. dem ersten Adam ist der HIMMLISCHE Mensch gemeint, zum Beispiel die Engel oder auch die Sieben Strahlen, aber niemals menschliche Wesen. Der Mensch ist einfach nur der höchste Ausdruck Gottes auf dieser niedersten (materiellen) Ebene,

DEM UNIVERSELLEN HERZEN

Das Universum (und unsere Sonne) expandiert und kontrahiert periodisch und verursacht so die diastolische (expandierende) und systolische (kontrahierende) Eigenschaft und Aktion unserer Herzen. All unsere Herzen sind im universellen Herzen enthalten und stammen auch von diesem ab. Unsere Herzen schlagen, weil das universelle Herz schlägt. Das universelle Herz ist aus dem höchsten Ākāśa-Äther gemacht. OM.

ETWA 60 MILLIARDEN VOR CHRISTUS
Damals waren wir Steine

Wir (die Menschheit der gegenwärtigen vierten Runde) oder vielmehr unsere Monaden waren ätherische Minerale auf einer vorhergehenden planetarischen Kette der Erde. Es wird von diesem Zeitpunkt an etwa 60 Milliarden Jahre dauern, uns von Mineralen zu Pflanzen, Tieren und schließlich zu Menschen zu entwickeln. All das ist, wie der Lanoo lernen wird, nur möglich mit der Hilfe der Manasaputras, Söhne des Denkens und übrigens unser höheres Selbst. Ohne ihre Hilfe hätten wir uns viel langsamer entwickelt und die Menschheit von heute (21. Jahrhundert) wäre nichts anderes als niedrig entwickelte Pflanzen (Flechten usw.). Ehre den Manasaputras. OM.

Dein Geist muss nun ruhen, oh Leser. Der bewegliche Teil deines Geistes muss wieder die Harmonie mit dem UNBEWEGLICHEN Teil deines Geistes herstellen. Lies die folgende Mantra langsam, verdaue sie geistig und fahre dann mit deinen Studien fort.

OM MANI PADME HUM, OM MANI PADME HUM, OM MANI PADME HUM
OM MANI PADME HUM, OM MANI PADME HUM, OM MANI PADME HUM
OM MANI PADME HUM, OM MANI PADME HUM, OM MANI PADME HUM
OM MANI PADME HUM, OM MANI PADME HUM, OM MANI PADME HUM
OM MANI PADME HUM, OM MANI PADME HUM, OM MANI PADME HUM
OM MANI PADME HUM, OM MANI PADME HUM, OM MANI PADME HUM
OM MANI PADME HUM, OM MANI PADME HUM, OM MANI PADME HUM
OM MANI PADME HUM, OM MANI PADME HUM, OM MANI PADME HUM
OM MANI PADME HUM, OM MANI PADME HUM, OM MANI PADME HUM
OM MANI PADME HUM, OM MANI PADME HUM, OM MANI PADME HUM
OM MANI PADME HUM, OM MANI PADME HUM, OM MANI PADME HUM
OM MANI PADME HUM, OM MANI PADME HUM, OM MANI PADME HUM
OM MANI PADME HUM, OM MANI PADME HUM, OM MANI PADME HUM
OM MANI PADME HUM, OM MANI PADME HUM, OM MANI PADME HUM
OM MANI PADME HUM, OM MANI PADME HUM, OM MANI PADME HUM
OM MANI PADME HUM, OM MANI PADME HUM, OM MANI PADME HUM*

Monadische Projektionen in die bis dorthin leeren Hüllen des Menschen 40.000.000.000 v.Chr.

Verschiedene Engelshierarchien versorgen den Menschen mit Geist, Seele, Denken, Tierseele, Astralkörper und physischem Körper. All diese Vehikel waren von weitaus geistig-ätherischerer Natur als heute.
Der Mensch von heute ist jedoch immer noch unvollkommen und immer noch hauptsächlich eine Tiermonade des Menschen von 40.000.000.000 v. Chr.

WICHTIG! Wegen der kosmischen Ebenen kann der göttliche Strahl nur von den verschiedenen Engelskräften ausgestattet werden, und wann immer er eine dieser Ebenen berührt, ist es die karmische Pflicht der Engelskräfte, den Strahl mit dem Vehikel, das seinem momentanen Bewusstseins- oder Verlangenszustand entspricht, zu versorgen.

DAS BUCH DES LICHTS weist auf das Zögern der Geistengel, die zur dritten Gruppe gehören und auch Feuerengel genannt werden, hin. Sie zögerten, den Menschen den Verstand zu geben und versagten so. Aber das haben alle anderen auch, weil sie nicht so handelten, wie Karma befahl bzw. die Engel des Karma ihnen sagten.

---

* CD LANOO (Christian Anders): „THE MANTRA FOR YOUR MEDITATION – OM MANI PADME HUM", Total Time 62:44 Min., Neptun Media GmbH München, Bestell-Nr.: 4 014837 009156

10.809.000.000 v. Chr. – DIE GEBURT DES MONDES

(Unser Planet Erde existierte damals natürlich noch nicht)

Der Mond entwickelte sich um 10.809.000 000 v. Chr. aus einer Kette ohne physischen Globus. War es eine siebenfältige Kette? Sie hatte keinen D-Globus auf der physischen Ebene. Der Mond kann hier in seinem prä-ätherischen Zustand gesehen werden.

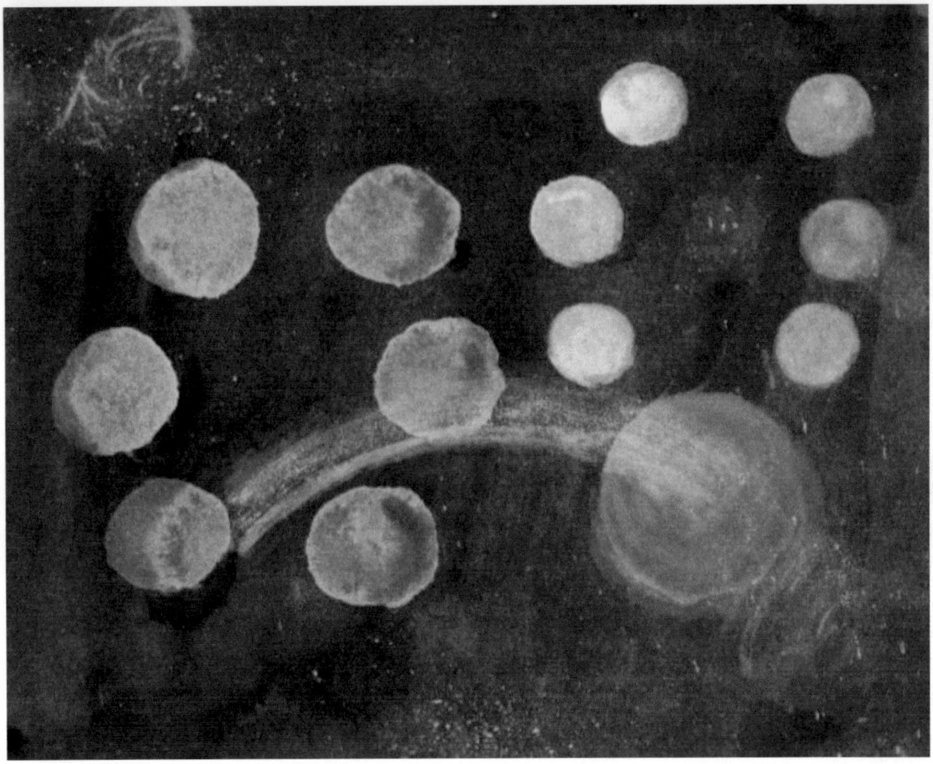

Der Mond selbst ist Teil einer siebenfältigen planetarischen Kette und des vierten oder D-Globus seiner Kette.

Alle Lebensformen oder vielmehr Lebenswellen oder Monaden „steigen" sieben Runden und 4.320.000.000 Jahre in die Mondkette „hinab". Wie reflektieren die Monaden über 4.320.000.000 Jahre und sieben Runden hinweg auf dem Mond und seiner Kette? Welche Art von Lebensformen leben oder lebten von 10.809.000.000 v. Chr. bis 6.489.000.000 v. Chr. auf dem Mond? Die gleichen wie (später) auf der Erde. Nur mehrere Stufen zurück in Evolution und Bewusstsein. Es gab zum Beispiel um 8.700.000.000 v. Chr. eine Zeit, da die Vegetation, die Atmosphäre und das Leben auf dem Mond so waren wie die Vegetation, die Atmosphäre und das Leben heute. Alle Bedingungen waren die gleichen, nur, wie bereits erwähnt, mehrere Stufen „zurück" in der Entwicklung.

Es ist hier, dass Gautama Buddha und Lord Maitreya zum ersten Male ins Menschenreich wechseln. Hundert Millionen Jahre später schwören Buddha und Lord Maitreya auf dem F-Globus (4. Venuskette), dass sie Buddhas werden.

Eine Stadt auf dem Mond um 8.700.000.000 v. Chr.

Nachdem alle Lebenswellen (Monaden) im Laufe von 4.320.000.000 Jahren sieben Hauptrunden absolviert haben, „stirbt" der Globus oder Planet, der jetzt Mond genannt wird und projiziert all seine Lebensenergie in ein neues Differenzierungszentrum. Dieses Zentrum wird auch Laya genannt.

6.489.000.000 v. Chr. - DER TOD DES MONDES

(Ca. 4 Milliarden Jahre vor der Geburt des Planeten Erde)

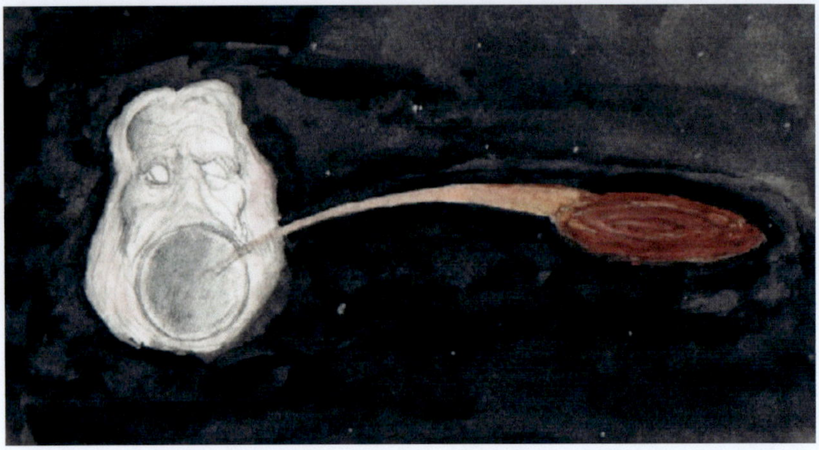

Sieh, wie der Mond unter der Führung seines Engels[151] all seine Lebensenergie in ein neues Zentrum (Laya) projiziert. Dann stirbt er und der Engel übernimmt die Kontrolle über die Umlaufbahn und die Rotation seines neuen Hauses bzw. seiner Sphäre, Erde genannt. OM dem Mond, Mutter der Erde. OM. Diese kosmische Tatsache wurde bis zur griechischen Epoche bei der Einweihung weitergegeben. Deshalb nannten die griechischen Eingeweihten den Mond „das überlebende Prinzip auf dem wässrigen Abgrund des Weltraums“ oder Argha, was später zu ‚Arche’ (engl. ark) degenerierte. Aber es war niemals eine wirkliche Arche gemeint, niemals wirkliches Wasser wie in der symbolischen Geschichte über Noah und die Arche und die „Sintflut“, sondern Ākāśa, die super-ätherischen Wasser des Weltraums. Außerdem: Noah kann niemals alle Tiere in die Arche getan haben. Er muss dann wohl die Dinosauriere vergessen haben... Und doch gab es wirkliche Fluten zu allen Zeiten.

Zu diesem Zeitpunkt jedoch waren alle von uns, die wir nun Menschen sind, individualisierte Tiermonaden in Mondmenschen, also von Menschen der Mondkette. Wir waren keine Tiere, aber TIERMONADEN der Mondmenschen, genauso wie jetzt (im 21.Jhd.) die Tiermonaden in uns dazu bestimmt sind, auf der nächsten Kette Menschlichkeit zu erreichen. Und wir? Wir werden dann die 5. oder die Seelenebene betreten, und zwar als Chohans.

Die Tiere des Mondes von um 6,5 Milliarden v. Chr. entwickeln sich zu dem, was wir heute (21. Jhd.) als die niedersten menschlichen Wesen auf der Erde kennen. So wurden also die Tiere auf dem Mond niedere oder die niedersten Menschen. Oder: Die

151 Jehova

Monaden der Tiere des Mondes beseelten die niedersten Menschen der Erde. OM.
Um 6,5 Milliarden v. Chr.: Diese Wesen (Mondmenschen, aber auch Menschen von 40.000.000.000 v. Chr.), die uns geschaffen haben aus ihren damaligen Tiermonaden, erlangten (viele von ihnen) NIRVĀNA.

KETTENDIAGRAMM

(gleicher Prozess in graphischer Darstellung)

Die Mondkette projiziert in ihrer siebenten Runde ihre Lebenskraft in eine (entstehende) neue Kette, die nun unsere Erdkette ist. Wenn die siebente Klasse der Monaden den G-Globus verlassen hat, stirbt die ganze Kette, die sich eindeutig verändert hat, und zwar ...

Mondkette **Erdkette**[152]

Entwicklung von links nach rechts

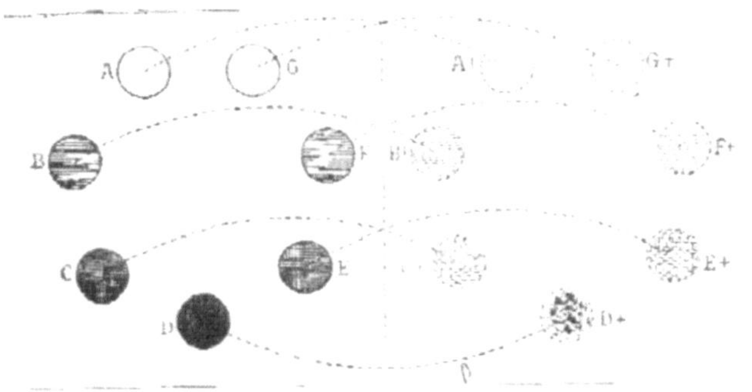

...Globus für Globus der sterbenden Kette veränderte sich zu einer neuen Kette. Um ca. 2 Milliarden v. Chr. wird diese neue Kette unser Planet Erde werden mit seinen sechs unsichtbaren Kontergloben. Dann wechseln alle Monaden der ersten Klasse wieder von einem interplanetarischen NIRVĀNA auf die 7 Globen der neuen Kette, Erde genannt. OM.
Unser ätherischer Körper wird vom Mond (und dem Planeten Vulkan) beherrscht. Unser Astralkörper wird vom Mond beeinflusst, was nicht bedeutet, dass andere Planeten und ihre Herrscher keinen Einfluss auf dasselbe Prinzip haben. Unser physischer Körper ist der der Erde und wird zu ihr zurückkehren. Also, oh Lanoo, bete Jehova nicht an, denn er ist nur der Herrscher bzw. der herrschende Engel der Erde und bis zu einem gewissem Maße „Schöpfer“ deines physischen Körpers. Aber dein Geist, oh

152 oder „kleine Kette der Globen“ (Meister K.H.). Jeder Globus hat 6 Kontergloben, was eine Summen von 49 für jede Kette ergibt.

gefallender Kumara, dein Geist ist sonnengeboren. Und Du als Monade bist zeitlos-ewig unerschaffen. Jehova (früherer Geist des Mondes) ist nichts anderes als ein Zeugungsgott. Diejenigen, die Jehova anbeten, wenn der Mondgott gemeint ist, beten das geschlechtliche bar jeden Geistes an. Jehova ist nicht Gott. Er ist weit davon entfernt. Gott als höchstes Prinzip ist sogar jenseits von Jehovas Begriffsvermögen.

Es gibt fast endlos viele Monaden. Das ganze Universum mit allem darin wird in den prä-existierenden Weltenraum zurückkehren. Es gibt keinen Anfang und kein Ende. Und es gibt KEINE ENDGÜLTIGE EWIGE BEFREIUNG. Sogar NIRVĀNA als Zuflucht ist VERGÄNGLICH, aber es ist der höchste Bewusstseinszustand. Jeder Nirvānee muss jedoch diesen Zustand bei jedem Wiedererwachen einer großen Periode kosmischer Aktivität oder eines Mahā-Manvantara verlassen, obwohl er auf dem Gipfel der Hierarchie erwachen wird, dem Absoluten sehr nahe, mit welchem er sich leicht wieder vermischen, also wieder in NIRVĀNA eintauchen kann, es sei denn, sein Mitgefühl für all das Leben und Leiden veranlasst ihn zu reinkarnieren.
Um 6,5 Milliarden v. Chr., am Ende der 7. Mondrunde, als die Erde nichts anderes als ein Gedanke von Jehova war, gaben die Mondmenschen (unter ihnen viele, deren Tiermonaden wir gewesen sind) den Tieren, die die 7. Mondrunde erreicht hatten, das Denken, erleuchteten sie, erhoben sie in einen (wenn auch niederen) menschlichen Status.
Sie haben das nicht mit jenen Tieren gemacht, die zu niedrig entwickelt waren, um die Kraft des (noch niederen) menschlichen Bewusstseins zu transformieren. Diese sind dazu bestimmt, Tiere auf der Erde zu werden. Vergiss folgendes nicht: Wenn **DAS BUCH DES LICHTS** von Steinen, Pflanzen, Tieren und Menschen berichtet, dann meint es auch und hauptsächlich die MONADEN, die diese Formen verursachen.

DIE GEBURT DER ELEMENTAREN SUBSTANZ

Der siebente Himmel, herrlichste Ebene der mentalen Welt und höchste Untergruppe der Himmelswelt (erste Sub-Ebene von oben), wird, genauso wie jede Kettenperiode, von einer WELLE DES GÖTTLICHEN LEBENS durchdrungen oder überschwemmt. Diese göttliche Lebenswelle animiert oder treibt die mentale Materie, die nicht-atomar[153] ist. Diese Kombination aus göttlichem Leben und mentaler Materie, die aus Monaden besteht, die nicht-atomar sind, wenn von der orthodoxen Wissenschaft analysiert, die aber atomar sind, wenn als nicht-physische Energiezentren betrachtet, schafft oder ist tatsächlich elementare Substanz in ihrem einfachsten Zustand, wenn auch noch ohne Atome und Moleküle, wie wir sie kennen oder wie die Wissenschaft lehrt. Nichtsdestoweniger: Die göttliche Lebenswelle, die in die erste Untergruppe

153 Keine „physischen“ Atome.

(von oben) des siebenten Himmels eindringt, übt einen starken Druck auf die MENTALE MATERIE aus, obwohl diese Kraft noch nicht stark genug gewesen war, hier unten Atome und Moleküle zu verursachen. Mit anderen Worten: Du bist ein manifestierter Denkprozess. Du hast ERDACHT, was du bist, du hast durch Denken nicht nur deinem physischen Körper zur Existenz verholfen, sondern auch deinem astralen und mentalen Körper sowie dem Tier in dir. Die entsprechenden Engel versorgten dich jedoch - dem Verlangen deines vergangenen Lebens entsprechend - mit den Grundlagen. Meditiere und werde zum Beobachter.
Höre nur lange genug auf zu denken, und du wirst nach NIRVĀNA entschwinden, bis eine neue Lebenswelle dich wieder in eine, wenn auch superspirituelle Existenz werfen wird. Dein astro-physischer Körper kommt und geht, aber die Monade ist zeitlos-ewig. Oh, Lanoo, sei die Monade (in dir). Der höhere Geist lebt länger als der physische Körper (der jedoch auch wie alles andere aus mentaler Materie gemacht wurde). Wie immer enthüllt das Wort das Geheimnis. Radikale Esoterik lehrt, dass alles, sogar der Geist, Materie sei; es ist einfach nicht-atomare Materie. Materie ist die Wurzel von allem, was sich in der Manifestation befindet, Materie ist die Mutter (lateinisch ‚Mater') von allem. ‚Mater' veränderte sich später zu dem englischen „matter" und dann zu dem deutschen „Materie". Ehre dem **BUCH DES LICHTS.**

Wenn die göttliche Lebenswelle diesen siebenten Himmel erreicht, ist sie nicht an die mentale Materie gewöhnt und verbringt Äonen auf dieser Ebene (erste Sub-Ebene des siebenten Himmels) damit, sich auf deren Schwingungen einzustellen, indem sie auf diese reagiert, bis jedes Atom (mentales Atom) der mentalen Materie beseelt ist. Das ist gemeint, wenn Blavatsky sagt, dass jedes Atom ein Engel ist, oder das Vehikel eines Engels oder einen Jiva oder Gottesfunken in sich hat. Das Atom empfing diesen Gottesfunken auf der ersten Sub-Ebene der Ebene des siebenten Himmels, als die göttliche Lebenswelle die mentale Materie der ersten Sub-Ebene des siebenten Himmels berührte. So ist also die Geburtsstunde der elementaren Substanz auch der Moment, in dem jedes Körnchen der Materie den göttlichen Funken empfängt. OM. Wieder vergehen Äonen, während die göttliche Lebenswelle die zwei niedrigeren Ebenen des siebenten Himmels, nämlich die zweite und dritte Subebene, beseelt. Warum? Zum Zwecke der Bestimmung. Die erste, zweite und dritte Sub-Ebene der Ebene des siebenten Himmels sind die drei Arūpa-Ebenen oder die formlosen Ebenen. Unser höheres Selbst lebt auf ihnen. Oh Lanoo, das Formlose ist Realität, Form ist Illusion. Formlos wie sie sind, sind diese drei Ebenen trotzdem die Geburtsebenen aller Formen. Formlos ist Arūpa, Form ist Rūpa. So gesehen können wir sagen, dass Rūpa von Arūpa kommt, Form entspringt der Formlosigkeit, Alles entspringt dem Nichts. Nachdem sie diese drei Ebenen mit elementarer Substanz gefüllt hat, sinkt die göttliche Lebenswelle tiefer und tiefer und beseelt eine Ebene nach der anderen, um so wirklich mit Hilfe der göttlichen Alchemie auf jeder Ebene die elementare Substanz zu schaffen, und das bis zum Erscheinen von physischen Atomen und Molekülen auf unserer physischen Ebene[154], die nicht die niedrigste Ebene ist. Die niedrigste Ebene ist die niedrigste der drei elementaren Reiche, die vom Mineralien-Reich abstammen. Sobald die göttliche Lebenswelle das niedrigste elementare Reich einmal berührt und beseelt hat, verschwindet sie wieder nach oben in Richtung Geist. Wie kann das aber sein, wenn **DAS BUCH DES LICHTS** uns doch lehrt, dass die Natur der elementaren Substanz der Abwärtstrend ist? Unsere Gedanken und Handlungen in Richtung Gott (als NIRVĀNA, aber auch als eines der höchsten Himmelswesen verstanden) zwingen die elementare Substanz zu steigen, denn die elementare Substanz ist eine Kombination aus El (dem Göttlichen) und MENTALER (elementaler) Substanz, die deine niedersten Gedanken ausfüllt, die aber schließlich gehorcht, wenn sie gezwungen wird, dem hohen mentalen Pfad eines wahren suchenden Wesens zu folgen. Das und der natürliche Pfad der kosmischen Evolution zwingt die elementare Substanz zu steigen, denn alles muss zum GEIST zurückkehren.

ABER

-Oh großer Chohan, irgendwo habe ich gelesen, dass Materie bar jeden Geistes böse ist? -Oh Lanoo, kannst du dir PARABRAHMAN ohne Mūlaprakriti, also den Urgrund ohne die Urmaterie vorstellen? -... Nein, natürlich nicht. Nicht einmal Brahman kann Parabrahman anders „sehen“ als durch den Schleier, der Mūlaprakriti genannt wird oder abstrakte Urmaterie, weil man das Höchste eben nicht erkennen, sondern nur sein kann. Aber für Brahman ist die (für uns) abstrakte Urmaterie so dicht wie Materie an sich für uns[155]; deshalb gibt es keine Materie ohne Geist und kein Geist ist frei von Materie. Sie sind für immer eins. -Aber wenn ich sterbe, streife ich den physischen Körper ab... -Nur um in deinem Astralkörper zu erwachen. Und so weiter. Sogar Devachan oder der „Himmel“ der Religionen ist die Geist-Materie der Manas, in denen du den illusionären Zustand höchster Glückseligkeit erfährst. Egal wie hoch ein Geist ist, er wird immer mit Materie behaftet sein, sei sie atomar oder nicht-atomar. -Auch in NIRVĀNA? - Nicht in NIRVĀNA. Dann hast du absolute Befreiung erreicht, aber nicht für immer. (Es sei denn, man versteht eine Weltenperiode von 311.040.000.000.000 Jahren plus Ruhepause derselben Länge als „immer“.) So gesehen ist Geist die unvollendete Sublimierung der Materie und Materie die Kristallisierung von Geist. -Kannst du ein Beispiel geben? -Eis wird zu Wasser, zu Dampf, zu ... kehre den Prozess um, und du hast ein konkretes Beispiel dafür, wie Geist in die Materie eindringt. - Was ist die Ursache allen Leidens? - Materie. Und Geist ist der

154 Obwohl Atome und Moleküle (oder die Elemente) damals nicht das waren, was sie jetzt sind.

155 Was dir eine Vorstellung von der reinen Natur von Brahman gibt...

Retter und Befreier. Oh Lanoo, beobachte und gehe den Mittelweg, der dich früher oder später zum höchsten Pfad führen wird. -Enthülle mir diesen Pfad, du Erhabener. - Der höchste Pfad, oh Lanoo, ist das Ablegen allen weltlichen Verlangens (Sinneslust, Ehrgeiz, Stolz), bis nur noch eins übrig bleibt (automatisch und selbsterscheinend) - das Verlangen nach Gott, welcher - wenn als HÖCHSTES PRINZIP gesehen - kein Wesen, sondern der URGRUND ist. DAS wird dich zur absoluten Verlangenslosigkeit, welches dein wahres, unsterbliches ewiges nirvānisches Selbst ist, führen. OM. - Ist Materie die Ursache aller Bewegung? -Nein: Der Geist, getrieben von Verlangen, ist die Ursache aller Bewegung. Und da der Geist ewig ist, ist die Bewegung ewig. Deshalb ist das Universum mit allem darin vom mechanischen Standpunkt aus gesehen eine Maschine, die von immerwährender Bewegung angetrieben wird. OM. Aber ohne Materie ist Bewegung nicht denkbar. Wenn der Geist die Materie berührt, die sein Verlangenszustand ist, gibt es Bewegung, und diese Bewegung ist LEBEN, was der Grund dafür ist, warum bei einer zukünftigen Rasse menschliches und künstliches Leben durch Einimpfen fast endlos hoher Vibration (Bewegung) geschaffen wird, und der Embryo wird im weiblichen Schoß und später im androgynen Menschen wachsen; zuerst ohne Sperma, dann ohne Ei und ohne den Prozess der geschlechtlichen Vereinigung.

MEHR ÜBER DIE ELEMENTARE SUBSTANZ

Alles ist Materie, sei sie atomar oder nicht-atomar. Gedanken und Gefühle sind MATERIE, nicht-atomare Materie. Du wirst später etwas über nicht-atomare Materie und Gedankenformen lesen und du wirst verstehen. BRAHMAN oder BRAHMA (Neutrum[156]) und später BRAHMAN („männlich", höheres Selbst unseres Sonnensystems, dann auch Brahma genannt) – das ist eins in Dreien und drei in Einem. Und aus BRAHMAN als Neutrum[157], dem höheren Selbst unseres Universums und später auch aus Brahman männlich, also BRAHMA, dem höheren Selbst unseres Sonnensystems, ergießt sich das göttliche Leben oder die monadische Substanz in ihrem frühen Ent-

156 Brahman (Neutrum) ist bereits manifestiertes Brahman im kosmischen Ei (als Sphäre) bzw. wird dann das universelle Ei, aber es ist nicht die SUPERMONADE, die sich (nach Reflexion im Chaos) in parabrahmanische Regionen (dem Zentrum allen Seins) zurückzieht, wo sie immer noch wohnt... .Aber Brahman oder Brahma ist auch „männlich" wegen des „Befruchtens" der Urmaterie (Geist fällt in Materie) und auch männlich-weiblich, der sephirische Wirt (weil die Sieben Strahlen eingeschlossen sind) oder der himmlische „Mensch, gemacht nach dem Ebenbild Gottes." (Genesis, Kap.1).

157 Auch zweites Logos genannt, wenn wir PARABRAHMAN (also Para-Brahman oder jenseits Brahman, eben NIRVĀNA) „erstes Logos" nennen müssen, aber dann hätten wir die nicht-manifestierte Supermonade nicht einmal erwähnt.

wicklungszustand, auch deshalb ELEMENTARE SUBSTANZ genannt. Ihre Tendenz ist abwärts strebend in die Materie bzw. materielle Welt (molekulare Welt) und niedriger. Und von diesem niedrigsten Punkt, der sogar jenseits unseres sichtbaren physischen Universums liegt, verschwindet sie dann nach oben durch ihre eigenen drei Ebenen oder ihr elementares Reich hindurch in das Reich der Mineralien, der Pflanzen, Tiere und schließlich in das menschliche Reich[158]. Die elementare Substanz ergießt sich aber konstant aus der Quelle und fließt dabei immer abwärts. Und da alles in unserem Sonnensystem, sichtbar und unsichtbar, elementare Substanz enthält, wird auch alles nach unten in das „niedrigste" Bewusstsein gezogen.
Elementare Substanz ist überall. In deinem physischen Körper, in deinen Gedanken, in deinen Gefühlen, in deinen Handlungen. Überall. Wann immer du negativ denkst, fühlst, sprichst oder handelst, wirst du von der elementaren Substanz beeinflusst.

Warum? Weil IHR Pfad abwärts führt. Das ist nicht böse Absicht der elementaren Substanz oder eines Teufels. Denke das nicht. Es ist einfach ihre Natur. Die elementare Substanz ist sich dessen bewusst, was man „niederes Denken" nennt. Sobald du etwas Negatives denkst, erscheint die elementare Substanz, schwebt über diesem Gedanken und verstärkt ihn so. Die elementare Substanz ist auf allen Stufen, von der niedersten bis zur höchsten. Wenn sie sich auf einer der hohen kosmischen Ebenen befindet, bedeutet das nicht, dass sie sich höher entwickelt hat. Im Gegenteil. <u>Fortschritt</u> bedeutet für die elementare Substanz nach unten in die atomare Materie und sogar tiefer. So ist sie also nur deshalb auf der höchsten Stufe, weil sie entweder a) die niedrigste noch nicht erreicht hat oder b) von uns in die höhere Ebene transformiert wurde. Das ist für uns möglicherweise ein Fortschritt, aber nicht für die elementare Substanz. Sie zieht nach unten. KONSTANT! Also hüte dich ständig davor! Die Verlockung des Pfades, der abwärts führt, ist immer da. Und die elementare Substanz wartet[159]. Und noch einmal: Wir können nur lernen und uns entwickeln durch ÜBERWINDEN! Dann entwickeln wir uns nach oben. Was überwinden? Die nach unten drückende Kraft der elementaren Substanz. Du kannst nur Muskeln entwickeln, indem du die Gewichte hebst, nicht, indem du sie einfach nur ansiehst. Die elementare Substanz ist dieses Gewicht. Sie zieht dich nach unten, gibt dir einen Vorgeschmack auf das Chaos, wenn du nicht gewillt bist zu lernen... und durch diese Erfahrung entwickelst du dich - abgeschreckt davon - nach oben zum Geist hin, der die einzige Reali-

---

158 Bis es DAS HÖHERE SELBST oder den ursprünglichen Körper des Menschen formt. OM

159 Sie (die elementare Substanz) füllt und manifestiert tatsächlich all deine negativen Gedanken und Ängste! Etwas zu fürchten bedeutet, es zu wollen oder zu wünschen. Lösung des Problems: Erreiche Verlangenslosigkeit oder widerstehe dem Negativen in Dir, indem Du Dich mit spirituellen Dingen befasst.

tät ist. Und all das ist nicht so wegen der sondern trotz der elementaren Substanz. Sie ist nicht das Böse; sie hat nicht einmal einen eigenen Geist. Sie wird einfach, wie bereits erwähnt, von allem und jedem angezogen, dessen Weg nach unten führt (sei es in Gedanken, durch Gefühle, beim Sprechen oder Handeln) und benutzt das als Vehikel, um dahinzukommen. Schwimme gegen den Strom, der elementare Substanz genannt wird. Überwinde. Und wie? Entsage. Ein Widerspruch? Ganz und gar nicht. Denn es gibt noch eine andere Kraft, und diese Kraft ist die Tatsache, dass wir uns alle zusammen auf dem aufsteigenden Bogen befinden, nach oben zum Geist. Das Schlimmste liegt hinter uns. Wir haben den Mittelpunkt bzw. den niedrigsten Punkt des abwärts führenden Bogens vor etwa 9 Millionen Jahren hinter uns gelassen und steigen nun wieder auf. Wir sind im kosmischen Satya Yuga[160] bzw. dem Zeitalter der Unschuld[161]. Alles, was du tun musst, ist zu entsagen, keinem niederen Verlangen mehr nachzugeben, denn das ist nur die elementare Substanz und keinesfalls du. Und meditiere, dann wirst du wissen, WER du tatsächlich bist und die elementare Substanz findet keinen Halt mehr bei dir, sondern der nach oben steigende Strahl der spirituellen Kraft wird dich zum Licht tragen. Meditiere und erlange alles Wissen, das im **BUCH DES LICHTS** geschrieben steht. Entsage, löse dich von jeglichem Verlangen und deinem Ehrgeiz oder wandle zumindest den Mittelpfad, studiere **DAS BUCH DES LICHTS** und dein wird das Glück sein. OM.

Was die weitere Natur der elementaren Substanz anbelangt, darüber ist wenig bekannt, und noch weniger darf man darüber sagen. Ein Hinweis: Wenn du glücklich bist, bist du „high" (engl. = oben), und wenn du unglücklich bist, dann bist du „down" (engl. = unten). Unten (aber ohne dich) ist die elementare Substanz. Ich ... ich habe die Erlaubnis, es esoterisch zu erklären. Es gibt keine Gefahr des Missbrauchs. Diejenigen, die verstehen, können und werden dieses Wissen nicht missbrauchen. Die elementare Substanz, das ist bzw. sind die ersten drei Kraftzentren, die durch die Differenzierung der immer existierenden Urmaterie[162] oder Mūlaprakriti, dem Schleier von Parabrahman, entstehen. OM. Die Natur dieser drei aus dem Ewig-Unerklärbaren heraus entstehenden Differenzierungsebenen variiert vom vollständigen Nicht-Bewusstsein bis hin zur halbsinnlichen Wahrnehmung. Deshalb können sie nicht „verantwortlich" gemacht werden für ihren Abwärtsdrang. Die elementare Substanz ist einfach Teil der Lehre. Schritt 1: Studiere die Lehre; Schritt 2: Verstehe die Lehre; Schritt 3: Befolge bzw. lebe die Lehre. OM der ursachenlosen Ursache.

---

160 Obwohl wir uns gerade jetzt in einem planetarischen Kali-Yuga oder Zeitalter der Dunkelheit befinden, und das für die nächsten 400.000 Jahre.

161 Auch Krita-Yuga der Perfektion genannt.

162 Auch Mutter und Wurzel aller atomaren Materie.

Sieh die sieben Naturreiche unserer planetarischen Kette[163]:

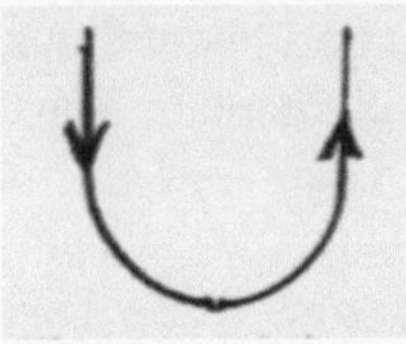

Elementare Substanz

-Drei elementare Bereiche (sub-physisch)
-Ein Mineralienreich (physisch)
-Ein Pflanzenreich (physisch)
-Ein Tierreich (physisch)
-Ein Menschenreich (physisch)

Wenn wir also sagen, dass die menschlichen Monaden auf die Erdkette absteigen, um auf allen Globen das Mineralienreich zu bilden, können wir annehmen, dass es dort bereits einen „Erguss" monadischer Substanz im niedrigsten Stadium der Differenzierung (die ersten drei elementaren Reiche) gegeben hat, was immer einen ersten Schritt weg von der Quelle darstellt. Später verändert sich diese Differenzierung zur Individualisierung und entwickelt sich zu ... uns! OM der Weisheit und dem Wissen. OM.

FRAGEN UND ANTWORTEN DIE ELEMENTAREN REICHE BETREFFEND

-Sind die elementaren Naturreiche die kosmischen Elemente? -Nein. Die Naturreiche **entwickeln** sich aus den kosmischen Elementen. -Wie viele kosmische Elemente gibt es? -Sieben: Erde, Wasser, Luft, Feuer, Äther und zwei weitere, die noch kommen werden und fast abstrakt sind. -Ist das Universum aus diesen kosmischen Elementen gebildet? -Ja, sie sind die Prakritis (Stoffe)[164] des Universums, und die Naturreiche leben durch sie. Wie lautet der Sanskritname für die kosmischen Elemente? Tattvas. Woher kommen die kosmischen Elemente oder Tattvas? -Von mit Urmaterie bekleidetem Brahman, denn alles kommt von Brahman und Brahman von Para-Brahman. -Woraus besteht unsere Erde? -Aus ruhenden Monaden, den niedersten kosmischen Elementen auf dieser Ebene. -Spirituelle Monaden sind ruhende Monaden? -Nein, sie sind immer bewusst, verlassen aber auch niemals ihre Ebene. Mit ‚ruhenden' Monaden meine ich eigentlich ihre Reflexionen oder Lebensatome, wobei jedes dieser Lebensatome ein Vertreter einer Monade von hier oben sein kann, denn so, wie es oben ist, ist es auch unten. OM. Gibt es mehr als drei elementare Naturreiche? -Ja, es

---

163 Unser Planet Erde und seine 6 unsichtbaren Globen.

164 Und mit (Stoffen) meine ich auch nicht-atomare Materie, wie ein Gedanke eben nicht-atomare Materie ist.

gibt sieben. -Aber die Grafik zeigt drei! Es gibt sieben; so wie der Mensch 3-, also Geist-Seele-Körper, aber in Wirklichkeit siebenfältig ist. -Sind die elementaren Reiche die niedersten? -Nein, sie sind die am höchsten entwickelten. Wenn du bis an den Fuß des Berges stürzt und dann wie Phönix aus der Asche (den Naturreichen) steigst, dann brachte eben gerade diese Asche das Höchste aus dir hervor. Deshalb sind die elementaren Naturreiche die am höchsten entwickelten. Von da an treibt bzw. bewegt die Monade ihre „Emanationen" oder vielmehr Reflexionen nach oben. Das wäre niemals möglich gewesen ohne das „niederste" Naturreich. -Was ist der Unterschied zwischen Elementalen und Elementaren? -Elementale (Elfen, Gnome, Feen, Naturgeister usw.) entstehen ohne Vermittlung von den kosmischen Elementen und sind Bewohner der kosmischen Elemente, während Elementare im Astrallicht leben und halbbewusste Kāma-rupa (Astralreste) des Astralkörpers eines bösen Menschen nach dessen Tod sind.

SVABHĀVA [165]

Svabhāva ist Individualität bzw. die Substanz, die jedes Wesen zu einer Individualität macht, weil sich die Natur niemals wiederholt und es nicht einmal zwei gleiche Sandkörnchen gibt. Folglich ist das, was sich ändert, nicht das wesentliche Merkmal eines Individuums, sondern das Entfalten dieser Substanz, svabhāva genannt, zwischen den unterschiedlichen Vehikeln und Reichen. Svabhāva wohnt auch immer in einem der Sieben Strahlen und in einem solaren Logo bzw. ist von diesem abhängig. Gottesfunken oder Monaden gehen zum Beispiel durch das Stadium der Rose, andere durch das des Löwen, des Vogels oder des Menschen, denn Geist entwickelt sich zu Stein-Pflanze-Tier-Mensch und wieder zu Gott. Wann immer der Gottesfunke aus einem Stadium herausgewachsen ist, zum Beispiel aus dem der Rose, werden alle Rosen verschwinden, was eine Erklärung für das Verschwinden der Dinosaurier ist. Der Geist hat genug Erfahrung in diesen Vehikeln gesammelt und inkarnierte in andere, ähnliche, jedoch kleinere (Reptilien zum Beispiel), und der Dinosaurier verschwand. Und der Geist oder die Monade strebt weiter vorwärts, entwickelt dabei seine svabhāva oder Substanz oder sein Verlangen, bis es das menschliche Stadium erreicht. Wenn das Gottesstadium erreicht ist, wird es keine Menschen mehr geben, der Gottesfunke wird sie nicht mehr brauchen. Für immer? Nein. Nach dem nächsten Neuerwachen allen universellen Lebens „wiederholt" sich die Natur selbst, aber eine Stufe höher, und so geht es ewig weiter. OM. Wie das sein kann? Rose, Mensch oder Pferd oder Löwe oder Stein usw. hinterließen einen Abdruck ihrer Selbst im Astrallicht oder auf der astralen Ebene, die unseren Erdglobus umgibt. Und während der nächsten Periode

---

165 Die brahmanisch-tattwische Entsprechung ist Ākāśa.

kosmischer Aktivität werden sich andere Gottesfunken oder Monaden diese astrale Kleidung „anziehen“, sich mit ihnen umgeben, was die Illusion der Form erzeugt. So gesehen reproduzieren wir jetzt Dinge, die Reste sind, astrale Restbestände oder sishtas aus vergangenen Leben, aber auch aus einer Zeit, die Äonen zurückliegt, und unsere astralen Restbestände werden die astrophysikalischen Prototypen künftiger Gottesfunken sein. Das ist auch der Grund, warum Propheten die Vergangenheit, Gegenwart und Zukunft sehen können und erklärt, wie sie das tun. Sie sehen die astralen Restbestände und sind so in der Lage, zukünftige Nationen und Ereignisse vorauszusagen. Und weil svabhāva (die Essenz) konstant nach vorn drängt, entfaltet svabhāva die individuelle, innewohnende Natur, so dass eine Blume immer eine Blume reproduziert, ein Pferd ein anderes Pferd, ein Mensch einen anderen Menschen, Gott einen anderen Gott und alle emanieren aus den Sieben Strahlen. OM.

Sieh die 72, oh Lanoo. Unser Sonnensystem atmet 72 Mal oder in 72 Perioden, und genauso ist es mit dem Puls eines menschlichen Wesens, er schlägt 72 Mal in der Minute, einschließlich des Erwachens und der Dämmerung. -Das verstehe ich nicht, oh, Mahā-Chohan... -Der Pulsschlag eines Menschen ist 60 in der Minute plus Steigerung des Beginnens oder Dämmerns, was 10% oder 6 beträgt, plus der Steigerung beim Übergang in den nächsten Pulsschlag, was noch einmal 6 ist oder 10%. 60 + 6 + 6 = 72 Pulsschläge pro Minute. 60 ist exoterisch, 72 ist esoterisch. OM. Brahmans Alter beträgt 72 Perioden oder Reinkarnationen des Solarsystems.

72 ist der Pulsschlag von Brahman.

Multipliziere das mit 5, und du hast eine Periode von 360 bzw. die Anzahl der Tage, die die Erde braucht, um die Sonne einmal zu umkreisen. -Aber das sind 365, oh Mahā-Chohan! -Es sind jetzt 365 und ¼, oh Lanoo. Aber die Erde ist der Körper eines Engels in Bewegung... Oh Lanoo, der Engel kennt das Gesetz, und die Aufgabe des Engels ist es, die Erde in 360 Tagen zu umrunden. Aber du weißt, das Gesetz ist das Eine, und es zu erfüllen, das Andere. Geist ist das Gesetz, und die Materie ist das (noch) unerfüllte Gesetz.

Die Erde braucht jetzt 365 ¼ Tage, um die Sonne einmal zu umrunden. Sie dreht sich also 365 ¼ Mal um sich selbst, während sie einmal die Sonne umkreist. Doch während der zweiten Runde (der planetarischen Erdkette) oder vor mehr als einer Milliarde Jahren brauchte der Globus (damals ein Feuerball) nur 356 Tage für eine Umdrehung um die Sonne bzw. sie rotierte während dieser Zeit nur 356 Mal um sich selbst. Jetzt (21. Jahrhundert) hat die Erde ihre für diese kosmische Epoche niedrigste Orbitalgeschwindigkeit erreicht und beschleunigt von jetzt an wieder, bis sie eine Geschwindigkeit von 360 Tagen für eine Umdrehung erreicht. Sie hält diese Geschwindigkeit einige Millionen Jahre und braucht dann (Schritt für Schritt) nur noch 356 Tage und schaukelt sich dann wieder zurück auf 360 und weniger[166] und kommt schließlich wieder auf 365 ¼ . 360 ist das Gesetz, oh Lanoo. Diese Zahl ist heilig wie die 72.

Warum, oh Mahā-Chohan? -Du hast es bereits enthüllt, oh Lanoo. Wegen Jupiter und Saturn. Jupiter braucht 12 Mal länger als die Erde, um die Sonne zu umkreisen, und Saturn braucht 30 Mal länger. Multipliziere diese beiden orbitalen Zeitperioden (30 x 12), und es ergibt 360. OM.

Viele Muslims glauben, dass im Himmel 72 Jungfrauen auf sie warten. In Wirklichkeit ist das eine Allegorie, welche auf kosmische Daten weist.

---

166 Weniger bedeutet: Sie braucht länger, nämlich 365 ¼ Tage, um die Sonne einmal zu umkreisen.

DIE SIEBEN STUFEN DER TRANSFORMATION
(vom kosmischen Nebel zum Planeten),
durch die jeder Planet einmal gehen muss, wenn die alte Kette stirbt und ein neues Laya-Zentrum auslöst (zum Beispiel den Planeten Erde).

1	3	5	6
HOMOGEN (Fast abstrakt, verursacht durch den Geist)	ÄTHERISCH	DUNSTARTIG (Vierfältig)[167]	NEBELHAFT- QUARKARTIG (und bereits atomar)

2	4	7
ELEMENTAR	LEUCHTEND- GASFÖRMIG	MATERIELL (molekular) (Bereits in Rotation)

UM 2.000.000.000 n. Chr. wird unsere Erde ein „toter“ Planet sein und 4.320.000.000 Jahre später der Mond einer neuen Kette und dann wieder Äther (und NIRVĀNA), wie alles andere in diesem Universum.

Vor über 2.000.000.000 v.Chr.
Vor mehr als 3 ½ großen Runden auf der Kette unseres esoterischen Solarsystems bei deren „Beginn“ bzw. Wiedererwachen:

-Wenn das Rad (in diesem Falle unsere Erde) göttlich ist, sind seine Geschöpfe göttlich und erzeugen Geist.
-Wenn das Rad göttlich-spirituell ist, sind seine Geschöpfe göttlich-spirituell und erzeugen Äther.
-Wenn das Rad göttlich-spirituell-ätherisch ist, sind seine Geschöpfe göttlich-spirituell-ätherisch und erzeugen Feuer.
-Wenn das Rad göttlich-spirituell-ätherisch-feurig (jeder Komet und auch unser Planet Erde, nachdem er ein Komet gewesen ist) ist, sind seine Geschöpfe göttlich-spirituell-ätherisch-feurig und erzeugen Luft.
-Wenn das Rad göttlich-spirituell-ätherisch-feurig-luftig (ein abkühlender Komet) ist, sind seine Geschöpfe göttlich-spirituell-ätherisch-feurig-luftig und erzeugen Wasser.
-Wenn das Rad göttlich-spirituell-ätherisch-feurig-luftig-wässrig (Flüssigkeit)

---

167 Es gibt 7 Elemente. Aber das Fünfte beginnt jetzt (21. Jahrhundert) gerade zu erscheinen und sein Name ist: ÄTHER. Aber alle Elemente sind von einem abgeleitet: Mūlaprakriti-Ākāśa.

ist, sind seine Geschöpfe göttlich-spirituell-ätherisch-feurig-luftig-wässrig und erzeugen Erde. Darum, so wage ich zu behaupten, kommen wir nicht aus dem Wasser, sondern das Wasser aus uns.

9.000.000 v. Chr.

Nun ist das Rad und seine Geschöpfe göttlich-spirituell-ätherisch-feurig-luftig-flüssig-erdartig (9.000.000 vor Chr. - Beginn des radioaktiven Zerfalls aller Elemente, die schweren zuerst).
-Wenn das Rad göttlich-spirituell-ätherisch-feurig-luftig-wässrig ist, sind seine Geschöpfe göttlich-spirituell-ätherisch-feurig-luftig-wässrig und verlieren das wässrige Element. Und so weiter, Element für Element bis ca. 2.151.000.000 n. Chr., wenn das Rad (unsere Erde) und seine Geschöpfe wieder göttlich sind.
-Wenn das Rad wieder göttlich ist, sind auch seine Geschöpfe göttlich, und das wird sein um 2.151.000.000 n.Chr.

Oh, Lanoo, du bist Gott im Werden. So, oh Lanoo, kommen alle Dinge von Brahman und kehren zu Brahman zurück. Dann, viel später, werden alle Brahmas von Brahman, dem höchsten Selbst unseres Universums, geschluckt. Und Brahman? Wird absorbiert von ... DEM EWIG UNERKLÄRBAREN.

Und noch einmal:

DIE HEILIGE JUNGFRAU MARIA, RELIGIÖSES SYMBOL FÜR EINE ESOTERISCHE REALITÄT

Die Tatsache, dass der Mond die Mutter der Erde und keinesfalls ihr Satellit ist, kannten zu jeder Zeit alle Kabbalisten, sogar die Hebräer. Und diese Tatsache überlebte bis heute (21. Jahrhundert) in der Religion, die eine Kopie heidnischer Tradition war, ist und sein wird. Und weil sogar der römisch-katholischen Kirche bekannt war, dass der Mond die Mutter des Planeten Erde ist, zeigt die römisch-katholische Kirche die heilige Jungfrau mit einem sichelförmigen Mond zu Füßen, das Kind (die Erde) in ihren Armen haltend. Oh, Lanoo, Christentum ist mumifizierte Mythologie. Weil der Mond die Mutter der Erde IST, wird der Mond (in Wahrheit sein Planetenengel Jehovah) in allen Kulturen verehrt, und diese Verehrung überlebte schließlich in allen Religionen, die allerdings nichts anderes als verzerrte Versionen einer einst gemeinsamen esoterischen Wahrheit sind, einer Wahrheit aus einer Zeit, als dieser Planet noch ein Paradies war. OM. Diese Mondverehrung ist ein weiterer Beweis und ein Hinweis auf die Tatsache, dass der Mond die Mutter der Erde ist.

Andere Kulturen, die den Mond verehren, weil sie wissen, dass er die Mutter der Erde ist, waren die mosaischen und kabbalistischen Juden. Origen oder Clemens Alexandrinus, die Griechen, bewunderten die Mondgöttin auf der Erde (Diana herrschte, wie es der Mond tatsächlich tut, über Kindesgeburt und Leben). Die Ägypter verehrten die Mondkraft als Gottheit des Todes (Hekate oder Hecate in der Hölle, Herrscher über Magie und Zauber). Die Katze wurde in der Stadt Bubaste, der Stadt der Rätsel, verehrt, weil sie in der Nacht sehen kann, genauso wie der Mond mit geborgtem Licht von der Sonne (weitere Erklärungen später). Hindus nennen sich oft Chandravansas oder lunare Dynastien. Es gab die chaldäische Mondverehrung, den babylonischen Gott „Sin" (deus Lunus). Der Mond hat auch eine starke Wirkung auf Fortpflanzung aller Arten, was die Hebräer später dazu veranlasste, nur DIESEN Aspekt zu betonen und ihre hauptsächlich phallisch orientierte „Religion" vorzustellen. Spirituelle Empfängnis veränderte sich zu ausschließlich phallischer und sexueller Aktivität. Auf diese Art und Weise wird die Vorstellung vom Penis und dem Mann als dominante Kraft, die von Gott auserwählt ist, über die Frauen und den Rest der Welt zu herrschen, geschaffen. Aber nun ist die Wahrheit wieder da. Oh Lanoo, du bist eine Seele, die einen Körper hat. Ehre dem **BUCH DES LICHTS, BUCH DER BÜCHER** und Retter der Menschheit.

Bin ich der erste, der dieses kosmische Rätsel der Reinkarnation „sterbender Planeten" erwähnt? Ganz und gar nicht. Nichts ist neu unter der Sonne. Ich wiederhole einfach nur (vom Chohan geleitet) alte Weisheit und altes Wissen, das bis heute in uralten Riten und Zeremonien, die in jeder Religion in mehr oder weniger verzerrter Form ausgeübt werden, überlebt hat. Zum Beispiel im „Festival der Feuer".

Sieben Priester oder Asketen erscheinen mit sieben angezündeten Weihrauchstöcken (auch sieben Strahlen oder siebenfältige planetarische Kette) an der Schwelle des Tempels. Die erste Reihe der Pilger zündet ihre Weihrauchstöcke an (das Ākāśa-Laya-Zentrum, das „Schwarze Loch", wird ausgelöst). Nun wirbelt jeder Priester seinen Stock um seinen Kopf (wird ein Komet)[168]. Nach einem wilden Tanz werden die Bewegungen der Priester ruhiger (der Komet wird zur Sonne und schließlich zum Planeten), und dann zündet der Priester den Weihrauchstock eines anderen Pilgers an (ein neues Laya-Zentrum wird erweckt).

Wann, ich frage wann, wird die orthodoxe Wissenschaft verstehen und zur alten Weisheit sowie zum alten Wissen zurückkehren?

---

168 Warum sind es nicht die Pilger, die seinen Stock anzündeten? Weil es der Priester ist, der dieses kosmische Rätsel aufführt.

CA. 3 MILLIARDEN VOR CHRISTUS, VOR DER GEBURT DES PLANETEN ERDE

Die alte Kette (Mondkette) war tot[169] und die neue (Erdkette) noch nicht aus Laya heraus entwickelt, da noch von der alten unterdrückt. Wo waren die physischen Körper von allem, was auf dem Mond manifestiert war? Die Monaden hatten sich zurückgezogen, aber sie hinterließen Formen im Astrallicht, Modelle für die neue kommende Kette. Und die Monaden? Alle in NIRVĀNA? Oh Lanoo, sogar unter Nirvānees gibt es Misserfolge, z.B. auch unter den Menschen von 40.000.000.000 v.Chr. Nachdem sie am Ende der Mondkette NIRVĀNA betreten hatten, verließen sie es vor dem Manvantara der Erdkette wieder. Und jetzt (ca. 3 Milliarden v. Chr.) verlassen sie NIRVĀNA und warten darauf, dass die Erdkette erscheint. Warum? Weil sie, oh Lanoo, noch lernen müssen. Niedere Jivanmuktas oder befreit während sie leben, das sind sie. „Niedere", aber noch keine Pukkas oder „Pukka", was völlig befreite spirituelle Monaden sind, die voll bewusst durch das Universum wandern. Aber sie hatten diese Stärke in Geist und Intellekt noch nicht erreicht. So müssen sie also zurück zur Schule, und diese Schule wird die Erde sein. Sind sie minderwertige Jivanmuktas? Minderwertig gegenüber den Pukka ja, uns jedoch überlegen. Von da an werden sie uns beeinflussen, indem sie die niederen Schöpfer der Kette führen, wenn sie aus dem kosmischen Staub geformt werden. OM. Warum leben sie in diesem, wenn auch führenden, jedoch passiven Stadium? Sie warten als übrige, überschattende Geistgruppe, aber sie emanieren Licht, Intellekt und Leben um sich herum. Und sie warten... Warum, oh Mahā-Chohan? – Zuerst, oh Lanoo, kamen diese wiedererwachten Nirvānees, dann die drei elementaren Reiche der neuen (Erd)kette, dann alle anderen Reiche und ihre Monaden, und wenn in der Mitte der dritten Wurzelrasse der vierten Runde die menschlichen Vehikel erscheinen, werden sie (diese Nirvānees) Gelegenheit haben, entweder in menschliche Körper zu inkarnieren, ihnen Geist zu verleihen oder in höheren Reichen zu bleiben oder ... aber warten wir's ab. Was, oh Mahā-Chohan, geschieht mit einem menschlichen Körper, der einmal von solch einem wiedererwachten Nirvānee überschattet bzw. inspiriert wird? Dieser Körper, oh Lanoo, wird ein Buddha oder ein Christus werden.

-Was, Oh Mahā-Chohan, geschah mit jenen Nirvānees oder Manasaputras, die nicht in einen menschlichen Körper inkarnierten? – Sei vorbereitet, oh Lanoo, auf eine kosmische Tragödie...

---

169 Die orthodoxe Wissenschaft behauptet, dass der Mond von der Erde abgeworfen wurde (und/oder einmal mit unserem Planeten kollidierte), als die Erde um 15 Millionen v. Chr. noch ein Globus in Rotation war und sich viel schneller drehte. Aber nur eine Änderung von 23 auf die gegenwärtig 24 Stunden pro Rotation würde ca. 600 Millionen Jahre erfordern...

WIE DIE MONDKETTE IHRE ENERGIE AUF DIE ERDKETTE ÜBERTRÄGT

Die Laya-Zentren der Erdkette erscheinen, wenn die Mondkette stirbt. Sie werden verursacht durch die emanierende Lebenskraft der Globen der sterbenden Mondkette[170]. Oder: Kosmisches Leben oder prana verlässt jeden Globus der Mondkette und schafft das entsprechende Laya-Zentrum für die neue kommende Erdkette. Oder: Globus A der Mondkette emaniert seine Lebenskraft in das Laya-Zentrum A, das dann (später) Globus A der Erdkette wird. Die Laya-Zentren der neuen Erdkette werden von den niedersten[171] Monaden der Lebenswellen der Globen der Mondkette in Position gebracht. Wenn nun nach dem interplanetarischem NIRVĀNA von 4.320.000.000 Jahren die verschiedenen Klassen der monadischen Lebenswellen „hinabsteigen", um die Globen der neuen Erdkette zu bilden, betreten sie natürlich jene Laya-Zentren, die am ätherischsten sind und beginnen dabei mit der Bildung des ätherischsten Globus der Erdkette, nämlich Globus A. Abhängig davon, auf welche Art wir zählen, können wir sagen, dass die monadische Lebenswelle aus NIRVĀNA heraus absteigt in die niederen Reiche, und zwar in Klassen von sieben, zehn oder zwölf. Nachdem er sieben Zyklen auf Globus A unserer Erdkette durchlaufen hat, projiziert sich der Überschuss dieser monadischen Lebenswelle selbst auf Globus B der Kette, und nachdem er dort sieben Zyklen absolviert hat und immer noch in der ersten Runde ist, geht der Überschuss der monadischen Welle auf Globus C der Erdkette über, dann auf Globus D, E, F, G usw., und zwar 3 ½ Runden lang, während sie die verlassenen Globen konstant neu auffüllt. Wir haben jetzt (21. Jahrhundert) den Mittelpunkt der vierten Runde passiert. So wurden, oh Lanoo, die Vorbereitungsgloben der ersten Runde gebildet, und die verschiedenen Globen der Erdkette helfen sich gegenseitig bei der Bildung, aber es ist die Wirkung des Mondes (die in Laya hineinprojiziert wurde), die die Erde und ihre Kette schafft. Und: Wenn auch die Laya-Zentren der neuen Erdkette nur aktiv werden, wenn die Hierarchien aus NIRVĀNA kommen, bedeutet das nicht, dass es in den Laya-Zentren keine Aktionen gibt. Die physischen Jivas oder Lebensatome des Mondes „driften" durch alle Reiche und werden dann von der Hierarchie (Monaden oder monadische Lebenswellen) gesammelt, genau wie ein reinkarnierendes menschliches Ego im Moment der Reinkarnation seine Lebensatome sammeln würde. So gesehen, oh Lanoo, ist jeder „Tod" ein Opfer für ein neues Leben. OM der Weisheit und dem Wissen. OM.

---

170 Es gibt keinen Unterschied zwischen dem Leben und dem Tod eines Planeten oder eines Menschen. Planeten erzeugen Planeten, Menschen erzeugen Menschen, sie werden alt und werden persönlich erlöschen. Aber ihre spirituellen Prinzipien überleben in ihrer Reinkarnation. OM.

171 Nicht zu verwechseln mit dem physischen Teil oder D-Globus der sterbenden Mondkette, dem Mond selbst. Er zerfällt langsam.

ANHANG

DIE MANTRA
OM MANI PADME HUM

Die Mantra OM MANI PADME HUM bedeutet: Oh, Juwel im Lotus. Das Juwel ist das höhere Selbst des Menschen (Lotus), welches durch DIE MANTRA zu höherem Potenzial erweckt wird.

DIE MANTRA ist die Urschwingung allen Seins. Sie kräftigt, belebt, aktiviert alle Chakren und beruhigt und entspannt doch zugleich. Oh Lanoo, sei die Mantra.

Die iedeale Ergänzung zum BUCH DES LICHTS

CD „THE MANTRA FOR YOUR MEDITATION – OM MANI PADME HUM",
Total Time 62:44 Min., Neptun Media GmbH München
Bestell-Nr.: 4 014837 009156

DER AUTOR

LANOO (Christian Anders)

Foto: Andreas Boldt

Christian Anders wurde am 15.01.1945 in Österreich geboren. Seine Ambitionen zu schreiben reichen bis in diese Zeit zurück. Er sagt selbst dazu: „Schon als Kind wollte ich immer etwas sagen, aber keiner hat mir zugehört. Da habe ich es aufgeschrieben." Er beherrschte zu diesem Zweck eine Runenschrift, die er aber wieder verlernt hat. Orte haben sein Schreiben aber nie sonderlich geprägt; es war vielmehr die Literatur, die er las. Und das waren griechische Sagen, Henry Miller, Bukowski, Hermann Hesse und bis zu einem gewissen Grade auch Arthur Schopenhauer. Erst viel später im Leben stieß er auf Schriften von Beatrice Flemming und Dr. Georg Grimm, die zusammen mit der Lehre des BUDDHA fortan sein Leben beeinflussten.

Seine Karriere als Schlagersänger begann 1969 mit dem Titel „Geh nicht vorbei", einem Millionenhit, für den er die Goldene Europa und den Silbernen Löwen von Radio Luxemburg erhielt. 1972 folgte sein erster großer Hit, den er selbst komponiert hatte: „Es fährt ein Zug nach nirgendwo" - ein Hit, der, zusammen mit vielen anderen Kompositionen, sein Publikum noch heute immer wieder begeistert. Seitdem sang Christian Anders bis auf wenige Ausnahmen nur eigene Kompositionen. Die Liste seiner Hits und Auszeichnungen ist endlos. Trotzdem wurde er nicht glücklich. Er spürte, dass er dem wahren Sinn des Lebens noch hinterher lief. Und so verließ er enttäuscht von Ruhm und Reichtum Europa und flüchtete nach Los Angeles, wo er mehrere Monate lang obdachlos war. Aber seine spirituelle Lehrerin, Beatrice Flemming, hatte ihm gesagt, dass er auserkoren sei, das Buch des Lichts zu schreiben, die wiedererwachte Urschrift, in der alle Religionen und Wissenschaften, und sind sie auch heute noch so verfälscht und missinterpretiert, ihren Ursprung haben. Und so schrieb er dieses Buch - 3000 handschriftliche Seiten über den Ursprung von Mensch und Universum, die nun von seiner Verlegrin Elke Straube ins Deutsche übersetzt und in mehreren Bänden veröffentlicht werden.

Zurückgekehrt nach Deutschland, singt Christian Anders (Gott sei Dank) wieder. Sehr zur Begeisterung seiner Fans. Seine Stimme ist hell und klar wie gewohnt, aber zugleich kraftvoller und ausdrucksstärker als jemals zuvor. Christian Anders möchte nicht mehr nur von Liebe singen. Die Texte seiner Lieder offenbaren einen riesigen Schatz an Lebenserfahrung, genaue Beobachtung von Mensch und Umwelt sowie tiefe buddhistische Weisheit. Eine völlig neue Profilierung eines großen Künstlers hinterlässt Spuren in seinen neuen Liedern - Lieder, die mehr wollen als nur unterhalten.

Als Autor hat Christian Anders die ideale Möglichkeit gefunden, die buddhistische Lehre IM SINNE BUDDHAS weiterzugeben. Christian Anders sieht sich dabei nicht als „Guru", wie ihm von den Medien gern unterstellt wird. Er wählte für sich den Namen LANOO, was Schüler bedeutet. Schüler und nicht Meister. Auch er ist ein Lernender, der straucheln kann und nicht perfekt ist. Guru ist die Lehre, nicht er. Seine Fans und alle Freunde der esoterischen Wissenschaften und des wahren Buddhismus sind ganz herzlich eingeladen, ihre Meinung zu seinen Büchern, aber auch zu seinen politisch-satirischen Kolumnen, die immer mehr zu seinem Markenzeichen geworden sind und die regelmäßig unter www.ChristianAnders.com aktualisiert werden, mitzuteilen.

Elke Straube

DAS BILD
(Backcover)

HIMMLISCHER STRAHL

1995 – 1996 * Öl auf Leinwand * 90 x 90 * Mit BildMusik

Die Bildgeschichte

Der Betrachter dieser Szeme steht oben auf einem Berg dieses weiten, grünen Berglandes. Die Berge tragen Wiesen und Nadelbäume.
Im Hintergrund erhebt sich tiefblau zwischen dem monochromen, eintönigen Grau des Himmelfirmaments ein eigenartig noch oben sich gewölbt öffnender Trichter, der konzentrisch verengend trichtert. Was trichter er?

Der Trichter empfängt verengend und konzentrierend einen HIMMLISCHEN STRAHL. Und dort, wo er auf die Häuser eines Dorfes und die Lanschaft auftrifft, ist alles fruchtbar, heiter, strahlend, sauber und gut. Auch eine, den Strahl halb passierende Wolke strahlt im göttlichen Licht, wogegen die andere Hälfte dunkel-anthrazit ist, fast schwarz. Und eine andere Wolke ist schwarz, weil sie aus der Sicht des Betrachters vor dem Strahl schwebt, und damit außerhalb des Himmlischen Strahls.

Viele Bildbetrachter werden es gar nicht erfassen. Denn hier spielt sich Göttliches ab. Ein bisschen muss man schon an diesen Himmlischen Strahl glauben. Dann sieht man ihn - vielleicht. Fein, zart, inmitten des hellen Gesamt-Strahls ist ein leicht dunklerer, dünner. Man muss sehr genau in das Bild hinein sehen.

Glauben Sie daran, den Himmllischen Strahl entdecken zu können? Er ist voll konzenztriert und deshalb völlig gerade und dünn.

Von manchen Bilckwinkeln können Sie den Kern-Strahl in der Mitte garantiert nicht sehen. Verändern Sie – so wie es manches Mal im Leben sinnvoll und auch notwendig ist – Ihren Bilckpunkt. Gehen Sie ein zwei Schritte seitlich, beispielsweise nach links. Vielleicht haben Sie Glück und erblicken im breiten hellen Strahl den feinen, edlen Himmlischen Strahl...

Karl Meyer-Amler

DER MALER

KARL MEYER-AMLER

Akademischer Kunstmaler

1939: Karl Ernst Meyer-Amler, geboren am 3. Dezember in Nürnberg
1954: Erfindung der Skisohlen- und der Snowboard-Unterseiten-Beschriftung
1958-1960: Erste Gemeinschafts-Gemäldeausstellungen in München
1958-1964: Voll-Studium Malerei, Graphik, Graphikdesign, Kunstgeschichte in München (u.a. auch privat bei Otto Dix)
Seit 1958: Autor für alle ARD-Rundfunk- und TV-Anstalten
1961-1963: Voll-Studium Marketing, Management, Kommunikation, Werbung, Wettbewerbsrecht an d. Bayerischen Akademie für Marketing & Werbung
1964-1966: Marketingberater und Leiter der Abteilung Werbung und Presse von „MARKER Skibindungen“ in Garmisch-Partenkirchen
1966-1967: Werbe- & Presseleiter der PAULANER-Brauerei, u.a. Schaffung von jetzigem Logo
1969-1972: Leiter der Referate Werbung und Public Relations im „Organisationskomitee für die Spiele der XX. Olympiade“ München 1972. Erfindung, Konzeption und Federführung der Gestaltung, Planung und Produktion der Fernseh-Lotterie „Glücksspirale“. Internationale Film- und TV-Preise.

1972-1974: Leiter der Abt. Veranstaltungen, Presse, Werbung der Stiftung Deutsche Sporthilfe
1974-1981: Leiter des DE BEERDS Diamant Promotion Service
Seit 1981 : Inhaber von KARL MEYER-AMLER DIAMOND EDUCATION (Marketing, Weiterbildungsfirma, Events für intenationale Juweliere und Schmuckhersteller)
1974-1995: Internationaler Seminarleiter v. DE BEERS, London
1978-1995: Internationaler Seminarleiter der LAPPONIA JEWELLERY OY, Helsinki/Finnland
Seit 1975: Dozent an d. Europäischen Akademie der Gold- und Silberschmiede, Ahlen/Westfalen
Seit 1992: Dozent der AKADEMIE für Kaufleute und Dienstleister, Bozen/I.
Seit 1972: Kunstmaler; überwiegend realistisch und surrealistisch, Öl auf Leinwand.
Exklusive Gemäldeausstellungen in Deutschland (Bad Nauheim, Bad Tölz, Dortmund, Nürnberg, Schliersee, Frankfurt, Kassel, München, Garmisch-Partenkirchen), Niederlande (Nordwijk, Maastricht, Amsterdam), USA (Florida, Georgia, Virginia, North Carolina, New Jersey, Connecticut), Spanien (Marbella), Großbritannien (London), Schweiz (Frick/Basel, Zürich), Österreich (Wien), Finnland (Helsinki, Inari, Retretti). USA-Dauerausstellungen.

1993-1995: Deutschland-Repräsentant des Kunstdruck-Verlagshauses d. größten Galerienkette der USA „Wentworth Gallery Ltd.“, Miami/Florida und Boston /Mass.
1990: Schaffung des „Dreiklangs der Harmonie“: Gemälde - GemäldeMusik - BildGeschichte. Jedes Gemälde hat seine Geschichte und seine Musik.

Seit 1995: Künstler-Mitglied im KUNSTFORUM FRÄNKISCHES SEENLAND, Gunzenhausen.

Wir danken Herrn Meyer-Amler ganz herzlich für die Bereitstellung des Bildes „HIMMLISCHER STRAHL“ für das BUCH DES LICHTS und für den herzlichen Kontakt.

Christian Anders, Elke Straube

WEITERE BÜCHER VON LANOO (CHRISTIAN ANDERS)

Das Geheimnis der sieben Siegel
ISBN: 3898114090; 55 Seiten; EUR 7,67; deutsch

The Secret of the seven Seals
ISBN: 3898117715; 104 Seiten; EUR 10,22; englisch

Das illustrierte Buch des Lichts
ISBN: 3831100500; 81 Seiten, EUR 14.82; deutsch

Der Sinn des Lebens – NIRVANA, Band I + II
ISBN: 3898114295; 484 Seiten (Band I); EUR 25.56; deutsch
ISBN: 3898114309; 500 Seiten (Band II); EUR 25.56; deustch

Seelenatem-Meditation
IBSN: 3898115321; 66 Seiten; EUR 9,71; deutsch.

Der Mann der AIDS erschuf
ISBN: 3898114406; 424 Seiten; EUR 24,03; deutsch

The man W.H.O. created AIDS
ISBN: 3831106223; 514 Seiten; EUR 35,28; engl.

Divine Message from the TRUE GOD
ISBN: 3898118622; 176 Seiten; EUR 14,32; englisch

Der Brief
ISBN: 3831131783; 191 Seiten; EUR 17; deutsch

Der Freigänger
ISBN: 3831143129; 114 Seiten; EUR 14; deutsch

Der wahre Bankenschwindel
ISBN: 3831140456; 212 Seiten; EUR 17; deutsch

Der Rubel muss rollen
ISBN: 3-8330-0050-3; EUR 19.50; deutsch

Darwin irrt!
ISBN: 3937699007; 183 Seiten; EUR 24.50; deutsch

Literarischer Rebell
ISBN: 393769904X; 238 Seiten; EUR 23.00, deutsch

Über Nacht ein Star
ISBN: 3-937699-02-3; 432 Seiten; EUR 39.50; deutsch

Bestellung: www.amazon.de
www.christiananders.com
www.straube-verlag.com

ODER IN JEDER BUCHHANDLUNG!